权威・前沿・原创

皮书系列为
"十二五""十三五"国家重点图书出版规划项目

智库成果出版与传播平台

印度尼西亚蓝皮书

印度尼西亚经济社会发展报告
（2019~2020）

REPORT ON ECONOMIC AND SOCIAL DEVELOPMENT
OF INDONESIA (2019-2020)

改革与前进

主　编／隋广军
副主编／左志刚

社会科学文献出版社
SOCIAL SCIENCES ACADEMIC PRESS (CHINA)

图书在版编目(CIP)数据

印度尼西亚经济社会发展报告.2019-2020.改革与前进/隋广军主编.--北京：社会科学文献出版社，2020.6
　（印度尼西亚蓝皮书）
　ISBN 978-7-5201-6550-1

Ⅰ.①印… Ⅱ.①隋… Ⅲ.①经济发展-研究报告-印度尼西亚-2019-2020　Ⅳ.①F134.24

中国版本图书馆 CIP 数据核字（2020）第 062670 号

印度尼西亚蓝皮书
印度尼西亚经济社会发展报告（2019~2020）
——改革与前进

主　　编／隋广军
副 主 编／左志刚

出 版 人／谢寿光
责任编辑／陈晴钰
文稿编辑／陈　颖　薛铭洁

出　　版／社会科学文献出版社·皮书出版分社（010）59367127
　　　　　地址：北京市北三环中路甲29号院华龙大厦　邮编：100029
　　　　　网址：www.ssap.com.cn
发　　行／市场营销中心（010）59367081　59367083
印　　装／天津千鹤文化传播有限公司
规　　格／开　本：787mm×1092mm　1/16
　　　　　印　张：17.75　字　数：264千字
版　　次／2020年6月第1版　2020年6月第1次印刷
书　　号／ISBN 978-7-5201-6550-1
定　　价／129.00元

本书如有印装质量问题，请与读者服务中心（010-59367028）联系

▲ 版权所有 翻印必究

《印度尼西亚蓝皮书》
编 委 会

主　　编　隋广军　广东外语外贸大学党委书记，教授

副 主 编　左志刚　广东外语外贸大学印尼研究中心主任，教授

学术顾问　阳爱民　广东外语外贸大学副校长，教授
　　　　　　何传添　广东外语外贸大学副校长，教授
　　　　　　张玉安　北京大学外国语学院，教授
　　　　　　许利平　中国社科院东南亚研究中心主任，研究员
　　　　　　王子昌　暨南大学国际关系学院，教授
　　　　　　余鹏翼　广东外语外贸大学会计学院院长，教授
　　　　　　蔡金城　广东外语外贸大学东方语言学院，教授

研究机构简介

本报告由广东外语外贸大学印尼研究中心组织编写，该中心是在教育部备案的国别研究中心，是由广东外语外贸大学牵头，联合其他研究机构力量共同建设的高校智库。

广东外语外贸大学是国际化特色鲜明的广东省高水平大学重点学科建设单位，学校高度重视区域与国别研究，牵头建设了海丝协同创新中心、广东国际战略研究院、太平洋岛国研究中心等一系列高级别智库群，是外交部政策研究基地、中国—东盟思想库网络广东基地、广东省软科学研究基地。同时，学校是全国最早培养印尼语专业人才的高校之一。

广东外语外贸大学印尼研究中心集合了中国和印尼两国相关研究力量，融合了经管、语言、政治相关学科力量，聚焦于印尼政治、经济和社会发展动态，贯通宏微观分析，以服务"一带一路"建设、推动两国经贸合作和人文交流为目标，强调为政府部门和相关企业提供具体实用的信息。中心定期出版印度尼西亚蓝皮书，2017年推出国内首本蓝皮书。除了蓝皮书外，中心对印尼重点产业和企业进行跟踪研究，为企业决策提供咨询服务；同时，发挥学校的经管学科和语言学科优势，为业界培养商科和小语种复合型专业人才。

中心网站：http：//www.cis.gdufs.edu.cn。

Introduction of the Institute

This report is prepared by the Center for Indonesia Studies of Guangdong University of Foreign Studies (GDUFS). The Center for Indonesia Studies is a national research center chartered by the Ministry of Education and a university think tank led by GDUFS and jointly built by other research institutions.

GDUFS is a key discipline construction unit of high-level universities in Guangdong province with distinctive international characteristics. The university attaches great importance to regional and national research, takes the lead in building a series of high-level think tanks, such as the Collaborative Innovation Center for 21st-Century Maritime Silk Road, Guangdong Institute for International Strategies and Pacific Island Research Center. It is also the policy research base of the Ministry of Foreign Affairs, the base of China-ASEAN think tank network and the Soft Science Research base in Guangdong province. Meanwhile, the university is one of the first universities in China to cultivate Indonesian professionals.

The Center for Indonesia studies has gathered the research strength of China and Indonesia, and integrated the discipline advantages of Economics, Management, Language and Politics, focusing on Indonesia's political, economic and social development trends. Through macro and micro analysis, it aims to serve the Belt and Road Initiative and promote bilateral economic and trade cooperation and cultural exchanges, and emphasizes on providing specific and practical information for government departments and relevant enterprises. The center regularly publishes the Blue Book of Indonesian, the first Indonesian Blue Book launched in 2017. The center also conducts follow-up research on key industries and enterprises in Indonesia to provide decision-making consulting services for business. Besides, the center gives full play to the advantages of the discipline of Economic Management and Language, and trains a large number of interdisciplinary talents.

Website of CIS: cis. gdufs. edu. cn.

摘　要

本年度蓝皮书分为总报告、分报告和专题报告三个部分，从印尼政治、经济、社会和热点问题多个角度，全面分析了2018~2019年印尼的发展成就、未来发展趋势，以及可能面临的挑战。相关内容如下。

（1）在国际关系方面，多边、双边外交积极，取得良好建树。

多边关系领域，印尼首倡"印太构想"，推动东盟发布"东盟印太展望"，谋求东盟在印度洋—太平洋区域事务中的中心性地位。第34届东盟峰会全体会议强调东盟国家应在共同利益基础上展开全方位合作，努力在2019年内完成"区域全面经济伙伴关系协定"（RCEP）的谈判；在第35届东盟峰会及第三次RCEP领导人会议上，与会领导人发表联合声明，宣布15个成员国结束全部文本谈判及实质上所有市场准入谈判，并将努力在2020年正式签署协议。在这一过程中，印尼做出了贡献。东亚多边外交中，"雅加达渠道"的理念成为新亮点，它由中国外长王毅于2018年9月会见东盟代表时正式提出，是以东盟秘书处所在地雅加达为支点、以东盟机制为依托、以东盟与各对话伙伴关系为网络的东亚多边合作平台机制。另外，印尼经济发展和民主成就也获得G20组织的肯定；2019印尼—非洲的基础设施对话论坛也在巴厘岛顺利召开。

双边关系领域，印尼与中国的全面战略伙伴关系持续发展，合作不断加深。2019年4月在第二届"一带一路"国际合作高峰论坛上，两国讨论了合计911亿美元的基础设施工程合作方案，9月习近平主席特使、中共中央对外联络部部长宋涛拜访佐科总统，10月国家副主席王岐山出席佐科总统就职典礼。中国是印尼最大的贸易伙伴和重要的外国直接投资来源地，中国提出的"一带一路"倡议与印尼的"全球海洋支点"战略高度契合，中印尼关系已驶入互利共赢的快车道，两国合作正从传统的基建、资源、通信等领域迅速向工业制造、金融、电商、人工智能、旅游等新领域拓展，合作关系新阶段的标志性项目是区域综合经济走廊项目开始落地。2020年是中印尼建交70周年，以此为契机，两国关系将有进一步的发展。面对新冠肺炎疫情的全球冲击，两国有望加强防控合作、经济恢复合作和政策协调，再次用行动诠释守望相助的情谊。

印尼与美国是全面伙伴关系，近年来两国安全防务合作较为突出，而在经贸方面，自2018年美国政府开始审查印尼享受"普惠制"资格以来，印尼在与美国的双边经贸中陷入了较为被动的境地。印尼是日本在东盟的重点合作对象，近年来日本调整了对印尼政策，对印尼的援助方式从注重自身经济利益转向促进印尼经济社会发展能力的建设，并积极开展文化外交，通过教育、文化交流促进两国相互理解和达成合作，两国于2019年6月签署新制造业发展中心项目（New MIDEC），该项目隶属于印尼—日本经济伙伴合作协议（IJEPA）框架，印尼希望通过制造业合作改善对日的贸易逆差状况。印尼是韩国"新南方政策"的核心合作国家，2019年两国重启"印尼—韩国全面经贸合作"谈判，并在防务上紧密合作，2019年4月，印尼签署了向韩国购买总价达10.2亿美元的3艘潜艇的合同。

（2）国内政治方面，取得了明显成就，也面临新的挑战。

2019年4月17日全国同步举行的正副总统及各级议会选举投票是印尼历史上首次同步投票，它是对佐科五年政绩的检验，也是对印尼民主政治体系的严峻考验。竞选中虽然怪象迭出，身份政治似曾一度压倒现实政绩，但佐科最终胜出，这不仅预示着印尼未来的改革发展前景，也肯定了过去五年的建设成就和民主发展。建设成就在政治上的突出表现是反腐工作取得显著成效，政府职能得到显著改善。2018年共查处454起贪腐案件，涉及1087名犯罪嫌疑人，包括两名省长及35名区长和市长；2019年继续加强了反腐力度，查处了国会原副议长、前亚齐省长、宗教部部长、青年体育部部长、建设团结党（PPP）总主席等重要人物。

印尼政治上的新挑战，一是如何维护和强化"潘查希拉"作为社会共同价值观的挑战。民调显示，支持潘查希拉的民众从 2005 年的 85.2% 减少到 2018 年的 75.3%，而支持实施伊斯兰教法的民众从 2005 年的 4.6% 增加到 2018 年的 13.2%，对宗教、部族、政治观点、性取向等方面少数族群的歧视越来越强。二是国家立法受伊斯兰政治化的影响，出现保守主义势头。2019 年 9 月，印尼国会批准《刑法》修正案、《土地法》修正案和《肃贪委（KPK）法令》修正案，引发多地大学生举行示威游行，反对宗教保守主义转变为对全民的法律约束，反对军人进入政府担任文职，反对削弱反贪委员会权利等。三是印尼人协 2019 年 8 月做出有限度修订 1945 年宪法和恢复"国家建设总方针"（GBHN）的决议，引发不少争议，有观察家认为这是人协要加强对总统和政府约束的信号。

（3）外经贸方面，印尼面临巨大压力，出口"疲软"，与中国的经贸合作增强。

由于国际贸易秩序受到以美国为首的单边主义行为影响，贸易环境明显恶化，其负面影响在 2019 年表现得尤为突出，主要经济体的进口在 2019 年纷纷出现负增长。贸易环境恶化给印尼出口造成巨大压力，2019 年上半年已显现出出口疲势，商品出口 1206.6 万亿印尼卢比，相当于 790 多亿美元，同比下降 5.8%；服务出口 192.8 万亿印尼卢比，相当于 135 亿美元左右，同比微升 2.4%，出口贸易总体上呈下滑态势，贸易逆差扩大，2019 年上半年逆差 25.1 亿美元。经常项目赤字扩大，2019 年前两个季度赤字分别为 69.66 亿美元和 84.42 亿美元，较上年同期分别扩大 34% 和 6.7%。但经常项目赤字基本得到了资本和金融项目盈余的抵销。然而，资本和金融项目盈余也隐含潜在风险，一是流入资金以短线性质的证券投资资金为主，2018 年第四季度外国投资者的证券投资净流入达到 114.89 亿美元，是 1997 年以来的季度最高水平，2019 年第一、第二季度仍然分别实现净流入 52.77 亿美元和 45.17 亿美元。二是印尼外债余额较高。2018 年底，外债余额占 GDP 的比重为 36.23%，若只考虑 2688 亿美元的外国证券投资等高流动性负债，则该比例为 25.8%。截至 2019 年 3 月末，印尼外债余额为 3875.92 亿美元，处于攀升状态。2020 年，受新冠肺炎疫情及原油价格低迷影响，

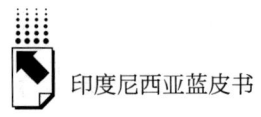

贸易形势更加严峻,3月商品出口贸易总体较上年同期下降0.2%,其中油气出口下降40.9%。

中国从2016年起成为印尼最大的出口市场,占印尼全部出口的份额不断上升,已由2015年10%左右上升到2019年上半年超过16%。相比之下,印尼对美出口份额多年来维持在11%左右,无明显增加;对欧盟出口自2017年下半年以来明显下降,已由11%下降到2019年的9.7%左右;对日本出口份额也略有下降。中国与印尼的高层频繁互动提振了中国企业赴印尼投资的信心。2019年前8个月,中国大陆企业实现对印尼投资金额超过22.90亿美元,比2018年前三季度的18.28亿美元增长约25.22%,已接近2018年全年的水平。中国大陆、香港、台湾三地合计对印尼投资2019年前8个月实现36.65亿美元,超过日本和新加坡,呈现强劲的投资势头。2020年,在严重的外部冲击背景下,中印尼贸易的重要性进一步体现,与2月对比,3月印尼对新加坡、菲律宾、美国等国出口下降,但对中国内地和香港的出口分别增加了10.3亿美元和17.7亿美元。

(4)国内经济方面,实体经济面临下行压力,但受到国内消费和新经济增长的支撑。

自2018年第三季度始,印尼GDP增速出现回落,回落趋势延续到2019年上半年。以不变价格计算,2019年第一季度的环比增长率为1.22%,第二季度环比增长率为1.26%,同比增长率为5.05%,低于前两年的增速,呈现下行迹象,依据印尼统计局数据,2019年全年经济增长5.02%,低于2018年5.17%的增长率。2020年,受新冠肺炎疫情和全球大宗商品价格低迷的影响,亚洲开发银行预计其增长率将会降至2.5%。电力和天然气供应、林业、制造业整体出现不同程度的增速下滑,而在制造业内部的15个二级行业中,有8个行业出现经济增速同比下降,尤其是木材加工、橡胶及塑料、皮革及鞋类、机械设备制造、交通设备制造等,在2019年下滑势头明显。

印尼国内消费和新经济的增长为稳定经济做出了显著贡献。印尼GDP构成中,居民消费的贡献率常年维持在55%左右,这意味着消费稳定,则经济稳定就有了基本保障。2018年下半年至2019年上半年，印尼消费者信心指数有明显上升，尤其是在2019年4~5月，达到128点的高位。剔除物价因素，印尼居民消费支出实际增长率多年来维持在5%左右的水平，2019年第二季度的年化增长率达到5.17%，高于GDP整体增速。居民消费信心增长的主要原因是低通货膨胀、可支配收入增长、对低收入者的社会保障改善等。国内消费稳定使国内生产、销售的主体部分能够稳定，整体产能利用率在2018年第四季度出现下滑之后，2019年上半年已经回弹，恢复到其长期趋势77%左右的水平。2018年企业经营绩效也整体优于2017年，上市公司整体的股东权益收益率由2017年的10.8%提高到2018年的12.04%；资产周转率由0.7次略升至0.71次。

新经济增长是稳定印尼经济的另一个重要因素。由于印尼人口基数庞大，年龄结构非常年轻，再加上智能手机普及和网络环境改善，以及政策红利，印尼的电子商务等新经济得到快速发展。2018年印尼网上交易总额为122亿美元，在整个东南亚市场占比为52.59%。虽然目前在线销售规模只占社会零售总规模的3%左右，但未来前景广阔，有机构预计，到2027年该比例将上升至19%。

（5）经济环境方面，营商条件改善，四大经济战略提供前景支撑。

营商环境方面，电力供应、道路交通条件有所改善，信贷获得、少数股东权益保护等方面也有了相应改善，营商环境在155个国家中的综合排名从2017年的第91名上升至2019年的第73名。

金融环境方面，印尼货币在2018年经历一波贬值浪潮之后，2019年已经趋于稳定，但突然暴发的全球新冠肺炎疫情和石油价格战使印尼货币再次承受巨大压力。2018年10月11日对美元汇率一度上升到1∶15253的历史最高位，目前已回落到1∶14000的五年均线附近。汇率回调、货币趋稳是内外部因素共同作用的结果，从内部因素讲，印尼当局采取了控制进口以收缩贸易逆差、积极引进外资、治理本国资本外逃等稳定货币的措施，资本账户流入明显增加。截至2019年6月末，资本和金融项目仍然实现盈余70.54亿美元，是上年同期的2倍多。从外部因素讲，美元加息步伐结束，美元升值导致印尼货币被动贬值的压力消除。印尼信贷市场也开始走向宽松。2018年为支撑货币稳定，印尼央行被迫提高利率，2018年至2019年上半年连续6次提高基准利率，基准利率超过6%，短期贷款利率曾高达10.55%。高利率增加了企业贷款成本，抑制了实体经济发展。印尼央行于2019年7月18日将基准利率下调25个基点，至5.75%的水平，引致存款、贷款利率向下变动。减息动作基本目标就是要继续通过货币政策刺激经济发展，而减息政策之所以能够出台，前提条件之一是外部因素改善，美元对印尼货币的压力减小；条件之二是印尼国内杠杆率仍然处于较低水平，印尼各部门的杠杆率相对稳定，非金融企业部门的平均负债率在2018年仅为23%左右，居民部门的负债率更低，仅17%左右，政府部门负债率相对较高，接近30%。较低的杠杆率不仅说明减息存在空间，更说明通过货币政策、借助信用扩张手段刺激经济增长在印尼经济发展中的重要性。然而，这一良好趋势在2020年因突然的外部冲击而发生逆转，3月底印尼货币对美元汇率升至1∶16367的历史高位。

从经济前景看，印尼政府正在执行四大经济战略谋求经济发展升级，包括：坚持基础设施优先发展战略，为经济发展升级提供更好的硬件支撑；实施工业4.0战略，推动产业高级化，提升经济活动的增加值；执行区域平衡战略，培育外岛新的经济增长点，以充分发挥印尼的资源优势和人口优势；推出数字经济战略，打造东南亚最大数字经济体，努力融入世界新经济发展潮流。四大经济战略为印尼经济的长远发展提供了良好支撑。

(6) 社会民生方面，取得明显进步，但仍面临不少挑战。

印尼面临公用事业发展不平衡、贫困人口多等社会问题。本届政府上台以来，致力于减少贫困人口，提高就业率与居民收入，推进公共基础设施建设，发展教育，已在一些方面取得显著成效，例如，五年内贫困发生率、失业率持续下降，2018年印尼贫困发生率已降为9.8%；2019年2月调查的登记失业率降为5.01%；居民供电、供水三年间分别提高19%、20.9%（截至2017年），婴儿死亡率也由2012年的26.2‰下降到2018年的

21.1‰。但教育质量不高、数字鸿沟、新闻传媒乱象仍是印尼社会存在的重要问题,媒体对中国的报道,容易受到西方价值观的影响,需要加强中印尼人文互信建设。2020年暴发的新冠肺炎疫情冲击也给印尼公共卫生体系带来了巨大挑战。

目 录

Ⅰ 总报告

B.1 印度尼西亚经济社会发展形势分析 ………………… 课题组 / 001

Ⅱ 分报告

B.2 印度尼西亚政治形势报告 ………………………… 张 燕 / 039
B.3 印度尼西亚经济形势报告 ………………………… 左志刚 / 076
B.4 印度尼西亚社会发展报告 …………………… 何国平 王 珮 / 112

Ⅲ 专题报告

B.5 印度尼西亚海洋经济研究 ………………………… 袁海广 / 135
B.6 印度尼西亚营商环境发展动态分析
　　　………………………………… 谭 娜 郑雨笋 常 亮 / 164
B.7 印度尼西亚伊斯兰金融发展报告 …………… 王勇辉 刘德军 / 181
B.8 印尼的中国劳工问题被"安全化"的原因与
　　　对策分析 ………………………………………… 潘 玥 / 197

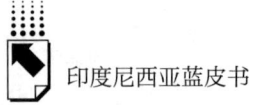

B.9 印尼数字经济及中国投资情况分析报告……… 林　梅　周溦瑜 / 209

B.10 中印尼文化互信现状与粤港澳地区在促进

互信中的作用研究…………………………… 陈永华　肖莉娴 / 231

Summary ……………………………………………………………… / 244

Contents ……………………………………………………………… / 252

总报告

General Report

B.1
印度尼西亚经济社会发展形势分析

课题组*

摘　要： 本文从政治、经济、社会等方面对印尼2018～2019年的发展成就和面临的挑战进行了全方位分析。一是政治方面，正副总统及各级议会首次同步选举，印尼民主政治体系成功通过考验，"前进"内阁成立，反腐工作取得显著成效，政府职能得到显著改善，但也面临维护"潘查希拉"精神、预防伊斯兰政治化对国家治理的影响等挑战。二是国际关系方面，多边关系领域，印尼首倡"印太构想"；双边关系领域，与中国的全面战略伙伴关系持续稳固，合作不断加深；与美国安全防务合作较多，经贸关系则陷入较为被动的境地。三是外经贸方面，印尼面临巨大压力，出口"疲

---

* 课题组成员包括隋广军、左志刚、张燕等，总报告综合了分报告和部分专题报告中的观点。

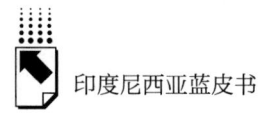

软",新冠肺炎疫情和石油价格低迷进一步恶化了出口贸易,但与中国的经贸合作增加。四是国内经济方面,实体经济面临下行压力,但得到国内消费和新经济增长的支撑,且营商条件有所改善,四大经济战略提供了长期发展支撑。五是社会发展方面,教育投入存在明显不足,学校教学质量需要提高,民生建设取得进步,但面临的挑战仍然较多,公共卫生体系建设亟待加强。

关键词: 政治形势 经济动态 社会发展 印度尼西亚

一 凝聚共识 应对多元挑战

(一)多元社会挑战

印尼是拥有多样族群、多元文化的国家,处理好国家认同与族群和谐是关系国家发展稳定的根本性政治问题。"族群"(Ethnic Group)可以指称现代社会中有着共同背景与认同(出身、文化或故乡等)的人口集团,包括宗教、地域、种族等不同实体的组合。[①] 积极的族群认同可以转化为促进国家认同的精神力量,而狭隘地助长多数族群的优势地位会伤害少数族群的情感,造成国家认同失谐。例如,当某一族群的利益和意志凌驾于国家利益和意志之上时,将会严重威胁国家认同。印尼的发展需要有一个族群和谐、对统一国家认同的基本政治环境。

印尼以潘查希拉(建国五项原则)价值观作为建构国家认同的精神支柱,贯穿于国家发展的各个时期。民主化改革开始后,潘查希拉价值观的内涵不断拓展,涵盖爱国精神、宗教精神和道德精神,成为国家哲学的基础和

---

① Anthony D. Smith, *The Ethnic Origins of Nations* (Oxford: Blackwell, 1986), pp. 21 – 31.

日常生活的指针。佐科总统成立"潘查希拉思想指导工作委员会"（UKP-PIP），希望用潘查希拉价值观弥合社会分化，推进社会和谐，应对极端主义、恐怖主义、族群分化和社会撕裂等问题。

然而，当前潘查希拉价值观面临较为严峻的挑战。印尼民调机构 LSI 调查结果显示，在过去的 13 年间，支持潘查希拉的民众从 2005 年的 85.2% 减少到 2018 年的 75.3%；支持实施伊斯兰教法（syariah）的民众从 2005 年的 4.6% 增加到 2018 年的 13.2%；其中，支持潘查希拉的穆斯林群体从 2005 年的 85.6% 下降到 2018 年的 74%[1]，下降十分明显。2019 年 4 月，印尼国防研究院（Lemhanas）根据国家抗御力检测实验室（Labkurtannas）记录的数据得出结论，从 2010 年起，印尼社会的宽容度呈下降趋势，社会冲突频发，2019 年大选中也呈现社会两极分化发展趋势，这对于社会宽容是一个巨大的挑战。[2] 7 月，印尼中央统计局（BPS）提交了衡量印尼民主发展水平的 2018 年印尼民主指数（IDI）报告，报告显示，印尼民主中政治权利和公民自由得分减少。[3] 印尼民调机构 SMRC 称，由于民众对宗教、部族、政治观点、性取向等方面少数族群的歧视越来越强，印尼民主自 2013 年以来呈下滑趋势。[4] 8 月开始，巴布亚发生的大规模示威抗议活动[5]也凸显了当前印尼多元一体意识形态所面临的严峻挑战。

---

[1] Radar Kontra, Survei LSI：Warga Berpenghasilan Rendah Paling Mudah Terpapar Paham Anti Pancasila, 2018 - 07 - 18, https：//radarkontra.com/survei - lsi - warga - berpenghasilan - rendah - paling - mudah - terpapar - paham - anti - pancasila/.

[2] Lemhanas Mencatat Sejak 2010 Toleransi di Indonesia Menurun, 2019 - 04 - 24, https：//www.cnnindonesia.com/nasional/20190423155305 - 20 - 388906/lemhanas - mencatat - sejak - 2010 - toleransi - di - indonesia - menurun.

[3] Survei BPS：Iklim Demokrasi Indonesia Tahun 2018 Termasuk Sedang, 2019 - 07 - 29, https：//www.suara.com/news/2019/07/29/134115/survei - bps - iklim - demokrasi - indonesia - tahun - 2018 - termasuk - sedang.

[4] SMRC：Indonesia Tunjukkan Penurunan Kinerja Demokrasi, 2019 - 08 - 04, https：//www.beritasatu.com/politik/567916/smrc - indonesia - tunjukkan - penurunan - kinerja - demokrasi.

[5] Pengamat LIPI：Diskriminasi Hanya Salah Satu dari 4 Akar Konflik Papua, 2019 - 08 - 31, https：//www.msn.com/id - id/berita/nasional/pengamat - lipi - diskriminasi - hanya - salah - satu - dari - 4 - akar - konflik - papua/ar - AAGBsO6.

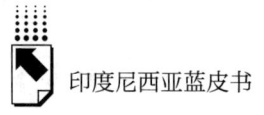

（二）多措并举，强化社会共识

为维护潘查希拉精神，强化国家认同，印尼当局采取了众多措施，可归纳为以下两个方面。

第一，通过法律和行政手段以及社会组织力量维护潘查希拉精神在国家意识形态中的主体地位。具体措施包括以下几点。

（1）2019年2月，印尼内政部根据宪法法院（MK）于2016年10月的判决，正式执行居民身份证（KTP）和家庭证（KK）的宗教专栏中可以填写其他信仰的规定。① 长期以来，印尼居民身份证上只能填写国家承认的6个宗教，即伊斯兰教、基督教、天主教、印度教、佛教和孔教。然而，在印尼还存在大量原始信仰和本土信仰，无法获得官方认可。此次内政部执行宪法法院的规定，符合潘查希拉第一条"信仰神道"原则和四五年宪法精神，被视为切实保障宗教自由的重大进展。

（2）政府调动各级机构的力量，通过"潘查希拉思想指导工作委员会"（UKP-PIP）宣传普及潘查希拉价值观，要求清真寺和其他礼拜场所内禁止开展政治活动，防范激进伊斯兰教义在清真寺和教育机构中传播。国家反恐机构（BNPT）对恐怖分子家属采取去极端化思想教育，在校园中和媒体上举办抗击恐怖主义和极端主义的宣讲等。

（3）调动社会组织力量，支持民族团结和国家统一。印尼最大的伊斯兰组织——伊斯兰教士联合会（NU）呼吁穆斯林不要再使用具有羞辱意味的"Kafir"称呼非伊斯兰教信仰者，应改称为"Muwathin"，相当于"权利和义务与穆斯林相同的印尼公民"。2019年8月21~23日全国县政府联合会（Apkasi）全国工作会议在巴厘岛举行，全国县长一致同意落实潘查希拉品德教育，让青年一代在当前复杂多变的形势中捍卫"殊途同归"精神，

---

① Kolom Agama KTP Penghayat, Dirjen Dukcapil: Kami Ikuti Putusan MK, 2019 - 02 - 26, https://tirto.id/kolom - agama - ktp - penghayat - dirjen - dukcapil - kami - ikuti - putusan - mk - dhNy.

对抗激进主义、极端主义和恐怖主义。①

第二,通过军警等国家强制力量对无政府主义、恐怖主义和分离主义行为进行打击。

(1) 在打击无政府主义方面,2019年五一国际劳动节期间,警察部队采取行动,处置由无政府工团主义(Anarcho-syndicalism)暴徒在多处引发的暴力事件,坚决打击无政府主义倾向。5月21~22日,军警对发生的对大选结果持异议的无政府主义骚乱事件做出迅速有效的反应,及时恢复社会安定。8~9月,在西巴布亚省和巴布亚省多地多次发生无政府主义骚乱事件,国警总长和国民军总司令坐镇巴布亚,采取措施控制局势恶化。

(2) 在打击恐怖主义方面,国民军与88反恐特遣队联手在全国各地对疑似"神权游击队"(JAD)等恐怖组织成员进行追逃缉捕。2019年1~5月,88反恐特遣队在印尼全国逮捕了68名隶属于"神权游击队"的恐怖袭击犯罪嫌疑人,包括潜逃十余年的伊斯兰祈祷团(JI)的头目及4名成员。② 在大选期间,军警严阵以待,破获多起潜在恐怖袭击,保障投票顺利进行。

(3) 在打击分离主义方面,8~9月在巴布亚省和西巴布亚省发生的抗议示威事件被西巴布亚联合解放运动(ULMWP)和西巴布亚全国委员会(KNPB)等分离组织利用,要求西巴布亚公投和独立。印尼当局一方面积极对话沟通,另一方面通过对煽动种族仇恨的行为进行打击,止暴治乱,维护统一。印尼当局多措并举,有效地维护了潘查希拉精神和国家的统一、稳定。

二 完成民主大考 改革预期增强

印尼属于第三波民主化国家,面临着既要实现现代化,又要实现民主化的双重挑战。虽然民主制度在不断完善,也获得了民众的普遍支持,但

---

① Bupati Siap Kawal Pendidikan Berkarakter Pancasila, 2019 - 08 - 22, https: //nasional. inilah. com/read/detail/2541920/bupati - siap - kawal - pendidikan - berkarakter - pancasila.
② Sampai Mei 2019, Densus 88 Tangkap 68 Teroris, 2019 - 05 - 18, liputanislam. com/berita/sampai - mei - 2019 - densus - 88 - tangkap - 68 - teroris/.

是深厚的族群基础加以特定的政治动员依然对现行民主体制提出严峻挑战，因此正副总统和立法机构同步直选是对于佐科政府国家治理效果的检验和重大挑战。

（一）同步直选考验

2019年正副总统和各级议会同步直选工作于2018年7月拉开序幕，2019年4月17日全国投票，10月20日正副总统宣誓就职。在五年一次的大选中，普选委员会（KPU）在普选监察会（BAWASLU）、印尼国民军（TNI）和印尼共和国警察部队（Polri）的协同下，基于"直接参与、普遍、自由和保密"（LUBER）的原则，组织、监督大选有序进行。本次选举是正副总统和立法机构选举首次同步进行，是印尼民主制度的发展，也是一次考验。

考验之一是同步直选有更大的组织难度。虽然同步选举能够节省人力物力，但各政党无法首先在立法机构中争取赢得更多席位，然后再全力应战总统选举，所以竞选宣传颇为仓促。为保证选举的公正性，普选委员会邀请多国观察员参与监督投票过程；为保证选举的安全平稳，印尼军警调遣近60万联合保安部队保驾护航；为避免弃权投票而产生的不利影响，印尼伊斯兰教士联合会（NU）、穆罕默迪亚（Muhammadiyah）等宗教组织纷纷呼吁穆斯林民众积极参与投票。

考验之二是印尼政治具有一定的族群政治特色，竞选主题容易由施政方案偏离到族群利益纷争。此次大选是现任总统佐科与退役将军普拉博沃再次展开对决。为尽量避免族群政治带来的影响，佐科总统选择伊斯兰教士联合会总主席马鲁夫（Maruf Amin）作为竞选伙伴，虽然此举引发不少争议，但较为有效地将竞选议题从身份政治拉回到现实政绩和施政纲领之中。

在竞选过程中，出现了许多虚假消息，比如称在雅加达北部丹戎不碌海关发现七个装满支持佐科和马鲁夫选票的中国集装箱、大批外劳涌入印尼、中国公民拥有印尼电子身份证和投票权等，别有用心者企图利用身份政治干扰选民决策。为此，印尼政府采取有力措施，严厉打击虚假新闻，维持竞选秩序。

经过烦琐的计票流程，普选委员会于5月21日凌晨正式宣布佐科—马鲁夫组合获得55.5%的选票，普拉博沃—桑迪亚卡组合获得44.5%的选票。在全国34个省中，佐科—马鲁夫组合赢得21个省，胜过普拉博沃—桑迪亚卡组合的13个省。各政党获得的选票情况如表1所示，根据4%的议会门槛规定，前9个政党可以获得国会议席。

表1 2019年印尼选举各政党获得选票情况

单位：票，%

排名	政党	票数	占比
1	斗争民主党（PDIP）	27053961	19.33
2	大印尼行动党（Gerindra）	17594839	12.57
3	从业党（Golkar）	17229789	12.31
4	民族复兴党（PKB）	13570097	9.69
5	民族民主党（Nasdem）	12661792	9.05
6	公正福利党（PKS）	11493663	8.21
7	民主党（Demokrat）	10876507	7.77
8	国民使命党（PAN）	9572623	6.84
9	建设团结党（PPP）	6323147	4.52
10	印尼团结党（Perindo）	3738320	2.67
11	工作党（Berkarya）	2929495	2.09
12	印尼团结一致党（PSI）	2650361	1.89
13	民心党（Hanura）	2161507	1.54
14	星月党（PBB）	1099848	0.79
15	神鹰党（Garuda）	702536	0.50
16	公正团结党（PKPI）	312775	0.22

资料来源：MPR。

大选结果公布后，社会出现一些骚乱，再次对此次直选造成挑战。落败的候选人普拉博沃以选举存在结构化、系统化和大规模欺诈为由向宪法法院（MK）提起诉讼，其支持者动员民众到普选委员会和普选监察会前举行抗议活动。游行示威在一些极端势力的操控下演变为"5·22骚乱"，导致数百人伤亡。为维护国家安全和社会稳定，印尼军警从全国各地增派力量进驻雅加达。6月27日，宪法法院驳回了普拉博沃的诉讼。6月30日普选委员会宣布佐科—马鲁夫组合正式当选为印尼2019~2024年正副总统，至此普拉博沃组合表示尊重并接受宪法法院裁决，并解散其联盟。7月13日，佐科与普拉博沃在史纳延地铁站拥抱和解，7月24日，梅加瓦蒂在其私邸与普拉博沃举行会谈，讨论有关国家与民族的问题，为大选后的全民和解创造有利条件。

（二）新一届政府改革预期增强

佐科总统连任成功，为其发展和改革政策的延续创造了良好的条件，同时，新的任期内由于不再存在竞选连任的政治压力，其推动改革的意愿和力度预期会更强。2019年7月14日，佐科—马鲁夫以当选正副总统的身份参加"印度尼西亚愿景"（Vision Indonesia）大会并发表首场政治演讲，表达了其继续改革、谋求发展的蓝图，要点包括：①继续大力推进基础设施建设；②重视人力资源开发；③简化投资管理程序，扫除投资制度瓶颈；④大力推进政府机构改革；⑤加强国家预算，提高预算资金使用效率①。同时，2020~2024年国家中期发展计划（RPJMN）草案，也将人力资源建设、卫生保健、基础设施建设、减少贫困、政府机构改革等作为优先事项②。这些新施政纲领透露了明显的改革信号。

佐科政府将下一任期的经济增长目标设定为年均增长5.4%~6%，至2024年人均国民收入达到5780~6160美元的中等偏上收入水平③，将2020年的经济增长目标设定为5.2%~5.5%、通货膨胀率控制在2%~4%、失业率降至4.8%~5.1%、贫困率降至8.5%~9%、基尼系数降至0.35~0.38。这些目标

---

① Pidato Lengkap "Visi Indonesia" Presiden Jokowi di Sentul, 2019-07-14, https://www.teropongsenayan.com/102924-pidato-lengkap-visi-indonesia-presiden-jokowi-di-sentul.

② DPR Sepakat Asumsi Pertumbuhan Ekonomi RAPBN 2020 Sebesar 5,5%, 2019-07-08. https://www.lawjustice.co/artikel/68422/dpr-sepakat-asumsi-pertumbuhan-ekonomi-rapbn-2020-sebesar-55/.

③ Govt targets GDP growth rate of 5.4-6 percent in next five years, 2019-06-28, https://www.thejakartapost.com/news/2019/06/28/govt-targets-gdp-growth-rate-of-5-4-6-percent-in-next-five-years.html.

均高于第一任期的实际水平,为达到这些目标,印尼政府必须加大改革力度,提高政府管理效率,完善基础制度和基础设施,以支撑经济效率提高。

为实现改革,对内阁进行重组将是重要的一步。2019 年 10 月 20 日,分别当选 2019～2024 年正副总统的佐科与马鲁夫在雅加达国会大厦举行就职典礼,23 日,佐科总统宣布新一届"前进内阁"成员名单(见表2)。此外,印尼政府还推出了迁都计划,新首都已确定位于爪哇岛之外的东加里曼丹省,这是促进区域经济平衡发展的重大改革举措,迁都所带动的高达4120 亿美元的基础设施建设将为印尼经济新一轮增长提供动力。另一重大改革动向是对伊斯兰经济发展的重视,2019 年 5 月,佐科总统推出《2019～2024 年印尼伊斯兰经济总体规划(MEKSI)》,目标是使印尼在2024 年成为全球最大的清真产业经济体①,这也是印尼首次将伊斯兰经济模式作为国家战略提出。印尼将兴建 4 个清真工业区,即巴淡岛的 Batamindo 工业区、民丹岛的 Bintan 工业区、雅加达的 Pulogadung 工业区,以及西冷市(Serang)的 Modern Cikande 工业区。②

表 2 新一届"前进内阁"成员

编号	姓名	原身份	现职务
1	卢胡特 (Luhut B Pandjaitan)	原海事统筹部部长、从业党干部	海事与投资统筹部部长(Menteri Koordinator Bidang Kemaritiman dan Investasi)
2	艾朗卡·哈达托 (Airlangga Hartarto)	原工业部部长、从业党总主席	经济统筹部部长(Menteri Koordinator Bidang Perekonomian)
3	马福(Mahfud MD)	原宪法法院院长	政治、法律和安全统筹部部长
4	穆哈吉尔·艾芬迪 (Muhadjir Effendi)	原教育和文化部部长	人力资源与文化建设统筹部部长(Menteri Koordinator Bidang Pembangunan Manusia dan Kebudayaan)

① Pemerintah Luncurkan Masterplan Ekonomi Syariah 2020 – 2024,2019 – 05 – 14,https://money.kompas.com/read/2019/05/14/155653426/pemerintah – luncurkan – masterplan – ekonomi – syariah – 2020 – 2024.

② 4 Kawasan Masuk Rencana Pengembangan Industri Halal,2019 – 05 – 31,https://ekonomi.bisnis.com/read/20190531/257/929666/ – 4 – kawasan – masuk – rencana – pengembangan – industri – halal.

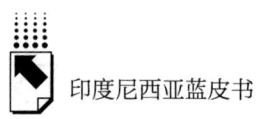

续表

编号	姓名	原身份	现职务
5	纳迪恩·马卡里姆(Nadiem Makarim)	网约车公司(Gojek)创办人	文化教育部部长(Menteri Pendidikan dan Kebudayaan)
6	维斯乌达玛(Wishnutama Kusubandio)	NET电视台董事长	旅游和创意经济部部长(Menteri Pariwisata dan Ekonomi Kreatif)
7	埃里克·托希尔(Erick Thohir)	Mahaka集团董事长、佐科–马鲁夫胜选团主席	国营企业部部长(Menteri BUMN)
8	普拉波沃(Prabowo Subianto)	大印尼行动党总主席	国防部部长(Menteri Pertahanan)
9	艾迪·普拉博沃(Edhy Prabowo)	大印尼行动党副总主席	海洋渔业部部长(Menteri Kelautan dan Perikanan)
10	迪托(Tito Karnavian)	原国家总警长	内政部部长(Menteri Dalam Negeri)
11	普拉蒂克诺(Pratikno)	原内阁秘书长	国家秘书处部部长(Menteri Sekretaris Negara)
12	法赫鲁尔·拉兹(Fachrul Razi)	国军退休将领	宗教部部长(Menteri Agama)
13	蕾特诺(Retno Marsudi)	原外交部部长	外交部部长(Menteri Luar Negeri)
14	雅松纳·劳利(Yasonna Laoly)	原司法与人权部部长、斗争民主党干部	司法与人权部部长(Menteri Hukum dan Hak Asasi Manusia)
15	穆丽亚妮(Sri Mulyani Indrawati)	原财政部部长	财政部部长(Menteri Keuangan)
16	伊达·法奥兹阿(Ida Fauziah)	民族复兴党干部	劳工部部长(Menteri Ketenagakerjaan)
17	阿古斯·古米旺(Agus Gumiwang Kartasasmita)	原社会部部长、从业党干部	工业部部长(Menteri Perindustrian)
18	巴苏基(Basuki Hadimuljono)	原公共工程与民居部部长	公共工程与民居部部长(Menteri Pekerjaan Umum dan Perumahan Rakyat)
19	索菲安·贾里尔(Sofyan Djalil)	原土地与空间规划部部长	土地、规划和林业部部长(Menteri Agraria, Tata Ruang, dan Kehutanan)
20	布迪·苏玛迪(Budi Karya Sumadi)	原交通部部长	交通部部长(Menteri Perhubungan)
21	佐尼·普拉特(Johny G Plate)	民族民主党秘书长	通信与资讯部部长(Menteri Komunikasi dan Informatika)
22	茜蒂·努尔巴亚(Siti Nurbaya Bakar)	原林业与环保部部长、民族民主党干部	林业与生态环境部部长(Menteri Lingkungan Hidup dan Kehutanan)

续表

编号	姓名	原身份	现职务
23	夏赫鲁尔·雅辛（Syahrul Yasin Limpo）	民族民主党中央理事会干部	农业部部长（Menteri Pertanian）
24	查哈约·库摩洛（Tjahjo Kumolo）	原内政部部长，斗争民主党干部	国家机构效用与改革部部长（Menteri Pendayagunaan Aparatur Negara dan Reformasi Birokrasi）
25	苏哈索·莫诺阿尔法（Suharso Monoarfa）	建设团结党代总主席	国家建设规划部部长与国家建设规划院院长（Menteri Perencanaan Pembangunan Nasional dan Kepala Bappenas）
26	尤利亚里（Juliari P Batubara）	原国会议员、斗争民主党干部	社会部部长（Menteri Sosial）
27	扎伊努丁·阿马里（Zainudin Amali）	从业党派系国会第二委员会主席	青年与体育部部长（Menteri Pemuda dan Olahraga）
28	阿卜杜尔·哈林（Abdul Halim Iskandar）	民族复兴党干部	农村、落后地区建设和移民部部长（Menteri Desa, Pembangunan Daerah Tertinggal dan Transmigrasi）
29	特拉万·阿古斯（Terawan Agus Putranto）	印尼陆军总医院院长	卫生部部长（Menteri Kesehatan）
30	阿古斯·苏巴曼托（Agus Suparmanto）	民族复兴党干部	贸易部部长（Menteri Perdagangan）
31	古斯蒂·阿优·宾唐（I Gusti Ayu Bintang）	巴厘登巴萨秘书处经济与建设办第二助理，前合作社与中小企业部部长夫人	妇女事务与儿童权益保护部部长（Menteri Pemberdayaan Perempuan dan Anak）
32	德登·玛斯杜奇（Teten Masduki）	原总统幕僚长	合作社与中小企业部部长（Menteri Koperasi dan UKM）
33	阿里芬·达斯利（Arifin Tasrif）	原印尼驻日本大使	能源矿务部部长（Menteri Energi dan Sumber Daya Mineral）
34	穆尔多科（Moeldoko）	原总统府幕僚长	总统府幕僚长（Kepala Staf Kepresidenan）
35	普拉莫诺·阿侬（Pramono Anung）	斗争民主党干部	内阁秘书长（Sekretaris Kabinet）
36	布哈努丁（ST Burhanuddin）	原国家民事和行政副检察长	最高检察长（Jaksa Agung）
37	班邦·布罗佐尼哥罗（Bambang Brodjonegoro）	原国家计委部部长	科研部部长和全国创新科研机构主任（Menristek dan Kepala Badan Riset Inovasi Nasional）
38	巴赫利·拉哈里亚（Bahlil Lahadilia）	印尼青年企业家协会总主席	投资统筹机构主任（Kepala Badan Koordinasi Penanaman Modal）

三 参与全球治理 双边多边外交联动

(一)积极参与全球治理,提升国际影响力

印尼一贯奉行"积极和独立"的外交政策,强调尊重国家主权、不干涉他国内政,同时广泛拓展双边和多边外交关系,积极参与区域和国际合作机制,提升区域领导力和国际影响力。佐科总统执政后,在苏西洛总统"全方位外交"理念基础上推行以经济外交为核心,主要开展高度事务性的务实外交方针,努力将印尼塑造成为海洋强国和区域领袖。

2019年,印尼外交继续执行4项优先目标,即维护统一、维护印尼公民权益、加强经济外交、提升印尼在区域和国际舞台上的作用。作为2019~2020年联合国安理会非常任理事国,印尼努力在联合国安理会发挥作用,致力于维护和平、铲除恐怖主义、促进区域组织与联合国之间的协同等,印尼已准备竞选成为2020~2022年联合国人权理事会成员,以发挥更大作用。在2019年6月22日的东盟峰会全体会议上,印尼提出"印太构想",认为东盟的中心地位是促进印度洋—太平洋地区合作,成为印度洋—太平洋合作对话的平台。会议发布了"东盟印太展望"(ASEAN OUTLOOK ON THE INDO-PACIFIC)。这是对美国2019年6月1日正式推出"印太战略",印尼维护其在区域多边关系中的中心性、东盟在印度洋—太平洋事务中的中心性的一种应对。另外,印尼还发起了印尼—非洲基础设施对话、印尼—南太平洋论坛、印度—太平洋海事对话、印尼—拉丁美洲和加勒比商业论坛、太平洋博览会等活动,外交动作频繁。①

(二)双边多边外交联动,务实推动国际合作

在务实外交导向下,2019年印尼与相关国家在双边或多边机制下积极

---

① Sandro Gatra. Menlu Retno: 2019 Tahun Sibuk bagi Diplomasi Indonesia, 2019 – 01 – 09, https://nasional.kompas.com/read/2019/01/09/17341681/menlu – retno – 2019 – tahun – sibuk – bagi – diplomasi – indonesia.

拓展合作。

双边外交方面，印尼在2019年与不少大国取得了丰硕的外交成果。中印尼双边合作在2019年的主要成就包括：一是"区域综合经济走廊"项目的推动，即3北1岛（北苏拉威西、北加里曼丹、北苏门答腊和巴厘岛）经济走廊项目，3月21日，中印尼"区域综合经济走廊"建设合作联委会第一次会议在印尼巴厘岛成功召开；二是在"一带一路"框架下的基础设施合作的推进，在4月北京第二届"一带一路"国际合作高峰论坛上，两国讨论了有关合作承建共约911亿美元基础设施工程的方案。2020年是中印尼建交70周年，4月14日习近平主席与佐科总统互致贺信，两国发布纪念徽标和纪念封。同日，李克强总理在"10+3"领导人特别会议上，提出三点倡议，以加强公共卫生领域合作和恢复经济的共同努力。

印尼与美国双边关系的进展在2019年主要表现在军事合作方面，双方的空军和海军6月分别在北苏拉威西万鸦老、东爪哇举行了联合作战训练；7月，印尼空军与美国空军太平洋特种作战司令部在苏北棉兰举行联合军演。[①] 8月，美国海军、海军陆战队和海岸警卫队与印尼海军和海军陆战队在泗水启动2019年美国—印尼海上合作准备和训练演习。而在经贸关系方面，印尼与美国间并未取得明显进展，美国仍然增强了对印尼的贸易审查。

日本在东南亚地区受到一些国家的欢迎[②]。印尼作为东盟大国，是日本外交的重点对象，近年来日本对印尼的外交政策有所变化：一是改变对印尼的援助方式，从注重自身经济利益转向促进印尼经济社会发展能力的建设，以获取印尼的信任。二是积极开展文化外交。[③] 2019年6月，在印尼—日本经济伙伴合作协议（IJEPA）框架内，印尼与日本签署新制造业发展中心项

---

① Joint Combined Exercise Training（JCET），2019-07-03，https：//www.thejakartapostimages.com/images/view/25529.
② ISEAS YusofIshak Institute，ASEAN Studies Centre. The State of Southeast Asia：2019 Survey Report. 2019-01-29，www.iseas.edu.sg.
③ 韦红、李颖：《日本构建与印尼"心心相印"伙伴关系研究：路径与策略》，《东南亚研究》2019年第1期，第74~93页。

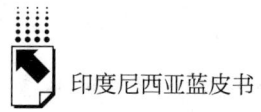

目(New MIDEC),着力提高印尼制造能力。① 日本也开始寻求与印尼开展除军售外的国防领域合作,7月3日,日本海上保安厅、菲律宾及印尼海岸警卫队在菲律宾南部进行油轮海上假想碰撞联合演习。②

澳大利亚是印尼的近邻,两国关系在2019年的主要成就是于3月4日签署印尼—澳洲全面经济伙伴关系协定(IA-CEPA),这对于印尼增加机动车、鞋类产品、食品饮料、纺织品对澳洲的出口十分有益,是两国外交关系发展的里程碑。③ 此外,两国还开展了防务合作,开展"印澳Corpat"联合军事演习。

多边外交方面,东盟是印尼多边外交的基础。印尼不仅希望在东盟内发挥核心作用,还希望通过推进东盟共同体建设使其在东亚乃至印太地区发挥主导作用。在印尼主导下,2019年4月,印尼、泰国、马来西亚、菲律宾四国在东盟财长和央行行长会议上签署《本币结算框架系列协议》,旨在促进国家间贸易使用各自本币交易。在6月22日的东盟峰会全体会议上,印尼提出的印太构想获得接受,发布了"东盟印太展望"(ASEAN OUTLOOK ON THE INDO-PACIFIC),展望认为,东盟的中心地位是促进印度洋—太平洋地区合作、成为印度洋—太平洋合作对话的平台。

另外,在G20多边机制框架内,印尼是东盟国家中唯一的G20成员,在2019年6月G20峰会上,印尼的发展成就获得肯定,佐科提出的包容性数字经济加速器中心(IDEA Hub)等概念得到接受。在东亚多边外交关系中,由中国国务委员兼外长王毅提出的"雅加达渠道"理念成为亮点,"雅加达渠道"指以东盟秘书处所在地雅加达为支点、以东盟机制为依托,构建东盟与各对话伙伴关系网络的东亚多边合作平台。此外,印尼还积极开展

---

① Indonesia-Jepang Bersinergi Bangun Kapasitas Sektor Manufaktur, 2019 – 06 – 27, https://ekbis. sindonews. com read/1415458/34/indonesia – jepang – bersinergi – bangun – kapasitas – sektor – manufaktur – 1561650097.

② Latihan Bersama RI dan Filipina Atasi Tumpahan Minyak di Laut Resmi Dibuka, 2019 – 07 – 02, https: //news. detik. com/berita/d – 4608982/latihan – bersama – ri – dan – filipina – atasi – tumpahan – minyak – di – laut – resmi – dibuka? tag_ from = news_ newsfeed _ 15.

③ Indonesia-Australia Comprehensive Economic Partnership Agreement, 2019 – 03 – 04, https://dfat. gov. au/trade/agreements/not – yet – in – force/iacepa/Pages/indonesia – australia – comprehensive – economic – partnership – agreement. aspx.

与非洲的多边外交，8月在巴厘岛成功举办了2019年印尼—非洲基础设施对话。

四 外部经济挑战增加 增长预期下调

（一）出口困难，未来可能进一步疲软

由于国际贸易秩序受到以美国为首的单边主义行为影响，国际贸易环境从2018年开始出现明显恶化，其负面影响在2019年表现得尤为突出。如图1所示，2018年第二季度，除美国、中国、日本外，其他主要大国的进口增速明显下降，第四季度除英国外，其余国家全部出现负增长，2019年第一季度情况相同，英国在第二季度也出现负增长。

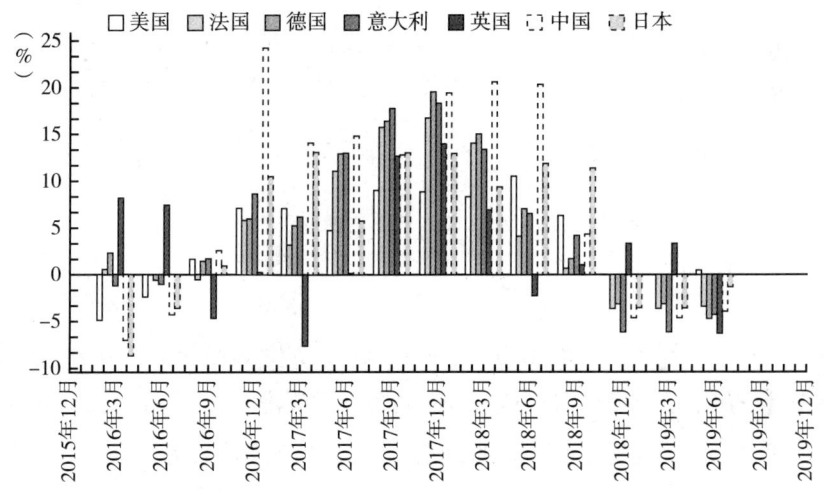

图1 2015～2019年主要经济体进口变动趋势（季度同比增长率）

资料来源：WTO。

全球贸易环境恶化给印尼出口造成巨大压力，2019年上半年已显现出口疲势（见图2）。2019年上半年印尼商品出口1206.6万亿印尼卢比，相当于790多亿美元，环比下降15.6%，同比下降5.8%；服务出口192.8万亿

印尼卢比，相当于135亿美元左右，环比下降9.6%，同比则微升2.4%，由于服务贸易占比较小，出口贸易总体上呈现下滑趋势。贸易逆差扩大，2018年第二季度开始出现贸易逆差，2018年全年逆差约为75亿美元，2019年上半年逆差为25.1亿美元，较上年同期扩大。贸易逆差恶化了印尼经常项目赤字问题，经常项目赤字在2018年底占GDP的3.59%，2019年6月仍然高达3.04%。

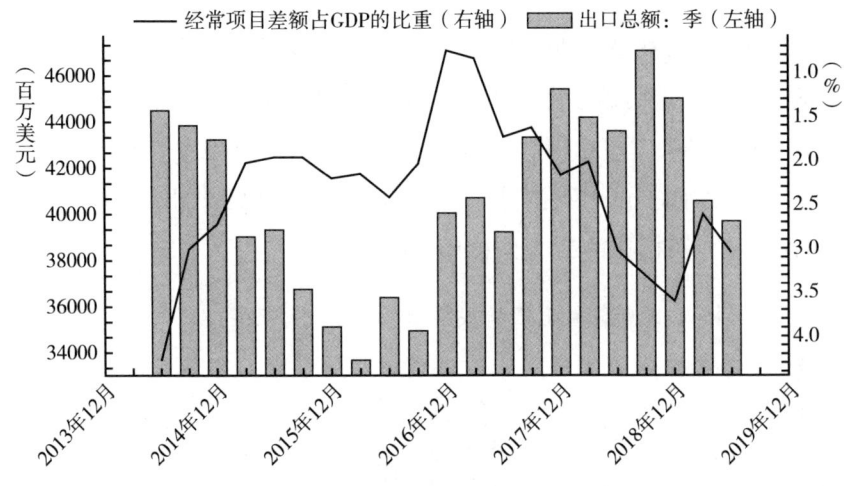

图2 2013~2019年印尼出口情况（季）

资料来源：BI。

印尼当局已采取了各种鼓励出口、控制进口的措施，例如扩大对中国、印度、南非等发展中国家的出口，对进口商品实施更严格的技术标准和配额管理等。但由于外部市场短期内难以得到改观，单边主义挑起的贸易摩擦还会继续，再加上2020年突然暴发的全球新冠肺炎疫情冲击，以及石油价格低迷，全球贸易形势不容乐观，预计印尼2020年贸易形势还将面临更多困难，2020年3月，印尼商品出口较上年同期下降0.2%，其中油气出口下降40.9%。

（二）国际收支压力仍然较大，主要靠金融资本弥补经常项目赤字

根据印尼央行数据，印尼国际收支在2018年和2019年上半年基本维持平衡（见图3），2019年第一季度盈余30.86亿美元，第二季度赤字13.88亿美元。由图中虚线可见，国际收支中的经常项目赤字有扩大之势，2019年前两个季度经常项目赤字分别为69.66亿美元和84.42亿美元，较上年同期分别扩大34%和6.7%；经常项目赤字基本得到了资本和金融项目盈余的抵销，2019年前两个季度资本和金融项目盈余分别为100.5亿美元、70.5亿美元，较上年同期分别增长了3.37倍和1.15倍。

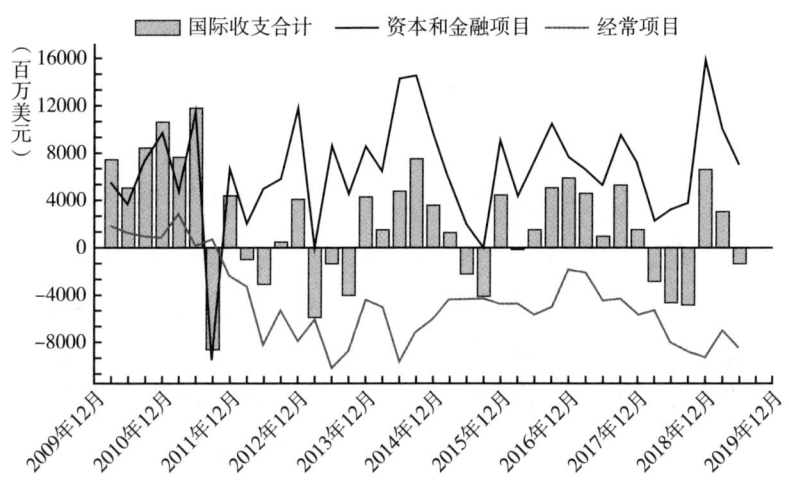

图3　2009~2019年印尼国际收支情况（季）

资料来源：BI。

资本和金融项目盈余虽然基本抵销了经常项目的赤字，但从内在来看，仍然存在一定的国际收支平衡风险。

第一，流入资金以短线资金为主。近期印尼资本和金融项目盈余增长的主要来源是金融项目流入，2018年第四季度以来，外国投资者对印尼资本市场的证券（股票、债券等）投资明显增加，2018年第四季度外国投资者的证券投资净流入达到114.89亿美元，是1997年以来的季度最高水平。2019年第一季度和第二季度，外国证券投资净流入虽有所回落，但净流入仍然分别高达52.77亿美元和45.17亿美元。

第二，印尼外债余额较高。2018年底，外债余额占GDP的比重为

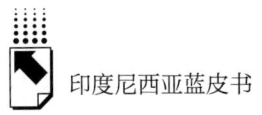

36.23%，较2017年有所提高，高于国际上20%的警戒水平，若只考虑2688亿美元的外国证券投资等高流动性负债，则该比例为25.8%，接近安全水平。截至2019年3月末，印尼外债余额为3875.92亿美元，其中49.14%是政府和中央银行的外债，其余为企业和私人部门的外债，外债余额较上年同期增长282.19%。

（三）实体经济下行压力较大

自2018年第三季度始，印尼GDP增速出现回落，回落趋势延续到2019年上半年。以不变价格计算，2019年第一季度的环比增长率为1.22%，第二季度环比增长率为1.26%，同比增长率为5.05%，低于前两年增速，呈现下行迹象，2019年全年经济增长5.02%，低于2018年5.17%的增长率。2020年，受新冠肺炎疫情和外部因素影响，经济增速将明显下滑，依据亚洲开发银行的估计，可能降到2.5%的低位。

依据印尼统计局的季度核算数据，一些传统实体产业已显现较明显的承压下行，制造业采购经理人指数也跌到50荣枯分水岭以下。如表3所示，电力和天然气供应、林业、制造业整体出现不同程度的增速下滑，而在制造业内部的15个二级行业中，有8个行业出现增速同比下降，尤其是木材加工、橡胶及塑料、皮革及鞋类、机械设备制造、交通设备制造等，在2019年的下滑势头明显（见表3）。

表3 2018~2019年下滑迹象明显的产业（季度同比实际增长率）

单位：%

行业名称	2018年第一季度	2018年第二季度	2018年第三季度	2018年第四季度	2019年第一季度	2019年第二季度
电力和天然气供应	3.31	7.56	5.58	5.46	4.12	2.20
林业	5.40	-0.30	4.33	1.97	-2.86	0.61
制造业整体	4.60	3.88	4.35	4.25	3.86	3.54
煤炭和精炼石油	0.66	0.59	-1.46	-0.01	-4.19	-0.25
非金属矿物制品	4.96	0.51	3.37	2.10	-5.07	-2.09
金属制品,计算机,光学及电气设备	-2.41	0.47	-1.54	1.09	0.41	-2.52

续表

行业名称	2018年第一季度	2018年第二季度	2018年第三季度	2018年第四季度	2019年第一季度	2019年第二季度
交通设备制造	5.78	2.59	5.37	3.23	-6.61	-3.73
机械设备制造	15.50	4.19	4.25	14.55	1.29	-3.96
皮革及鞋类	5.47	11.38	8.83	12.10	-1.15	-6.42
橡胶及塑料	3.18	11.85	12.34	0.98	-6.52	-7.22
木材加工	3.90	2.28	1.57	-4.56	-8.56	-7.85

资料来源：BPS。

（四）与中国经贸关系更加密切

印尼与中国是全面战略伙伴关系（CSP），两国同为发展中国家，在经贸等众多领域都有共同利益。近年来两国经贸往来不断扩大，面对外部不确定性因素的增加，两国经贸关系更加密切，表现在以下两个方面。

1. 对华出口比重增加

中国、美国、欧洲、日本和新加坡是印尼前五大贸易伙伴，中国自2016年起成为印尼最大的出口市场，所占份额呈逐步扩大之势，已由2015年10%左右的份额上升到2019年上半年超过16%的水平。而美国作为印尼第二大出口市场，多年来份额维持在11%左右；第三大出口市场欧洲，2017年下半年以来出口明显下降，已由11%的份额下降到2019年9.7%左右的水平；同期，对日本的出口份额也略有下降，2019年第二季度达到新低，为8.87%（见图4）。印尼对欧洲出口下降与棕榈油等方面的贸易摩擦有关，也与欧洲需求下降有关；对日本出口下降既与其国内需求下降有关，也与印尼减少原矿等初级产品出口政策有关。

2. 高层互动频繁，中国对印尼投资势头强劲

中印尼两国高层为推进合作，互访和交流活动频繁。2019年6月28日，在二十国集团领导人第十四次峰会期间，中国国家主席习近平在大阪会见印尼总统佐科，这是两位元首的第八次会面，双方就共建"一带一路"、深化经贸关系、推进雅万铁路等重点项目建设、密切在多边框架内的沟通配

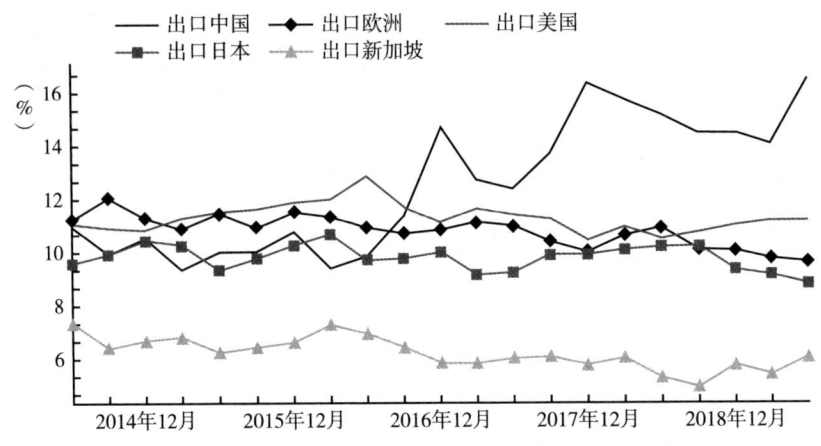

图4 2014~2018年印尼前五大出口市场份额（季）

注：以对特定国家的出口总额与印尼出口总金额之比衡量市场份额。
资料来源：BPS。

合进行了深入交流，习近平主席还提出双方要加强治国理政经验交流，"区域综合经济走廊"建设合作，拓展职业培训合作，同东盟国家开展智慧城市、数字经济等合作，让科技引领、创新驱动成为两国和地区发展的新动力。

2019年双边高层互动还包括：3月21日，中印尼"区域综合经济走廊"建设合作联委会第一次会议在印尼巴厘岛成功召开，中国国家发展和改革委员会副主任宁吉喆与印尼海洋统筹部部长卢胡特共同主持，中国驻印尼大使肖千、驻登巴萨总领事苟皓东、中国国家开发银行董事长赵欢、印尼海事与投资统筹部副部长利德万、国家发展规划部副部长魏斯马纳、北加里曼丹省省长伊里延托、巴厘省省长考斯特及外交部、交通部、工业部、投资协调委员会等成员单位的代表参加，双方就共建"一带一路"、产能合作、经济走廊合作规划、重点港口和产业园区合作等议题深入交换意见。3月20日，中国外交部副部长孔铉佑在印尼雅加达出席"印太合作高级别对话会"并发表讲话，指出有关本地区的合作倡议：一是要坚持以东盟为中心；二是要坚持开放包容、合作共赢；三是要坚持突出合作，聚焦发展。4月25日，国家主席习近平在人民大会堂会见印尼副总统卡拉。4月24日，国务委员兼外交部部长王毅在北京会见陪同印尼副总统卡拉来华出席第二届"一带一路"国际合作高峰论坛的印尼外长蕾特诺。7月3日，中国外交部副部长罗照辉访问印尼。9月20日，印尼总统佐科在雅加达会见中共中央对外联络部部长宋涛，宋涛随后还分别会见了印尼主要政党领导人，包括印尼专业集团党总主席、工业部部长艾尔朗加、大印尼行动党总主席普拉博沃及斗争民主党总主席、前总统梅加瓦蒂，宋涛指出中国共产党愿与印尼各政党落实好两国元首共识，高质量共建"一带一路"，扩大经贸等领域务实合作，促进地区繁荣发展。

高层交往推动了政治互信和政策协调，提振了中国企业赴印尼投资的信心。2019年前8个月，中国大陆企业实现对印尼投资金额22.90亿美元，比2018年前三季度的18.28亿美元增长约25.22%，已接近2018年全年的水平。2019年前8个月中国大陆、香港、台湾三地合计对印尼投资实现36.65亿美元，超过日本和新加坡，呈现强劲的投资势头（见表4）。

表4　印尼外商投资来源地排名

单位：千美元

2019年*		2018年		2017年		2015年	
国家（地区）	投资金额	国家（地区）	投资金额	国家（地区）	投资金额	国家（地区）	投资金额
新加坡	3431703	新加坡	9193181	新加坡	8441564	新加坡	5901182
日本	2358704	日本	4952770	日本	4996157	马来西亚	3076975
中国大陆	2289891	中国大陆	2376537	中国大陆	3361228	日本	2876989
中国香港	1312755	中国香港	2011425	中国香港	2116517	荷兰	1307783
马来西亚	1046865	马来西亚	1774898	韩国	2024621	韩国	1213468
荷兰	738503	韩国	1604719	美国	1992844	中国香港	937197
美国	631716	美国	1217623	荷兰	1489424	美国	893157
韩国	544377	维尔京群岛	1043257	马来西亚	1213627	维尔京群岛	730522
维尔京群岛	385401	荷兰	943124	毛里求斯	1056593	中国大陆	628337
泰国	262234	澳大利亚	597439	维尔京群岛	844828	英国	503219
马绍尔岛	152235	泰国	396332	英国	774784	泰国	174168
澳大利亚	137349	马绍尔岛	386520	瑞士	615458	澳大利亚	167968

续表

2019 年*		2018 年		2017 年		2015 年	
国家（地区）	投资金额	国家（地区）	投资金额	国家（地区）	投资金额	国家（地区）	投资金额
德国	134468	德国	280418	澳大利亚	513865	塞舌尔群岛	143728
开曼群岛	92742	英国	271133	中国台湾	397028	法国	131571
加拿大	92178	毛里求斯	267861	德国	288980	中国台湾	107945
法国	69276	开曼群岛	250837	印度	286615	意大利	104123
英国	65261	瑞士	243583	法国	249570	加拿大	103459
中国台湾	62572	比利时	216373	巴西	231643	卢森堡	66649
卢森堡	54904	中国台湾	210223	泰国	220212	瑞士	61845
阿拉伯联合酋长国	46348	加拿大	170569	开曼群岛	219702		

*注：2019 年统计截至 8 月份。

资料来源：BKPM。

五 经济内生稳健仍存 投资合作前景良好

（一）商业景气度和居民消费信心仍然能够对经济提供较好支撑

在出口疲弱的背景下，印尼国内市场为经济提供了稳健支撑。主要体现在居民消费信心持续稳定、国内产能利用率仍然稳定、新经济初具规模等几个方面。

1. 居民消费信心持续稳定

印尼经济与中国经济显著区别的一点是储蓄率不高，居民消费对经济的贡献度常年维持在 55% 左右，这意味着只要消费稳定，印尼经济稳定就有了基本保障。2018 年下半年至 2019 年上半年，印尼消费者信心指数明显上升，尤其是在 2019 年 4~5 月，达到 128 点的高位，7 月仍在 124 点的水平（见图 5）。剔除物价因素，印尼居民消费支出实际增长率多年来维持在 5% 左右的水平，2019 年第二季度的年化增长率达到 5.17%，高于 GDP 整体增速。相对于 2019 年上半年投资和出口的不利形势，消费的稳定增长成为支撑印尼2019年经济整体发展的亮点。2020年2月以来,受新冠肺炎疫情影响,部分区域消费信心有所下降,但总体预期稳定。

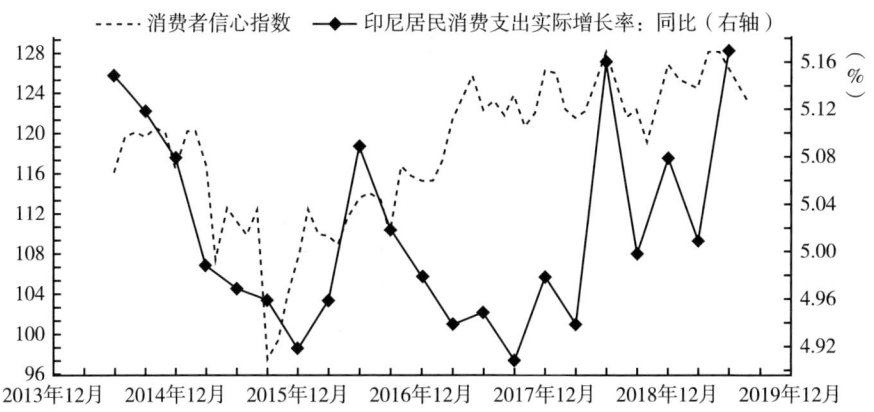

图5　2013~2019年印尼居民消费支出实际增长率与消费者信心指数

资料来源:BI。

2019年居民消费信心增长的主要原因是居民可支配收入增长、低通货膨胀率、政府为低收入者提供更多的社会保障。一些重要社会事件对消费增长的短期刺激作用也不容忽视,例如,2018年8月在印尼举办的亚运会、2018年10月在巴厘岛举办的IMF—世界银行年会等刺激了相关地区的消费,尤其是2018年上半年17个省、115个县和39个市的地方政府首脑选举、2019年上半年的总统选举,带动了几乎所有地区社会团体组织的消费。

2. 国内产能利用率仍然稳定

产能利用率能够综合反映企业的生产、销售状况。依据印尼中央银行的商业调查数据,2019年经理人采购指数(PMI)虽然出现下滑,但产能利用率仍然稳定。如图6所示,印尼经济整体产能利用率在2018年第四季度出现下滑之后,2019年上半年已经回弹,恢复到其长期维持的77%左右的水平;整体制造业产能利用率略低,但也呈现回升之势,在76%左右。2020年面对内部冲击,维持产能利用率将有较大挑战。

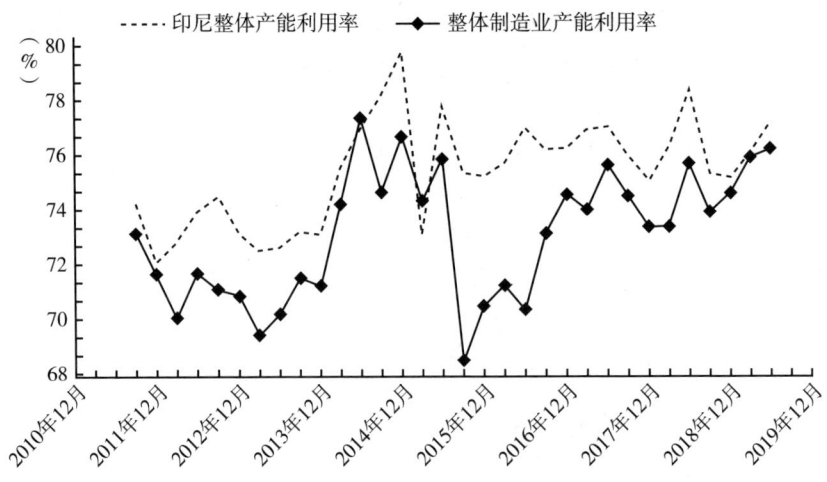

图 6　印尼整体及制造业产能利用率

资料来源：BI。

3. 新经济初具规模

2018年印尼网上交易总额为122亿美元，在整个东南亚市场占比为52.59%。依据谷歌公司的研究报告，预计到2025年，印尼网上交易规模可以达到530亿美元，而摩根士丹利的市场预测是，到2027年，这一数字将增长到630亿美元。目前，印尼在线零售的规模仅占零售业3%的份额，根据摩根士丹利的估计，到2027年，这一比例将上升到19%。预测的关键依据是：印尼居民共有1.59亿部智能手机（截至2016年底），到2021年，这一数字可能增至2.75亿部，活跃社交媒体用户达1.5亿人（据We Are Social的调研数据），占总人口的56%；移动社交媒体用户达1.3亿人，占总人口的48%，平均每日使用社交媒体时长高达3小时26分钟。

新经济的各个领域中，在线零售是主体。2018年印尼在线零售交易规模最大，约为122亿美元，其次是在线旅游服务，2018年交易额为86亿美元，再次是在线娱乐，2018年交易额达27亿美元；网约车和网上外卖的交易总额为37亿美元。互联网金融服务也快速发展，据印尼金融服务管理局（OJK）统计，2018年前三季度，网络借贷平台共借出资金9.51亿美元，预计这一数字 2019 年将达到 20 亿美元。

印尼新经济的发展有着中国企业的重要贡献。中国电商三大领军企业均在印尼有大额投资，阿里巴巴集团通过控股的 Lazada 公司已向印尼电子商务各领域投资不少于 60 亿美元，在印尼全境开设了五个大型仓库，并通过与网约车公司合作缓解物流难题。京东 2016 年进入印尼市场，入股了印尼最大的网约车公司 Gojek，并投资了在线旅游公司 traveloka；腾讯与京东共同入股 Gojek 公司，并控股区域性电商企业 SEA。

（二）减息和稳定货币，为稳定经济提供了支持

印尼货币在 2018 年出现过一波严重贬值浪潮，2018 年 10 月 11 日对美元汇率一度上升到 1∶15253 的历史最高位。汇率上升势头在 2018 年第四季度末得到扭转，2019 年已回落到 1∶14000 的五年均线附近。汇率回调、货币趋稳是内外部因素共同作用的结果。从内部因素讲，印尼当局采取了积极稳定的货币政策，包括控制进口以收缩贸易逆差、积极引进外资、治理本国资本外逃等，资本账户流入明显增加。在 2018 年四季度，金融项外资流入使得全年资本和金融项目盈余达到 159.20 亿美元，完全覆盖经常项目赤字。截至 2019 年 6 月末，资本和金融项目实现盈余 70.54 亿美元，是上年同期的 2 倍多。从外部因素讲，美元加息步伐结束，美元升值导致印尼货币被动贬值的压力消除。

国内利率和杠杆率是影响货币稳定的重要因素，同时也是影响国内经济发展的重要因素。本届政府为刺激经济发展，一直采取宽松的货币政策，但 2018 年为支撑货币稳定，印尼央行被迫提高利率，2018 年至 2019 年上半年连续 6 次提高基准利率，基准利率超过 6%；存款利率曾上扬至最高点 6.91%；短期贷款利率曾高达 10.55%。高利率增加了企业贷款成本，抑制了实体经济发展。印尼央行于 2019 年 7 月 18 日将基准利率下调 25 个基点，至 5.75% 的水平，引致存款、贷款利率向下变动。减息动作基本目标就是要继续通过宽松货币政策刺激经济发展，而减息政策之所以能够出台，前提条件之一是外部因素改善，美元对印尼货币的压力减小；条件之二是印尼国内杠杆率仍然处于较低水平，如图 7 所示，印尼各部门的杠杆率相对稳定，

非金融企业部门的平均负债率在 2018 年仅为 23% 左右，居民部门的负债率更低，仅为 17% 左右，政府部门负债率相对较高，接近 30%。较低的杠杆率不仅说明减息存在空间，更说明了通过货币政策、借助信用扩张手段刺激经济增长在印尼经济发展中的重要性。

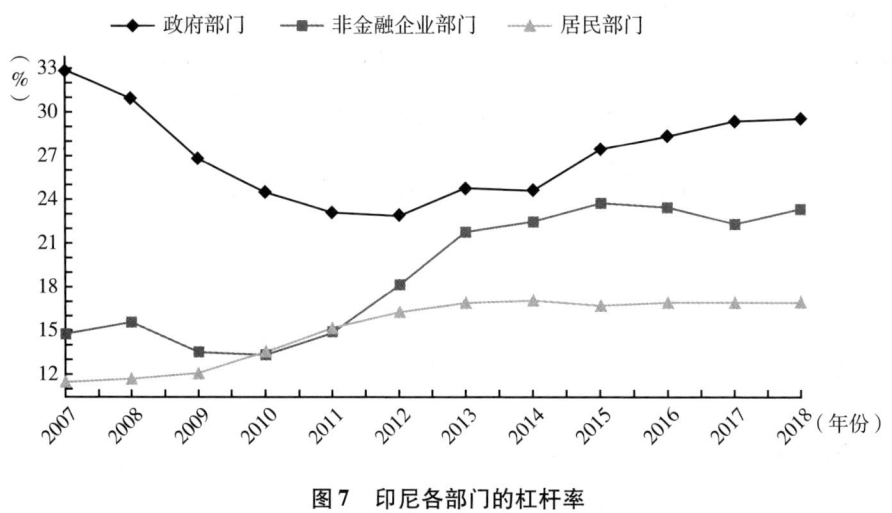

图 7　印尼各部门的杠杆率

资料来源：BI。

（三）企业经营内在效率改善，具有稳定经济的微观基础

企业是经济活动的微观主体，观察企业经营绩效的变化可以更深入地考察经济发展情况。依据对印尼上市公司 2017～2018 年主要财务指标的分析，发现企业在 2018 年的绩效整体优于 2017 年，上市公司整体的股东权益收益率由 2017 年的 10.8% 提高到 2018 年的 12.04%；资产收益率则由 5.4% 提高到 5.85%；经营效率指标也呈现改善趋势，资产周转率由 0.7 次略升至 0.71 次，存货周转率由 6.4 次略升至 6.46 次。内在经营效率的提高，增强了企业应对外部冲击的能力。

分行业看，2018 年绩效改善最为明显的是矿业企业、基础化工和贸易、投资与服务类企业（见图 8）。矿业企业的资产报酬率由 2017 年的 5.74% 提高到了 8.81%，资产周转率也由 0.54 次提高到 0.73 次；基础化工企业的资产报酬率由2017年的3.29%提高到5.36%；贸易、投资与服务类企业的资产报酬率由2017年的4.70%提高到了5.18%，资产周转率也由0.97次提高到1.01次。制造业的盈利能力也有所提高。企业经营绩效的改善虽然受国际资源价格变动的因素影响，但也是印尼基础设施条件改善的结果，例如矿业生产受到交通运输、供水供电等条件的直接影响。

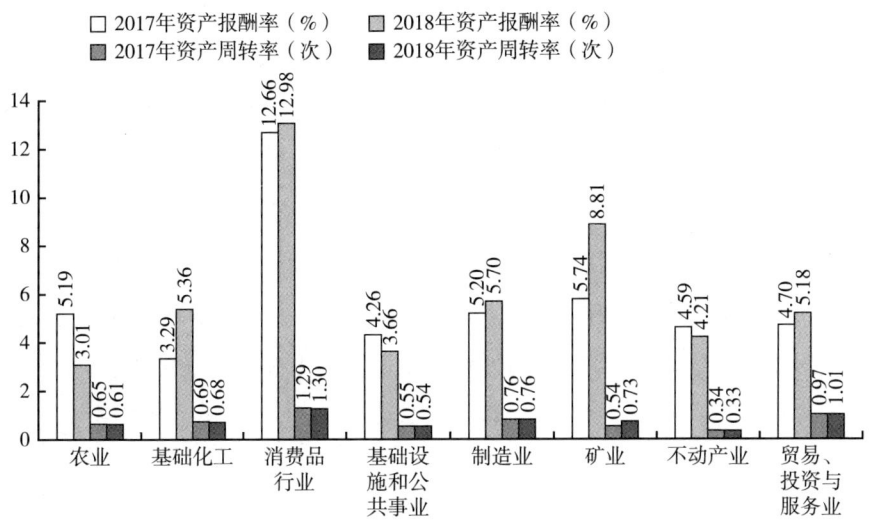

图8　2017~2018年印尼企业经营绩效变动情况

资料来源：Bloomberg。

（四）四大经济战略助力发展升级，存在广阔投资合作空间

1. 坚持基础设施优先发展战略，基建投资合作需求大

印尼本届政府把基础设施建设作为最优先任务，制定了庞大的建设计划。例如在2015~2019年中期发展规划中，规划投资5500万亿印尼盾，相当于印尼半年的GDP。规划的建设目标涵盖交通、能源、供水、住房、信息基础设施等领域。基础设施的建设对印尼当前经济发展而言，是关键驱动因素，因为它影响到经济发展的众多基础能力，例如交通基础设施建设决定着物流网络的发展，进而支撑工业发展，经济连通性的改善将促进经济要素在区域间

更快速地流动。数字基础设施的建设则为经济信息流动、新经济的发展提供支撑。电厂、电网等能源项目建设则解决了印尼经济发展中的电力短缺问题。

基础设施落后是国际社会对印尼的一种普遍认知,在世界经济论坛发布的全球竞争力指数排名中,印尼基础设施竞争力在参与排名的140个国家中,2014~2015年排名第72位,与其大国地位很不相称。经过近几年的大力推动,印尼基础设施状况有了显著改善,2015~2016年排名第62位,2017~2018年则上升至第52位。2019年5月30日,第十届国际基础设施投资与建设高峰论坛在澳门召开,发布了"一带一路"国家基础设施发展指数,印尼得分138分,连续三年排名榜首,充分展示了印尼为发展基础设施战略所做出的努力。

根据全球竞争力报告的评价,目前印尼基础设施主要领域评价情况如图9所示,航空运输评价较高,水运次之,公路运输、供水、电力基础设施评价均较差,因此印尼经济发展的硬件环境仍需大力改善,基础建设之路仍然任重而道远。

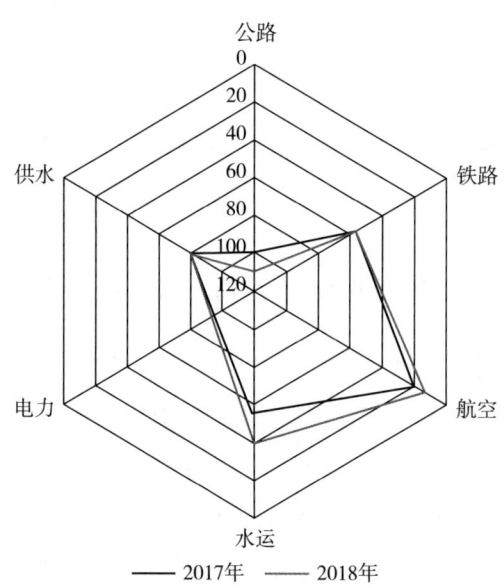

图9　2017~2018年印尼基础设施现状评价

资料来源:世界经济论坛。

印尼政府正在制定2020～2024年中期发展规划,规划草案将继续优先发展基础设施。这为国外投资者提供了众多的合作投资机会,尤其是在印尼基础设施发展存在明显资金瓶颈背景下,政府主推以PPP形式调动私人资本参与基础设施建设的积极性。如表5所示,新的5年经济建设规划涉及经济发展、居民生活五大基础设施领域,每部分印尼政府都树立了明确的发展目标。为完成这些目标,政府的基本策略之一就是吸引外国投资者进入,充分发挥外国投资者的技术和资金优势。

表5　2020～2024年印尼中期发展规划基础设施建设重点

领域	发展目标
第一部分:公用基础设施	52.78%的家庭拥有体面和可负担的住房
	75.34%的家庭可获得安全、适宜的饮用水
	2445万家庭实现自来水接入
	90%的家庭可获得适当的废水排放卫生设施
	建造50万公顷的新灌溉网络
	建造58个多用途大坝机组
第二部分:交通基础设施	发展快速铁路网(雅加达-三宝垄、雅加达-万隆)和货运铁路(Makassar-Pare-Pare)
	在7个枢纽港口实现标准化作业和综合管理
	开发30条新的航空干线
	新建高速公路2000公里、国道2500公里,国家等级公路可通行率达到98%
	减少主要道路的时耗,平均耗时降至1.9小时/100公里
第三部分:城市基础设施	大力发展雅加达、泗水、棉兰、万隆、望加锡、三宝垄6个大都市的公交系统
	城市垃圾处理覆盖80%的城区居民区
第四部分:能源基础设施	四百万家庭接入天然气管网
	人均用电量增加到1500kWh
	全国能源供应量年均达到375.9百万吨油当量
第五部分:数字基础设施	提升信息和通信技术(ICT)发展指数至5.0～5.3
	固定宽带网速提高至25Mbps;移动网络速度提高至20Mbps
	75%的街道有光纤网络覆盖
	淘汰模拟信号广播,实现100%的数字广播

资料来源：BAPPENAS。

2. 实施工业4.0战略以提升经济活动的增值能力

印尼的工业4.0计划被命名为"印尼制造4.0"(Making Indonesia 4.0),

它是印尼的一项国家战略，于2018年提出。佐科政府希望通过该战略的实施，使印尼在2030年能够进入全球十大经济体。该计划由印尼工业部具体领导和推行，关键目标在于提高工业增加值、提高产业的高科技含量，提升印尼经济的竞争力。"印尼制造4.0"计划设置五个优先发展行业，分别是食品和饮料、汽车、纺织、电子和化工。这五个产业部门印尼已具备一定的发展基础，在经济中所占份额较大，且有较大的国际市场空间，对印尼就业、出口和未来科技发展都有现实意义。

"印尼制造4.0"计划虽然充满了对科技的关注，但从其对优先发展行业的选择、对具体战略目标的设定来看，其核心诉求还是立足于印尼当前制造业水平的现实，通过增强工业品加工能力从而提升经济活动的增加值，改善对外贸易条件。这一诉求与印尼的中长期产业发展规划一脉相承。2015年印尼政府颁布的《关于2015~2035年全国产业发展总体规划》，将印尼工业发展总体分为三个阶段：第一阶段（2015~2019年）：重点增加以农产品、矿产和石油等资源为基础的上游产业的加工深度，同时通过培育熟练的产业工人、提高对技术的掌握程度来支持工业的深化发展。第二阶段（2020~2024年）：重点通过优化产业结构，提升产业的科技水平，进一步提高人力资本水平。第三阶段（2025~2035年）：使印尼成为工业强国，具有强大和深厚的产业基础、较强的全球竞争力。

印尼的工业发展战略已经取得了显著成果，以矿产资源的开发加工为例，过去，印尼以出口镍矿石等原矿产品为主，通过第一阶段的工业发展，印尼已有能力将大部分原矿加工为镍生铁（NPI），产品价值已从原来每吨约30美元增加到1300~1400美元，镍生铁再加工成不锈钢则进一步提升了其价值。此外，过去印尼出口铝土矿，进口氧化铝来生产铝，现在能够在国内将铝土矿加工成氧化铝；过去单纯出口棕榈油原油（CPO），现在80%的棕榈油通过深加工后用于消费和出口，CPO的衍生产品已达到100多种，例如生物柴油产品等。工业计划的实施效果不仅体现在企业效益上，也体现在就业和其他方面，例如苏拉威西中部的莫罗瓦利工业区是印尼设定的镍冶炼工业区，近四年来该区实现的新增投资达50亿美元，新增出口额40亿美元，就业 3 万多人。在贸易结构中，非油气出口占比上升，贸易条件改善，2014 年石油制品、原油、天然气的出口占比为 17%，到了 2018 年降为 10%，2019 年上半年降为 8%。

3. 执行区域平衡战略，培育外岛新的经济增长点

印尼独立后在经济发展过程中，相当长的一段时间内把爪哇，尤其是西爪哇作为重点保障地区，因而在经济制度上将利益分配向爪哇地区倾斜，而一些资源富集地区并未获得资源开发应有份额的经济利益。本届政府上台后，重视区域经济平衡发展，采取了一些战略举措。目前来看，这些举措主要包括以下三个方面。

一是在经济发展规划中规定外岛（指爪哇岛以外地区）的经济增长目标，希望外岛非油气制造业在经济中的占比由 2013 年的 27.2% 提高到 2035 年的 40%，并将一些基建项目、经济开发区重点布局在外岛，其中在外岛拟重点建设的工业园区就有 14 个，分别分布在加里曼丹西部和南部、苏拉威西岛、苏门答腊岛北部三个大岛中经济相对落后的地区，同时在巴布亚、马鲁古群岛偏远地区也有布局。

二是在财政支出上，增加对外岛的转移支付。中央财政在每年预算中安排资金用于对地方的转移支付，以改善落后地方的公共服务。转移支付的主要项目被称为地区和农村基金（TKDD），2018 年向各地区转移支付的 TKDD 资金达到 757.8 万亿印尼盾。佐科总统在 2019 年 8 月的一次公开讲话中谈到印尼最新的基尼系数为 0.384，政府将努力在 2020 年使基尼系数降至 0.375 至 0.380，为此 2020 年的国家财政支出将重点用于减少地区间的不平等，继续重点发展爪哇岛以外地区的经济。

三是推出迁都计划。2019 年 8 月 16 日，在印尼国庆日前夕，佐科总统在国会发表演讲，正式向国会提议将首都从雅加达迁往加里曼丹，并表示迁都至加里曼丹有利于实现经济平衡。8 月 26 日，新首都地点被确定为位于婆罗洲岛东加里曼丹省，跨越北彭纳杰姆（the North Penajam Paser）与库台卡塔内加拉（Kutai Kartanegara）地区。

从经济数据看，爪哇岛与外岛经济发展不平衡的问题目前还未得到有效

缓解，爪哇岛以外地区占据印尼国土面积的93.22%，但经济份额仍不足50%。虽然政府采取了促进平衡发展的一些战略，但由于经济发展自身的惯性和政府支出力度非常有限等原因，外岛经济增加值在全国经济中的占比五年间并没有提高，反而略有下降。2014年爪哇岛的经济增加值占比为57.9%，外岛占比为42.1%；2018年占比分别为58.8%和41.2%，五年间外岛经济总量虽然也在增长，但增速总体上不如爪哇地区（见表6）。在外岛的各个地区，发展也很不平衡，其中增长最为明显的是苏拉威西，其次是马鲁古-巴布亚地区，2018年北马鲁古、巴布亚、南苏拉威西三省的经济增长分别为7.92%、7.33%和7.07%，明显高于全国5.17%的水平。

表6 印尼区域经济结构

单位：百万印尼卢比，%

区域	2014年GDP	2018年GDP	2014年占比	2018年占比
苏门答腊	1894169815	2229464175	22.0	21.2
爪哇	4979136144	6192835265	57.9	58.8
巴厘-努沙登加	249268512	310415812	2.9	2.9
加里曼丹	781344284	875935542	9.1	8.3
苏拉威西	485289580	643347706	5.6	6.1
马鲁古-巴布亚	214427637	274697967	2.5	2.6
全国总计	8603635972	10526696467	100.0	99.9

资料来源：BPS。

4. 推出数字经济战略，打造东南亚最大数字经济体

印尼政府于2017年8月通过第74号总统令发布了首份《电子商务发展国家战略》，为电子商务发展制订了行动计划。行动计划包括八个关键部分，即资金、税收、客户保护、教育和人力资源、电信基础设施、物流、网络安全和建立协调机构。这些关键内容被进一步划分为26个执行项目。关键内容包括以下方面。

税收方面，政府计划实施三项计划，一是简化纳税程序；二是起草电子

商务企业登记程序和准则；三是促进外国电子商务企业的平等税收待遇。第（二）项和第（三）项与外国电子商务有关，政府将起草一项条例，要求在印尼开展业务的所有电子商务公司在贸易部注册，对外国电子商务公司实行平等税收待遇。该计划实际就是通信部第3/2016号规章的要求，即所有在印尼开展电子商务服务的离岸企业，都应当在印尼常设代表机构，以便恰当履行在印尼的相关税收义务。

消费者保护方面，政府也有三项计划：一是起草关于电子商务交易的政府条例；二是提高消费者信任度；三是使电子商务交易的结算建立在国家支付系统（National Payment Gateway）的基础上。电子商务交易条例包括：商家和顾客的权利和义务、支付方式、电子合同的适用性、物流、兑换和退款要求，以及电子商务交易中的争议解决。为增强消费者对电子商务的信任，政府将建立全面的电子商务业务法律框架，包括电子商务业务分类、电子认证程序、认证流程、支付机制政策、电子商务交易中的客户保护政策、在线纠纷解决等。

物流方面，考虑到印尼电子商务业务发展需要物流体系支撑，政府希望增加物流企业数量，以确保在全国及时交货。为此政府第16套一揽子经济政策中，对物流企业的外商投资放开了外商持股比例限制，允许外商控股。

网络安全方面，政府希望发展电子商务交易的国家监管系统，以便政府通过综合电子系统对印尼所有电子商务交易进行监控。除了要求所有电子商务公司满足支持该系统的要求外，目前还没有进一步阐述国家监管系统的具体要求。

从规模上讲，印尼已是东盟国家的最大数字经济体，但为了进一步加快数字经济发展，印尼政府仍在加大招商力度。例如，2019年2月20日于旧金山举行2019年印尼旧金山商业论坛，其间发出邀请，希望美国投资者投资于印尼数字经济和"10个新巴厘岛"的旅游开发计划。2019年1月29~30日，印尼最大的数字盛事更名为"未来商务印尼2019"，推动招商与合作。

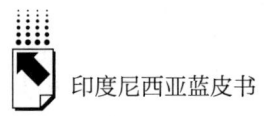

六 社会事业取得进步 中印尼人文交流还需加强

（一）民生建设的主要成就

1. 减贫工作成效显著，就业状况得到改善

佐科政府通过发展基础设施建设、创造就业机会和直接提供帮助的"希望家庭援助计划"（PKH），努力减少贫困人口。依据印尼官方的统计数据，2018年印尼贫困发生率为9.8%，较上年的10.6%下降了0.8个百分点，是佐科执政以来的第五年下降。佐科执政以来，虽然执行经济发展优先策略，但在社会福利方面也加大了投入，对贫困家庭的福利计划可归纳为"三卡"，即教育卡、预就业卡和平价主食卡，分别用于贫困家庭的子女上学、就业培训和食品保障。

从就业情况看，佐科任期内登记失业率持续下降，2019年2月的调查数据为5.01%，是第五个年头的下降。上年同期调查数据为687万人失业，失业率为5.13%。居民收入状况也呈稳定向好态势，以城市居民为主要调查对象的BI收入现状评估指数维持在120点左右，农民日均实际报酬在38000卢比左右，较2018年上半年略有提高。

2. 民生公用基础设施建设不断推进

居民用电紧张、自来水供应不足是印尼居民公用基础设施两个突出的短板，本届政府的基础设施建设优先发展项目中就包括了众多此类项目。经过五年的发展，用电和供水条件有所改善。印尼近几年建立了包括中爪哇发电厂、中—西爪哇电网、南苏门答腊坑口煤电厂、南安由燃煤电厂、垃圾燃烧发电厂和18省联合循环发电厂等主要电力基础设施。以中爪哇发电厂为例，该厂的发电能力能够为中爪哇1300万人供电，是东南亚同类发电厂中规模最大的项目，也是印尼电力发展规划中35000兆瓦电力计划的一部分。目前印尼电力公司装机总容量已达到57177兆瓦，居民电力用户达到6351万户（截至2017年），较2014年末增长了19%，即新增1000余万户家庭接通了电力。供水方面，印尼统计局的数据显示，印尼由供水公司供水的客户数量在2017年末已上升到1289.8万人，较2014年末增加了20.9%。

虽然成绩斐然，但未来发展任务仍然十分艰巨。目前除爪哇岛和巴厘岛之外，印尼其他地区还常常会受到停电的困扰。

3. 文卫事业向前发展

随着经济发展和改革的推进，印尼教育和卫生事业发展滞后状况在逐步得到改善。本届政府任内，国家财政用于文卫事业的支出有所增加，正在制定的2020年国家财政预算，总支出预算达2528.8万亿印尼卢比，将主要用于教育、卫生、社会和基础设施建设4个方面，约20%的国家预算将用于教育支出，5%的国家预算用于卫生健康方面，以提高全国医疗服务质量。2020年政府还将拨出72万亿印尼卢比用于农村基金项目。早在2014年，在政府推动下建立了一个普遍性的社会医疗保险计划（Jaminan Kesehatan Nasional，JKN）；2019年，印尼卫生部还出台政策，要求完善地方基本医疗服务，具体包括两个层面：一是省级层面提供应急医疗救助服务，即在灾难或事故发生时能够为受灾者提供及时的医疗服务；二是市级基本医疗服务，包括11个类别，涵盖孕妇产妇、婴幼儿童、适婚妇女、老年人、高血压患者、糖尿病患者、严重精神障碍患者、结核病疑似患者和感染艾滋病病毒患者等，政府有责任为他们提供基本医疗服务。

随着卫生条件的改进，印尼人口的健康状况也在逐渐改善，如图10所示的两个健康指标，印尼人口预期寿命在2017年的调查中已达71.2岁，在2012年该指标还只有69.87岁；婴儿死亡率也一直在下降，2012年为26.2‰，2018年降为21.1‰。

近年来印尼在教育方面也有所进步，学生的入学率维持在较高水平。印尼历史上，学生入学率曾非常低，在1972年，小学毛入学率只有85%，中学毛入学率18%，高等教育入学率2%，到了2018年，上述毛入学率分别上升到108%、91%和25%，净入学率分别达到97.48%、78.75%和18.59%。与此同时，女童入学率也有明显提升。另外，根据联合国开发计划署评定的人类发展指数（HDI），2018年印尼HDI达到71.39，较上年增

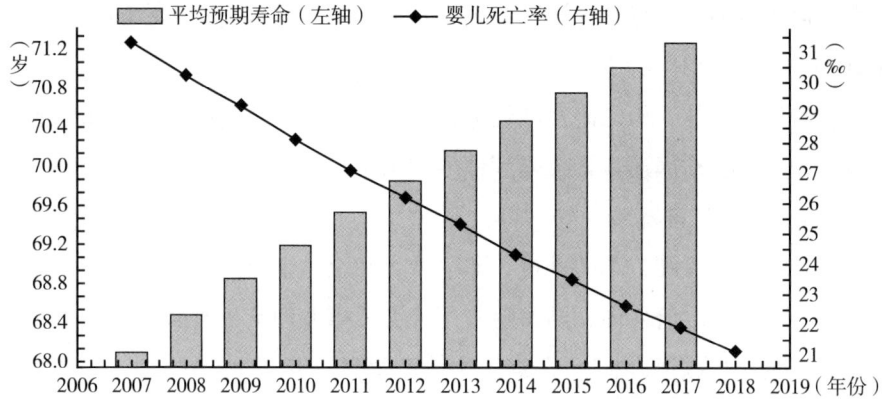

图10　2006～2019年印尼人口健康指标

资料来源：世界银行。

加了0.58；从指数中的受教育年限分项指标看，2018年印尼平均受教育年限增长至12.91年，2010～2018年，25岁及以上人口的平均受教育年限每年保持1.14%的增长率。

在肯定成绩的同时，也应注意到印尼文卫事业仍然存在的问题。医疗卫生方面：政府对卫生系统的投入总量仍然有限，公共卫生设施和医护人员明显不足；妇幼保健、营养和传染病问题依然存在，而非传染性疾病和慢性病正在成为新的问题；在卫生状况以及卫生服务质量、可获得性方面，存在明显的区域差异；地方自治体制妨碍了中央政府卫生部门在卫生系统推动一体化发展和保障服务一致性方面的能力；除此之外，政府面临如何将社会医疗保险（JKN）普及、尽快实现全民医保的挑战。

教育方面的挑战主要来自教育质量问题。根据国际上的学生评估计划（PISA）、国际数学与科学研究趋势（TIMSS）和国际阅读素养进展评估项目（PIRLS）的数据，印尼学生的学业表现提升缓慢，仍落后于邻国马来西亚、越南和泰国等国。根据世界银行2018年6月的报告，超过55%的印尼毕业学生仍存在阅读、书写或计算等方面能力无法满足工作要求的问题，相比之下，越南这一比例只有14%，经合组织国家平均只有20%。在高等教育领域，印尼高校毕业生的专业技能和管理技能仍不能较好地满足工作岗位的要求。根据经合组织的高等教育评估,印尼顶尖高校的科研教学水平仍达不到国际标准,也低于其他亚洲邻国。世行数据显示[①],就全国高校年均论文刊发数量而言,印尼全球排名第63位,地区排名第11位,且印尼高校产出的论文多数由本校独立完成,反映其科研协作方面的不足。在世界大学500强排行榜上,印度尼西亚大学、印尼万隆理工学院等印尼顶尖高校仍处于中下游地位。

(二)加强中印尼人文交流的重要性和若干建议

1. 建立文化互信是实现合作可持续性的民意基础

目前中印尼关系在务实合作思想指导下,合作广度和深度不断延伸,但在此过程中,也不时出现不和谐的声音,两国民众文化互信建设仍然任重而道远。不和谐的现象,一是在选举政治中,中国话题被频繁负面炒作。例如前文提到的在2019年总统选举中,出现许多涉华假消息,企图利用身份政治干扰选民决策。二是印尼一些媒体对负面报道甚至是负面炒作中国新闻的热情超过正面和客观报道中国的热情,在社交媒体中不断爆出涉华负面性假新闻,例如2017年的"毒辣椒生物战"假新闻,2018年"1000万中国劳工"的假新闻等。印尼媒体中的中国议题,其外部信息来源主要是西方国家,西方社会对中国的偏见被大量带入印尼媒体。一项关于印尼主要媒体《罗盘报》对"海上丝绸之路"报道情况的追踪研究显示[②],在信息来源上,印尼本土记者贡献了44%的新闻,路透社、法新社、英国广播公司是外部的主要信息来源,来自中国新华社的报道仅占1%。"新闻供给"筑就的媒体环境、构建的媒体议程和凸显的报道框架,严重影响了受众的环境感知与价值判断。

2. 宣传中国"和"文化与印尼的"潘查希拉"精神的共通性

中国和印尼的文化中存在许多相似的思想,尤其是中国的"和"文化

---

① World Bank, *Tertiary Education in Indonesia: Directions for Policy* (Jakarta: World Bank, 2014), 36.
② 刘荃、曾慧岚:《"21世纪海上丝绸之路"的传播现状与建议——以印度尼西亚为例》,《中国出版》2017年第17期。

与印尼的"潘查希拉"精神之间有着思想上的共通性,两者在"天人合一"与"梵我一如","以和为贵"与"协商互助","和而不同"与"多元一体"三个层面具有相似的价值视野和心理模式,便于催生深度心理认同感。以现代文化意识为前提,基于文化比较,进行中国与印尼的文明对话,有利于两国人民深入理解对方的优秀传统文化,进而在合作中增加互信,减少疑虑,促进两国战略对接向纵深发展。

印尼民众对郑和下西洋及其对东盟社会文化的影响有着良好的集体记忆,在印尼爪哇省三宝垄市还坐落着东盟最大的郑和庙。通过以郑和为标志的海上"丝绸之路",高举和平发展的旗帜,借助国家广泛认可的中国传统节日或文化符号,开展艺术、文化交流,促进情感的交融,对保障两国合作可持续性具有重要意义。

3. 通过华侨华人的"桥梁"作用促进民心相通

华侨华人之间共有某些文化特性,"使得他们很容易建立起亲密的关系和信任,而这是一切商业关系的基础"①。为此,中印尼交流需要注重与发挥华侨华人跨文化传播的催化剂作用。在尊重华侨华人身份选择和情感倾向的前提下,可以通过各类文化交流和经济合作强化华侨华人与中国之间的情感。值得注意的是,印尼华侨华人对祖籍国的语言认知在态度上与年龄成反比,越是年轻的华人,对祖籍国的认同越是不足,为此需要加强华侨华人新生代群体与中国的情感交流。

---

① 〔美〕塞缪尔·亨廷顿:《文明的冲突与世界秩序的重建》,周琪等译,新华出版社,2002(第三版),第184页。

分　报　告

Topical Reports

B.2
印度尼西亚政治形势报告

张　燕*

摘　要： 本文分为内政和外交两大部分，分别从政治共识建设和国家治理举措，以及双边和多边外交关系等方面分析印尼2018～2019年的施政纲领、政治表现和政策趋势。研究表明，2019年作为政治大选年，不仅检验了佐科政府的施政业绩，揭示了其政策缺陷，更奠定了未来五年印尼政治发展的根本基调。在工作内阁第一任期内，印尼以基础设施建设为主导的经济发展模式表现强劲，社会福利制度不断完善，贫困率显著降低；务实外交维护国家利益，经济、海洋、大国平衡等外交策略成效显著。从当前态势看，佐科将在下一任期内兼顾政策延续和政治改革，继续推进务实外交，进一步提升国际威

---

* 张燕，信息工程大学洛阳校区讲师，亚非语言文学专业博士，军事学在站博士后。

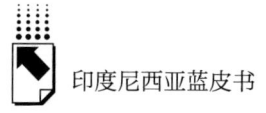

望，致力于实现中等强国战略目标。

关键词： 国家战略　内政　外交

万岛之国印度尼西亚（简称"印尼"）位于太平洋和印度洋、亚洲和澳洲之间，是世界第四大人口国、东南亚地区最大的经济体和东盟内部的传统领导国，被誉为世界第三大民主国家。作为正在崛起的新兴发展中国家，印尼采取中等强国战略，即"拥有较强的综合国力，在国际体系中具有仅次于大国的地位，被广泛地认为有权利参与处理国际体系尤其是区域内重大的国际问题"①。中等强国通常拥有重要的地缘战略位置和较强的政治、经济及军事实力，在区域内和国际上处于重要地位，拥有重要话语权。为实现中等强国的战略目标，在内政上，印尼着力于在意识形态上凝聚政治共识，在职能履行上优化国家治理，通过改革化解结构性经济难题，大力投入基础设施建设，改善地区发展失衡，高度关注民生，使公众对佐科执政的满意度维持在较高水平；在外交上，印尼奉行积极独立的外交原则，通过经济外交、海洋外交、大国平衡等务实策略实现国家利益最大化，并依靠战略意义重大的地缘条件、丰富多样的自然资源、数量庞大的劳动人口和发展强劲的经济走势成为区域领袖国家，进而获得更大的国际事务话语权。尤其是当美国于2019年6月1日正式推出"印太战略"，将印度洋—太平洋这一概念联合起来作为制定其重要区域政策的框架时，处于地缘中心位置的印尼为保持东盟在区域多边外交中的主导性，首倡"印太构想"，推动东盟发布"东盟印太展望"，希望东盟在制定印度洋—太平洋区域规则的过程中保持中心性，而其自身则力争成为这一新兴秩序的规则制定者。

2019年是印尼大选政治年，是检验20年民主改革成果的关键年。4月

---

① 戴维来：《印度尼西亚的中等强国战略及其对中国的影响》，《东南亚研究》2015年第4期。

17日举行的正副总统和各级议会首次同步选举及其相关动态,成为印尼在2019年最为突出的政治亮点,也是对于印尼民主政治体系的严峻考验和成效检验,决定着未来五年印尼发展的总体趋势。虽然竞选活动怪象迭出,身份政治似乎一度压倒现实政绩,但佐科最终胜出预示着印尼发展的光明前景,也展示了印尼民主建设的成果。可以预见,印尼将在未来几十年里成为全球舞台上的重要角色。

一 印度尼西亚内政动态

佐科政府的中等强国战略以建设海洋强国为重点,具体包括重建印尼海洋文化、维护和管理海洋资源、优化推动海洋经济设施和互联互通建设、推进海洋外交、发展海上防卫力量等[①],涉及政治、经济、安全、外交等多重领域。就内政而言,印尼建设中等强国,需要在意识形态上凝聚政治共识,在职能层面上完善国家治理。在意识形态层面,坚持潘查希拉是国家的基础、坚持1945年宪法、坚持统一的印尼共和国、坚持多元一体是国家的根本,在精神领域不断强化潘查希拉的意识形态堡垒作用,筑牢国家认同与族群认同和谐的思想文化根基,维护社会民主化与多元化,努力构建多元一体的国家格局,应对破坏民族团结的分离主义、影响社会和谐的激进主义与威胁国家安定的恐怖主义。在职能领域层面,需要通过完善国家治理实现民主、效率和公平,通过兴建基础设施、大力招商引资发展经济,通过改善民生提高人民生活水平,通过增强军事、安全和防务实力,保障社会和国家安全,维护主权和领土完整。

(一)强化政治共识

印尼族群多样、文化多元,为实现建设中等强国的战略目标,必须

---

① Rendi A. Witular, Jokowi launches maritime doctrine to the world, The Jakarta Post, November 13, 2014.

从根本上处理好国家认同与族群认同和谐的问题。"族群"（Ethnic Group）可以指称现代社会中有着共同背景与认同（出身、文化或故乡等）的人口集团。① 在客观事实上，这种团体包括宗教、地域、种族等不同实体的组合。② 积极的族群认同可以转化为促进国家认同的精神力量，而狭隘地助长多数族群的优势地位会伤害少数族群的情感，造成国家认同失谐。当某一族群的利益和意志凌驾于国家利益和意志之上时，将会严重威胁国家认同。印尼族群政治常被统称为 SARA，即 Suku（部族）、Agama（宗教）、Ras（人种）和 Antar Golongan（派别）。当基于宗教（如伊斯兰教）或部族（如巴布亚部族）的族群成员对社会价值与资源分配不满时，就可能凭借族群认同动员族群团体，借由政治力量重建共同体内部关系，甚至打破共同体关系，雅加达前省长钟万学事件就是典型的族群政治事件。鉴于此，印尼既要构建各族群间和谐，也要构建国家认同与族群认同和谐，在维护国家统一和民族团结的大前提下实现国家发展。

作为多元一体建国的世俗国家，印尼以潘查希拉价值观作为建构国家认同的共同价值观之一，贯穿于国家发展建设的各个时期。民主化改革开始后，潘查希拉价值观的内涵不断拓展，涵盖爱国精神、宗教精神和道德精神，成为国家哲学的基础和日常生活的指南。佐科总统成立"潘查希拉（建国五项原则）思想指导工作委员会"（UKP-PIP），就是希望用潘查希拉价值观弥合社会分化，推进社会和谐，应对极端主义、恐怖主义、族群分化和社会撕裂等问题。

然而，当前潘查希拉价值观面临较为严峻的挑战。印尼民调机构 LSI 调查结果显示，在过去的 13 年间，支持潘查希拉的民众从 2005 年的 85.2% 减少到 2018 年的 75.3%。支持实施伊斯兰教法（syariah）的民众从 2005 年的 4.6% 增加到 2018 年的 13.2%。其中，支持潘查希拉的穆斯林群体从 2005

---

① 关凯:《族群政治》，中央民族大学出版社，2007，第 2 页。
② Anthony D. Smith, *The Ethnic Origins of Nations* (Oxford: Blackwell, 1986), pp. 21-31.

年的 85.6% 下降到 2018 年的 74%。[1] 2019 年 4 月，印尼国防研究院（Lemhanas）根据国家抗御力检测实验室（Labkurtannas）的研究数据表明，从 2010 年起，印尼社会的宽容度呈下降趋势，社会冲突频发，尤其是 2019 年大选呈现的社会两极化发展趋势对于社会宽容度是巨大的挑战。[2] 7 月，印尼中央统计局（BPS）提交了衡量印尼民主发展水平的 2018 年印尼民主指数（IDI）。结果显示，印尼民主中政治权利和公民自由领域分数降低。[3] 印尼民调机构 SMRC 称，由于对宗教、部族、政治观点、性取向等少数族群的歧视越来越强，印尼民主自 2013 年以来呈下滑趋势。[4] 8 月开始，在泗水和玛琅的一些巴布亚学生怀疑遭到社区组织和治安人员的种族歧视，引发巴布亚人民的愤怒和大规模示威抗议活动，部分地区甚至发生骚乱和暴力冲突。[5] 这凸显出当前印尼多元一体精神所面临的严峻挑战。

目前，印尼精英纷纷强调潘查希拉精神，表示潘查希拉是共和国缔造者通过协商产生的，是凝聚全国各民族的黏合剂。佐科总统在 6 月 1 日潘查希拉诞生日上发表演讲，呼吁全体国民在日常生活中维护与遵守潘查希拉理念，与危害国家与民族团结的恐怖主义和分离主义做斗争。为维护潘查希拉精神，凝聚政治共识，当局主要采取了以下措施。

---

[1] Radar Kontra, Survei LSI: Warga Berpenghasilan Rendah Paling Mudah Terpapar Paham Anti Pancasila, 2018 – 07 – 18, https://radarkontra.com/survei–lsi–warga–berpenghasilan–rendah–paling–mudah–terpapar–paham–anti–pancasila/.

[2] Lemhanas Mencatat Sejak 2010 Toleransi di Indonesia Menurun, 2019 – 04 – 24, https://www.cnnindonesia.com/nasional/20190423155305–20–388906/lemhanas–mencatat–sejak–2010–toleransi–di–indonesia–menurun.

[3] Survei BPS: Iklim Demokrasi Indonesia Tahun 2018 Termasuk Sedang, 2019 – 07 – 29, https://www.suara.com/news/2019/07/29/134115/survei–bps–iklim–demokrasi–indonesia–tahun–2018–termasuk–sedang.

[4] SMRC: Indonesia Tunjukkan Penurunan Kinerja Demokrasi, 2019 – 08 – 04, https://www.beritasatu.com/politik/567916/smrc–indonesia–tunjukkan–penurunan–kinerja–demokrasi.

[5] Pengamat LIPI: Diskriminasi Hanya Salah Satu dari 4 Akar Konflik Papua, 2019 – 08 – 31, https://www.msn.com/id–id/berita/nasional/pengamat–lipi–diskriminasi–hanya–salah–satu–dari–4–akar–konflik–papua/ar–AAGBsO6.

一是通过法律和行政手段以及社会组织力量维护潘查希拉精神在国家意识形态中的主体地位。具体措施包括：通过法律法规、政策措施维护潘查希拉精神的主体性。在政府层面上，2019年2月，印尼内政部根据宪法法院（MK）于2016年10月的判决，正式执行居民身份证（KTP）和家庭证（KK）的宗教专栏中可以填写"其他信仰"的规定。① 长期以来，印尼居民身份证上只能填写国家承认的6个宗教，即伊斯兰教、基督教、天主教、印度教、佛教和孔教。然而，在印尼还存在大量原始信仰和本土信仰，无法获得官方认可。此次内政部执行宪法法院的规定，符合潘查希拉第一条"信仰神道"原则和四五年宪法精神，被视为切实保障宗教自由的重大进步。为遏制激进主义和极端主义在社会蔓延，印尼政府调动各级政府力量，通过UKP-PIP普及潘查希拉价值观，要求清真寺和其他礼拜场所内禁止开展政治活动，防范激进伊斯兰教义在清真寺和教育机构中传播。国家反恐机构（BNPT）对恐怖分子家属采取去极端化措施，创建对抗恐怖主义的思想堡垒，在校园和媒体上举办抗击恐怖主义和极端主义的宣讲等。针对有效期在2019年6月20日结束的"捍卫伊斯兰阵线"（FPI）社区组织许可，佐科总统宣布若其意识形态违反建国原则，政府不排除拒绝延长其许可。②

在社会层面上，各大宗教组织和社会团体纷纷发声，支持民族团结和国家统一。印尼最大的伊斯兰组织伊斯兰教士联合会（NU）呼吁穆斯林不要再使用具有羞辱意味的"Kafir"称呼非伊斯兰教信仰者，应改称为"Muwathin"，相当于"权利和义务与穆斯林相同的印尼公民"。用"Kafir"称呼非穆斯林可能会引发宗教冲突，造成社会分裂。前雅加达华裔基督教省长钟万学被穆斯林抵制时，伊斯兰团体的口号就是"tolak pemimpin kafir"

---

① Kolom Agama KTP Penghayat, Dirjen Dukcapil: Kami Ikuti Putusan MK, 2019 - 02 - 26, https://tirto.id/kolom - agama - ktp - penghayat - dirjen - dukcapil - kami - ikuti - putusan - mk - dhNy.

② Jokowi Bicara Aturan Pelarangan Ormas, FPI Menjawab, 2019 - 07 - 27, https://news.detik.com/berita/d - 4642204/jokowi - bicara - aturan - pelarangan - ormas - fpi - menjawab.

（拒绝异教徒领导者）。① 印尼宗教和谐论坛希望当选的正副总统优先改善种族与宗教间的关系，营造更包容、更温和的宗教社会。8月21~23日在巴厘举行的全国县政府联合会（Apkasi）工作会议上，全国县长一致同意落实潘查希拉品德教育，让青年一代在当今复杂多变的形势中捍卫多元一体精神，对抗激进主义、极端主义和恐怖主义。②

二是通过军警等国家强制力量对无政府主义、恐怖主义和分离主义行为进行打击。在打击无政府主义方面，2019年在五一国际劳动节期间，警察部队采取行动，防范与打击由无政府主义暴徒在多处引发的暴力事件，坚决打击无政府主义倾向。宣布大选结果后，印尼军警对5月21~22日发生的骚乱做出迅速有效的反应，及时恢复社会安定。8月至9月，由于怀疑泗水一所大学的巴布亚学生遭到种族歧视和迫害，西巴布亚省和巴布亚省多地多次发生无政府主义骚乱事件，导致道路交通被封，公共设施被毁，多人伤亡。国警总长和国军总司令坐镇巴布亚，督导军警采取必要措施，控制局势恶化。9月，由于怀疑一名老师使用带有种族歧视的语气训斥学生，巴布亚瓦梅纳（Wamena）市发生大规模示威行动，并引发暴力骚乱，造成多人伤亡。军警人员及时平息事态，防止无政府主义暴乱行为扩散。③ 9月，印尼多地大学生举行反对国会批准《刑法》修正案、《土地法》修正案和《肃贪委（KPK）法令》修正案的示威游行，活动愈演愈烈，有些甚至演变为暴力冲突，造成大量人员受伤，军警人员紧急反应，坚决维持社会秩序。此次学生示威活动提出的主要诉求是：①驳回"新法"，包括新刑法、新采矿法、新土地法，并且通过反性暴力法；②驱逐那些由国会议

---

① Rekomendasi Munas Ulama NU: Jangan Sebut Kafir kepada Non-Muslim, 2019 – 03 – 02, https://news.detik.com/berita/d – 4449577/rekomendasi – munas – ulama – nu – jangan – sebut – kafir – kepada – non – muslim/.

② Bupati Siap Kawal Pendidikan Berkarakter Pancasila, 2019 – 08 – 22, https://nasional.inilah.com/read/detail/2541920/bupati – siap – kawal – pendidikan – berkarakter – pancasila.

③ Fakta Kerusuhan di Wamena dan Jayapura yang Renggut 17 Nyawa, 2019 – 09 – 24, https://www.msn.com/id – id/berita/nasional/fakta – kerusuhan – di – wamena – dan – jayapura – yang – renggut – 17 – nyawa/ar – AAHJKgy.

员选出的、问题严重的"反贪领袖";③禁止军方及国家警察人员,在政府文职部门任职;④结束国家内的军国主义式统治,立刻释放政治犯;⑤停止焚烧苏门答腊和婆罗洲的森林,惩治烧森林的企业;⑥重视人权,指控侵犯人权者,尤其是政府内的那些高官。核心是反对具有宗教保守主义倾向的规定进入法律、防范军人干政、反对削弱反贪委员会权利和独立性。①

在打击恐怖主义方面,印尼国民军与警察部队联手,在全国各地对疑似"神权游击队"(JAD)等恐怖组织成员进行追逃缉捕。2019年1月至5月,88反恐特遣队在印尼全国逮捕了68名隶属于"神权游击队"的恐怖犯罪嫌疑人。② 在大选期间,军警严阵以待,破获多起潜在恐怖袭击,保障投票顺利进行。7月,88反恐特遣队和西爪哇警方逮捕了潜逃十余年的伊斯兰祈祷团(JI)的头目及另外4名成员。该头目涉嫌巴厘岛恐怖爆炸案、澳大利亚大使馆炸弹爆炸案、2005年至2007年的波索(Poso)持续骚乱案等诸多恐怖主义案件。③ 8月和9月,反恐部队又逮捕了多名"神权游击队"和"东印尼神圣战士"(Mujahidin Indonesia Timur)成员。印尼警方近期表示,伊斯兰国下属"神权游击队"已经渗透进入巴布亚,曾计划针对警察实施恐怖袭击,并煽动参与巴布亚的骚乱事件,印尼军警对此进行严密监控。④

在打击分离主义方面,2019年8月至9月在巴布亚省和西巴布亚省发生的示威抗议活动不断升级,甚至被西巴布亚联合解放运动(ULMWP)和西巴布亚全国委员会(KNPB)等分离组织大加利用,煽风点火,要求巴布

---

① Demo di DPR, 2019-09-29, https://www.tempo.co/tag/demo-di-dpr.
② Sampai Mei 2019, Densus 88 Tangkap 68 Teroris, 2019-05-18, liputanislam.com/berita/sampai-mei-2019-densus-88-tangkap-68-teroris/.
③ Amir Kelompok Teroris Legendaris JI Dibekuk, Ternyata Sarjana Teknik, 2019-07-01, https://www.suara.com/news/2019/07/01/133247/amir-kelompok-teroris-legendaris-ji-dibekuk-ternyata-sarjana-teknik.
④ Polisi Dalami Keterlibatan Teroris JAD ISIS di Papua, 2019-09-09, https://www.harakatuna.com/polisi-dalami-keterlibatan-teroris-jad-isis-di-papua.html.

亚公投和独立。① 在这种形势下,印尼当局一方面加大政策倾斜力度,与当地人民对话沟通,另一方面封锁多个涉嫌散播可能煽动种族仇恨挑衅信息的社交媒体账户,关闭巴布亚及西巴布亚的互联网,增派大量军力警力,逮捕多名犯罪嫌疑人,努力止暴治乱,防止分离主义愈演愈烈。

印尼政府采取这些软性和硬性举措,以维护和推行潘查希拉统一价值观,实现国家认同与宗教、地域、种族等族群认同,实现各个族群对于国家基本制度的认同、发展道路的认同、社会文化的认同和战略目标的认同,建构起超越族群的共同国家意识,助力实现印尼中等强国战略。

(二)优化国家治理

1. 开展同步直选

印尼属于第三波民主化国家,面临着既要实现现代化,又要实现民主化的双重挑战。虽然民主制度日益完善,并且获得民众普遍支持,但是深厚的族群基础加以特定的政治动员依然是现行民主体制的严峻挑战。从这个意义上说,正副总统和立法机构同步直选是对于佐科政府国家治理的成果检验和重大挑战,而族群政治成为同步直选中社会各界始终关注的焦点。

根据普选委员会2017年第7号条例规定,2019年正副总统和各级议会同步直选工作于2018年7月正式开始。2019年后的主要选举进程是4月17日的全国投票和10月20日的正副总统宣誓就职。在这五年一次的民主盛会中,普选委员会(KPU)在普选监察会(BAWASLU)、印尼国民军和警察部队的协同下,基于直接参与、普遍、自由和保密(LUBER)的原则,监督参选各方遵守大选规定,确保投票和平安全进行,保障大选结果合法生效。本次选举是正副总统和立法机构选举首次同步进行,牵涉印尼民主制度中的立法和行政两大支柱,对于印尼民主体系的发展具有重要意义。虽然同步选举能够节省部分人力物力,但各政党无法首先争取在立法机构中赢得更

---

① Kapolri: ULMWP dan KNPB di Balik Hoaks dan Kerusuhan di Papua, 2019-09-05, https://regional.kompas.com/read/2019/09/05/10345901/kapolri-ulmwp-dan-knpb-di-balik-hoaks-dan-kerusuhan-di-papua? page = a.

多席位，然后再全力应战总统选举，所以竞选宣传颇为仓促。总体而言，印尼的政治合法性倾向于建立在领袖个人魅力基础之上，而政党类似于民主政治的实体工具，影响力较低。所以，正副总统人选对于国家未来的发展至关重要。

此次大选是现任总统佐科与退役将军普拉博沃再次展开对决。为尽量避免族群政治带来的影响，佐科总统选择伊斯兰教士联合会总主席马鲁夫（Maruf Amin）作为竞选伙伴。虽然此举引发不少争议，但较为有效地将竞选议题从身份政治拉回现实政绩和施政纲领之中。单从政绩来看，佐科的政策重点是基础设施、社会福利和经济增长。任内经济增长总体相对稳定，但由于大力兴建基础设施，政府负债增加，一度引发印尼卢比大幅贬值，甚至达到1997年至1998年亚洲金融危机之后未曾出现的低谷。债务高企和盾币贬值成为普拉博沃除宗教议题外对佐科发难的经济议题之一。

为保证选举的公正性，普选委员会邀请多国观察员参与监督投票过程。为保证选举的安全平稳，印尼军警调遣近60万联合保安部队保驾护航。为避免弃权投票而产生的不利影响，印尼伊斯兰教士联合会（PBNU）、穆罕默迪亚（Muhammadiyah）等宗教组织纷纷呼吁穆斯林民众积极参与投票。在竞选过程中，出现了许多不和谐的虚假消息，比如大批外劳涌入印尼、中国公民拥有印尼电子身份证和投票权、在雅加达北部丹戎不碌海关发现七个装满支持佐科和马鲁夫选票的中国集装箱等，企图利用身份政治干扰选民决策。为此，印尼政府采取有力措施，严厉打击虚假新闻，以正视听。

经过烦琐的计票流程，普选委员会于5月21日凌晨正式宣布佐科—马鲁夫组合获得55.5%的选票，普拉博沃—桑迪亚卡组合获得44.5%的选票。在全国34个省中，佐科—马鲁夫组合赢得21个省，胜过普拉博沃—桑迪亚卡组合的13个省。政党方面获得的选票情况如下，根据4%的议会门槛规定，前9个政党进入国会，后7个政党无缘国会[①]（见表1）。

[①] PDIP Menang, Ini Daftar Rekapitulasi Suara Parpol Pemilu 2019, 2019-05-21, https://www.suara.com/news/2019/05/21/053939/pdip-menang-ini-daftar-rekapitulasi-suara-parpol-pemilu-2019.

表1 2019年印尼竞选结果

编号	政党	票数(票)	占比(%)
1	斗争民主党(PDIP)	27053961	19.33
2	大印尼运动党(Gerindra)	17594839	12.57
3	从业党(Golkar)	17229789	12.31
4	民族复兴党(PKB)	13570097	9.69
5	民族民主党(Nasdem)	12661792	9.05
6	公正福利党(PKS)	11493663	8.21
7	民主党(Demokrat)	10876507	7.77
8	国民使命党(PAN)	9572623	6.84
9	建设团结党(PPP)	6323147	4.52
10	印尼团结党(Perindo)	3738320	2.67
11	工作党(Berkarya)	2929495	2.09
12	印尼团结一致党(PSI)	2650361	1.89
13	民心党(Hanura)	2161507	1.54
14	星月党(PBB)	1099848	0.79
15	神鹰党(Garuda)	702536	0.50
16	公正团结党(PKPI)	312775	0.22

资料来源：PDIP。

普选委员会公布大选结果后，普拉博沃以选举存在结构化、系统化和大规模欺诈为由向宪法法院（MK）提起诉讼。其支持者动员民众到普选委员会和普选监督会前举行抗议活动。游行示威在多方复杂势力的操控下演变为"5·22骚乱"，导致数百人伤亡。为维护国家安全和社会稳定，印尼军警从全国各地增派力量进驻雅加达。6月27日，宪法法院通过裁决驳回了普拉博沃的诉讼。6月30日普选委员会宣布佐科—马鲁夫组合正式当选为印尼2019~2024年正副总统。普拉博沃组合表示尊重并接受宪法法院裁决，解散其联盟。7月13日，佐科与普拉博沃在史纳延地铁站拥抱和解，体现了他们的政治家风度和爱国情怀，符合潘查希拉精神，获得多方称颂。7月24日，梅加瓦蒂在其私邸与普拉博沃举行会谈，讨论有关国家与民族的问题，为大选后的全民和解创造有利条件。然而，少数势力不愿看见这一和解。捍卫伊斯兰阵线（FPI）主席索布里（Sobri Lubis）表示，如果宪法法院审判

2019年总统选举由佐科获胜,他将做好准备进行长期宪法圣战。① 向来支持普拉博沃的212族群选择与普拉博沃分道扬镳,继续留在捍卫伊斯兰阵线头目里兹克(Rizieq Syihab)的阵营。而公正福利党(PKS)等前普拉博沃阵营政党坚持担任反对党,为国家发展提供建设性批评。②

在10月20日举行正副总统宣誓仪式前,新内阁和人协席位成为各联盟政党的争夺热点。佐科总统表示,新内阁将新建电子和创意经济部以及投资部。政党成员的组成比专业人士略少,比例分别是45%和55%。③ 就国会而言,根据MD3法令,国会1名议长和4名副议长席位分别属于获得最多选票的5个政党。因此,在2019年大选中胜出的斗争民主党获得国会议长的席位,而4个副议长席位分别属于从业党、大印尼运动党、民族复兴党和民族民主党。在10月1日举行的国会全体会议上,国会议长布安(Puan Maharani,斗争民主党)、副议长阿吉斯(Azis Syamsuddin,从业党)、苏福米(Sufmi Dasco Ahmad,大印尼运动党)、穆海敏(Muhaimin Iskandar,民族复兴党)、拉玛特(Rachmat Gobel,民族民主党)以及575名2019~2024届国会议员和136名地方代表议会(DPD)议员宣誓就职。④

2. 加强民主建设

苏哈托倒台后,印尼迎来民主化改革时代。1999年至2002年旨在建设民主和制衡权力的四次宪法修正、1999年开始每五年举行的国会直选以及2004年开始的总统、地方议会、政府官员直选等改革措施不断促进印尼民主建设水平提升。2019年7月,印尼中央统计局提交了衡量印尼民主发展

---

① FPI Serukan Jihad Konstitusional Jangka Panjang, Polisi: Jangan Terprovokasi, 2019 – 06 – 27, https://news.detik.com/berita/d – 4603275/fpi – serukan – jihad – konstitusional – jangka – panjang – polisi – jangan – terprovokasi.
② Berpisah, Alumni 212 Ucapkan Selamat Tinggal ke Prabowo Subianto, 2019 – 07 – 14, https://makassar.terkini.id/berpisah – alumni – 212 – ucapkan – selamat – tinggal – prabowo – subianto/.
③ Buka-bukaan Jokowi soal Kabinet Baru..., 2019 – 08 – 15, https://nasional.kompas.com/read/2019/08/15/07250541/buka – bukaan – jokowi – soal – kabinet – baru? page = all.
④ Pelantikan DPR, DPD, dan MPR, Ini Peta Kursi Pimpinan Parlemen, 2019 – 10 – 01, https://www.msn.com/id – id/berita/nasional/pelantikan – dpr – dpd – dan – mpr – ini – peta – kursi – pimpinan – parlemen/ar – AAI4P9C.

水平的2018年印尼民主指数。结果显示，印尼民主属于中等类别，指数达72.39，比上一年增加了0.28分，其增长主要是因为民主制度的改善。①

目前，印尼总统掌握行政权力，组织政府内阁，是印尼政治生活中最重要的角色。而由原《四五年宪法》第一条规定的最高权力机关人民协商会议（以下简称人协，MPR）在修宪后不仅失去投票选举总统的权力，也不再具有"全部行使主权"的资格。② 2004年总统直选后，人协丧失了"最高国家机关"的地位。为加强民主建设，2019年8月，印尼人协关于有限度修订1945年宪法和恢复"国家建设总方针"（GBHN）的决议③，引发不少争议。GBHN存在于1969年至1997年，是经全体人民同意的、人协通过的五年期国家建设发展规划。目前，印尼的短期、中期和长期建设规划都由总统和国会制定，难免受到总统更换、政府更迭的影响。人协是印尼全体人民的代表。由人协制定的GBHN作为国家建设总方针，能够避免受到权力交接的影响，保持国家发展政策的延续。然而，佐科总统等政治精英认为，此举可能影响全民直选，损害印尼民主建设。也有观察家认为，恢复GBHN意味着人协将恢复"最高国家机关"的地位，意味着总统需要向人协负责。

3. 改善政府职能

佐科就任总统以来，大力推行以经济发展为核心的系列改革，使得印尼经济持续稳健增长，基础设施建设迅速发展，失业、贫困和贫富差距问题获得显著改善。在这一过程中，贪污腐败的政府官员和冗余低效的机构法规成为重点整治对象。

贪污腐败是印尼政坛的痼疾，一直被本国民众深恶痛绝。在若干国际机构针对腐败现象的国际排名中，印尼多次居于前列。腐败问题为印尼发展经

---

① Survei BPS：Iklim Demokrasi Indonesia Tahun 2018 Termasuk Sedang, 2019 – 07 – 29, https://www.suara.com/news/2019/07/29/134115/survei – bps – iklim – demokrasi – indonesia – tahun – 2018 – termasuk – sedang.
② 唐慧等：《印度尼西亚概论》，世界图书出版公司，2012，第206~207页。
③ 《人协同意有限度修订1945年宪法和国家建设总方针（GBHN）》，2019年8月18日，http://www.shangbaoindonesia.com/read/2019/08/18/politics – 1566142289。

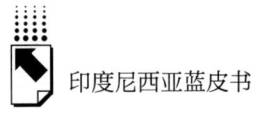

济和吸引海外投资带来了极大的负面影响。佐科总统上任伊始就大力反腐，查处了以国会前议长诺凡托为代表的一大批腐败分子，为改善政府职能提供了重要保障。根据印度尼西亚腐败观察（ICW）报告，2018年共发生454起贪腐案件，涉及1087名犯罪嫌疑人，包括两名省长及35名区长和市长。涉案最多的省份是东爪哇，其次是中爪哇。大约89%的贪腐案发生在地区和乡村一级，11%发生在国家一级。① 进入2019年，印尼政府继续加强反腐力度，调查或惩处国会副议长Taufik Kurniawan、前亚齐省长Irwandi Yusuf、宗教部部长Lukman Hakim Syaifuddin、青年体育部部长Iman Nahrawi、建设团结党（PPP）总主席Muhammad Romahurmuziy、国会议员及从业党（Golkar）中央理事会理事Bowo Sidik Pangarso、穆罕默迪亚前财务主管Ahmad Fanani、廖岛省长Nurdin Basirun、雅加达特区检察署一般刑事犯罪组组长Agus Winoto、中爪哇古突斯县长Tamzil、西爪哇省地方政府秘书Iwa Kurniwa、斗争民主党国会议员Nyoman Dhamantra、苏拉加达地方检察院检察官Satriawan Sulaksono等一批政府官员和政党领袖，显示出印尼政府打击贪腐的决心。根据肃贪委报告，其审理的贪污受贿案件显示中央和地方议会是贪污最多的部门，国会议员和地方议会议员贪腐严重。发生贪污案最多的地区是爪哇岛。② 打击贪腐依然任重道远。目前，肃贪委面临权力制衡的挑战。9月，经国会和政府讨论，国会全体会议正式批准2002年关于肃贪委第30号法律，规定肃贪委在没有获得监督委员会允许之前，不能对贪污嫌疑人进行窃听等。③ 这一法律引发肃贪委成员的强烈抗议，也引发各界对于肃贪委履行职责能力的担忧，甚至引发群众示威。

---

① Corruption down, but incompetence remains problem：ICW, 2019 - 02 - 10, https://www.thejakartapost.com/news/2019/02/09/corruption - down - but - incompetence - remains - problem - icw.html.

② KPK Sebut Anggota Dewan yang Paling Banyak Korupsi di Pulau Jawa, 2019 - 07 - 01, https://news.okezone.com/read/2019/07/01/337/2073111/kpk - sebut - anggota - dewan - yang - paling - banyak - korupsi - di - pulau - jawa.

③ 《七政党党团接受肃贪会法修订案要点　国会全体会议通过肃贪会法修订议案》，2019年9月17日，http://www.shangbaoindonesia.com/read/2019/09/17/politics - 1568733132/。

冗余的法律法规和低效的官僚体系也是吸引外资、发展经济的重大障碍。为解决这些问题，佐科政府采取了简化准证申请程序等措施，获得良好效果。2019年9月，佐科总统连续召开投资专门会议，希望简化不必要的政府程序，通过一揽子专门规定在一个月以内修改72条陈旧过时的、关涉投资许可的法令。海事统筹部部长卢虎认为，在东南亚国家中，印尼的投资规定最为烦琐。他希望，这72条产生于20世纪70～90年代的法令经过内阁秘书处和经济统筹部修改后，可以吸引投资商更加踊跃地向印尼投资。[①]

4. 促进经济发展

进入2019年后，佐科政府大幅增加基建预算，大力推进基建落地，通过建设雅加达地铁、公路、高速公路、港口、机场、发电站，建设与巴拉巴圈卫星（Palapa Ring）有关的数字化系统设施、发射努山塔拉1号卫星，确保在全国建立更为畅通的互联互通环境。在此基础上，印尼政府拟将棉兰的Kuala Tanjung、西加里曼丹的Kijing等7个拥有优越条件的港口建设成为海运和航空并重的国际枢纽港，以便充分发挥其地理位置优越、干支航线密集、航班集中、基础条件良好的条件，力争使印尼获得国际贸易运输优势。[②] 此外，印尼政府积极设立Sei Mangkei（北苏门答腊，发展棕榈油和橡胶工业、化肥工业、物流和旅游业）、Tanjung Lesung（万丹，发展旅游业）、Palu（中苏拉威西，发展冶炼厂、农业产业和物流业）、Mandalika（西努沙登加拉省，发展旅游业）、Galang Batang（廖内群岛，发展工业、物流和能源业）、Arun Lhokseumawe（亚齐，发展工业和物流业）、Maloy Batuta Trans Kalimantan（东加里曼丹省，发展棕榈油、煤炭和矿产工业）、Bitung（北苏拉威西省，发展渔业、农业产业和物流业）、Morotai（马鲁古省，发展旅游业、制造工业和物流业）、Tanjung Api-api（南苏门答腊省，

---

① Luhut: 72 Aturan Penghambat Investasi akan Direvisi dalam Sebulan, 2019 – 09 – 12, https://investor.id/business/luhut – 72 – aturan – penghambat – investasi – akan – direvisi – dalam – sebulan

② Tujuh Pelabuhan di Indonesia Akan Menjadi Hub Internasional. Saingi Singapura? 2019 – 05 – 30, https://www.goodnewsfromindonesia.id/2019/02/17/tujuh – pelabuhan – di – indonesia – akan – menjadi – hub – internasional – saingi – singapura.

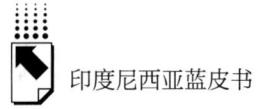

发展棕榈油、橡胶和石油化工业）、Tanjung Kelayang（勿里洞，发展旅游业）、Sorong（西巴布亚省，发展工业和物流业）、Tanjung Pulisa-Likupang（北苏拉威西，发展旅游业）和 Kendal（中爪哇省，发展面向出口的工业4.0）等经济特区（KEK），为特区内的工业提供减税、原材料进口免增值税、物业所有权和提供居住证等优惠政策，以点带面促进国内经济发展。

2019 年，印尼政府还注重通过立法形式为进出口贸易、境内外投资提供保障，比如有关中小微企业出口商的第 43 号政府条例、有关为印尼出口融资机构（LPEI）注资并转换为持股权的第 44 号政府条例、修改 2010 年有关计算与偿付本年度应缴所得税第 94 号政府条例的第 45 号政府修正条例等。其中，第 45 号政府修正条例第 29C 条第 1 款载明：凡在印尼任何地区投资于科技建设、创新研发和职业教育等或类似各项行业的企业，将可在固定的期间获得减免所得税优惠，减免所得税最高额为投资金的 300%。该条例能够引导更多的投资家投资科技建设、创新研发和职业教育等领域，提高人力资源质量。可以预见，该条例颁布后，将会极大吸引中国、日本乃至美国和欧洲投资家的兴趣。① 这一系列政府条例的目标都是带动中小微企业参与出口，促进出口套汇，并把套汇所得引入国内金融市场，促进贸易和投资的良性发展。

5. 防范自然灾害

就居民伤亡和财物损失程度而言，2018 年是自 2007 年以来印尼发生自然灾害最为严重的一年。进入 2019 年后，印尼仍然面临频发的自然灾害，如苏拉威西岛发生的山洪及土石流，朋古鲁、马鲁古、亚齐、北苏门答腊、龙目岛、西巴布亚、万丹、西苏门答腊等地发生的 5 级以上强震，巴布亚省发生的洪涝灾害等。根据印尼国家救灾机构（BNPB）记录，2019 年从 1 月 1 日至 3 月 28 日，全国共发生 1107 起自然灾害（包括旋风、水灾、山体滑坡、林火、烧芭烟雾、地震、潮汐、火山爆发等），造成 279 人死亡。数据

---

① PP No. 45/2019：Pemerintah Beri Insentif Perpajakan, 2019 – 07 – 09, https：//www.indovoices.com/ekonomi/pp – no – 45 – 2019 – pemerintah – beri – insentif – perpajakan/Indovoices.

显示,印尼遭受的自然灾害威胁有所增加。① 9月,持续不断的苏门答腊和加里曼丹烧芭现象给当地和周边国家造成严重的空气污染,引发邻国强烈抗议。印尼政府积极组织灭火,警方严厉打击放火毁林开荒的行为,逮捕上百名烧芭垦荒触发林火的嫌疑人。②

鉴于此,政府和国会将在2019年国家预算中分配更多预算用于应对自然灾害,确保灾害预警系统正常运行,在全国范围内加强灾难教育。2019年6月,为表彰印尼政府对于防范自然灾害做出的巨大努力和贡献,联合国将公共服务奖(UNPSA)金奖颁发给印尼。③ 8月,印尼气象、气候和地球物理局与中国成都高新减灾研究所正式启动印尼地震预警系统联合建设项目。系统建成后,将大幅提升印尼的地震预警能力。④

6. 夯实国防力量

强大的国防力量能够保护国家稳定和民族团结,在极大程度上提升国家认同。印尼奉行多层次全面国防治安体系(Sishankamrata),国防力量包括主体力量、预备力量和支援力量三个层次。主体力量包括陆海空三军和警察部队,国民军负责战争军事行动和非战争军事行动,警察部队负责社会治安和稳定,是国防体系的核心;预备力量是指预备役部队及相应的资源和设施;支援力量指用来提升国民军和预备役部队实力的一切资源和设施。印尼目前的国防政策认为,国家现实威胁包括恐怖主义和极端主义、国内武装分裂和叛乱、边界犯罪、网络安全和情报安全、自然灾害等。为夯实国防力量,印尼逐步向海空力量倾斜,重视边境地区和偏远/外围岛屿安全,着力

---

① Sampai dengan Maret 2019 Terjadi 1.107 Bencana, 279 Meninggal, 2019 – 03 – 30, https://tekno.tempo.co/read/1190663/sampai – dengan – maret – 2019 – terjadi – 1 – 107 – bencana – 279 – meninggal/full&view = ok.

② 《印尼警方逮捕185名烧芭垦荒触发林火嫌疑人》,2019年9月17日,http://gx.people.com.cn/n2/2019/0917/c229256 – 33362274.html。

③ Indonesia Raih Penghargaan PBB untuk Penanggulangan Bencana, 2019 – 06 – 30, https://www.goodnewsfromindonesia.id/2019/06/30/indonesia – raih – penghargaan – pbb – untuk – penanggulangan – bencana.

④ 《中印尼联合建设印尼地震预警系统》,2019年8月20日,http://qiandaoribao.com/news/127559。

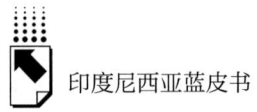

维护网络安全和国防信息安全，建设印尼国民军"最低有效力量"（MEF）和独立强大的国防工业，着力提高国防武器（Alutsista）和国防装备（Alpalhan）的科技水平和技术转让力度。

印尼军队是东南亚地区最强的军队。佐科总统执政期间，印尼军费获得极大增长。2019年的军费达108.4万亿盾。根据著名的"全球火力指数"（GFP）发布的2019年度世界军力排行，印尼军队在全球137个国家中排名第16位。① 2020年印尼国防预算为126.5万亿盾，比2019年增加了约18万亿盾。国防预算将分配给国军部队、国防部和国防武器，重点提高人力资源水平和国防装备水平。②

随着非传统威胁的凸显和技术进步的加快，印尼日益认识到军事战略和国防科技将发生巨大变化，要求国民军尽量适应世界新军事变革。就提升军事实力而言，印尼三军日益注重实战训练，于2019年9月在东爪哇海军作战训练中心举行"Dharma Yudha 2019"大规模三军联合演习，根据想定目标摧毁了从陆地、海上和空中来犯的"敌人"，检验了印尼战斗部队的实战能力。③ 就应对非传统安全威胁而言，2019年7月，印尼国民军成立特种作战司令部（Koopssus）。这是由陆军特战队、海军特战队和空军特战队精英组成的专门打击暴力极端主义的特种部队。据国民军总司令透露，其主要任务是反恐作战，包括防范、监控和取缔恐怖主义行动，即80%的监控或近距离侦察和20%的取缔行动。④ 就国防装备和国防工业而言，印尼始终强调要建设满足国防工业要求的国内工业体系，希望通过军事采购等合作形式提

---

① 2019 Military Strength Ranking, 2019-07-15, https://www.globalfirepower.com/countries-listing.asp.
② Anggaran Rp 126,5 Triliun Kemenhan Tahun 2020 Disetujui DPR RI, 2019-06-19, https://www.msn.com/id-id/berita/nasional/anggaran-rp-1265-triliun-kemenhan-tahun-2020-disetujui-dpr-ri/ar-AAD6Ycm.
③ 《三军部队在西都文多作战训练中心联合演习》，2019年9月13日，http://www.guojiribao.com/shtml/gjrb/20190913/1497261.shtml。
④ Dibentuk Jokowi, Ini Tugas Koopssus Gabungan 3 Matra TNI, 2019-07-21, https://news.detik.com/berita/d-4633455/dibentuk-jokowi-ini-tugas-koopssus-gabungan-3-matra-tni.

升国防武器和国防装备的科技水平和加大技术转让力度，提升国防工业的专业性和竞争力，实现国防工业持续创新。2019年2月，由DRU有限公司制造的Teluk Lada-521军舰移交印尼海军。这是继2017年Bintuni军舰后的第二艘由印尼DRU公司自主研发和建造的、采用先进技术武器系统的坦克运输军舰，能够提高印尼海军的陆战兵力投送能力。① 4月11日，首艘命名为Alugoro-405的印尼国产潜艇在泗水举行下水典礼。这是印尼海军造船公司（PAL）与韩国大宇造船与海洋工程公司（DSME）合作制造的第3艘潜艇。首艘潜艇Nagapasa-403在韩国建造装配，已于2017年8月下水。第二艘是于2018年在韩国大宇造船厂下水的Ardadedali-403。② 4月12日，印尼国防部签署总额约为16.1亿美元的多项军事合同，其中包括18项国防武器采购合同和7项工程建设合同。除涉及印尼陆军兵工厂公司（Pindad）等多家本土公司的武器采购外，还包括印尼海军造船公司与韩国大宇造船与海洋工程公司共同建造潜水艇的合同，体现出印尼引进先进国防技术、提升国防工业的总体需求。

此外，印尼在安全领域与多国展开合作，旨在引进先进国防技术、应对非传统安全挑战，如印尼与埃及签署反恐谅解备忘录，联合打击恐怖主义；③ 印尼与斯洛伐克签署共同抗击恐怖主义的互助合作协议备忘录，包含反恐法规、反恐行动经验、两国反恐专家和官员互访等内容，为两国合作防范和抗击恐怖主义提供合作框架；④ 印尼与瑞典于2017年12月签署防务合作谅解备忘录后，2019年继续派遣高级军官接受关于雷达系统、技术和创新的

---

① LST KRI Teluk Lada-521 Buatan PT Daya Radar Utama（DRU）Resmi Diluncurkan，2019-07-15，https：//www.radarmiliter.com/2018/06/lst-kri-teluk-lada-521-buatan-pt-daya.html.
② Kapal Selam Pertama Buatan Indonesia Alugoro-405 Diluncurkan，2019-04-11，https：//news.detik.com/berita-jawa-timur/d-4506139/kapal-selam-pertama-buatan-indonesia-alugoro-405-diluncurkan.
③ Indonesia dan Mesir Teken MoU Kerja Sama Penanggulangan Terorisme，2019-02-27，https：//www.tribunnews.com/internasional/2019/02/27/indonesia-dan-mesir-teken-mou-kerja-sama-penanggulangan-terorisme.
④ Indonesia-Slovakia Jalin Kerja Sama Penanggulangan Terorisme，2019-06-27，https：//www.beritasatu.com/nasional/561432/indonesiaslovakia-jalin-kerja-sama-penanggulangan-terorisme.

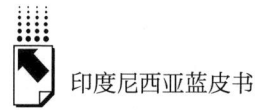

军事技术培训课程;巴西陆军司令与印尼陆军参谋长于 7 月 25 日达成共识,同意加强两国军事合作,尤其是在采购巴西制造的阿斯特罗斯 Mk－6 多管火箭炮系统(MLRS Astros MK 6)、维护和备件供应等问题上达成初步共识。①

二 印度尼西亚外交动态

印尼一贯奉行"积极和独立"的外交方针,强调尊重国家主权、不干涉国家内政。根据中等强国战略,印尼坚决维护国家利益,广泛拓展双边和多边外交关系,积极参与区域和国际合作机制,提升区域领导力和国际影响力。在大国博弈过程中,印尼努力保持独立性,立足东盟,坚持均势,寻求自身利益最大化。佐科总统执政后,在苏西洛总统"全方位外交"的基础上推行以经济外交为核心,主要开展高度事务性的务实外交,努力将印尼塑造成为海洋强国和区域领袖,提升印尼的国际影响力。

进入 2019 年,印尼继续推行 4 项外交优先工作,即维护统一的印尼共和国、维护印尼公民权益、加强经济外交、提升印尼在区域和国际舞台上的作用。印尼认为,区域安全是世界和平的支柱,印尼将继续维护区域架构的动态平衡。作为 2019～2020 年联合国安理会非常任理事国,印尼致力于在联合国安理会发挥作用,维护和平、铲除恐怖主义、促进区域组织与联合国之间的协同、关注巴勒斯坦问题等。此外,印尼准备正式竞选成为 2020～2022 年联合国人权理事会成员,并发起印尼—非洲基础设施对话、印尼—南太平洋论坛、印度—太平洋海事对话、印尼—拉丁美洲和加勒比商业论坛、太平洋博览会等活动。② 总之,2019 年是印尼外交繁忙的一年,呈现双边多边并重、区域国际积极的总体风格。

---

① Kasad dengan Panglima AD Brasil Sepakat Lanjutkan Kerja Sama Soal Astros MK 6, 2019 – 07 – 26, https://akurat.co/news/id – 701160 – read – kasad – dengan – panglima – ad – brasil – sepakat – lanjutkan – kerja – sama – soal – astros – mk – 6.

② Sandro Gatra. Menlu Retno: 2019 Tahun Sibuk bagi Diplomasi Indonesia, 2019 – 01 – 09, https://nasional.kompas.com/read/2019/01/09/17341681/menlu – retno – 2019 – tahun – sibuk – bagi – diplomasi – indonesia.

（一）双边外交关系

1. 东盟内部双边外交关系

佐科政府将东盟视作印尼外交政策的基石，与东盟国家间的双边外交是印尼外交政策的依托。2019年7月，印尼与马来西亚签署谅解备忘录，一致同意不断深化国防教育合作。8月8日至9日，佐科总统出访马来西亚，两国承诺共同抵抗欧盟对棕榈油产品的歧视问题，并商讨解决两国边境问题。[①] 印尼与新加坡继续讨论从新加坡接管廖岛和纳图纳海域飞行情报区的议题。在10月8日的印新非正式峰会上，印尼与新加坡就印尼廖群岛空域飞行情报区（FIR）管理权和新加坡在东海开展军事训练的权利达成框架协议，同意延长双方央行的金融合作关系，跟进2018年非正式峰会上达成有关开发两国合作新标志根达尔工业园的共识，同意加强职业教育合作。

同时，印尼与东盟邻国之间也经常由于非法捕鱼强硬炸船、主权领土边界问题、烧芭烟霾污染等问题产生纠纷。2019年2月，23名亚齐渔民由于误闯缅甸海域遭到缅甸海军拘捕，4月才得以回国。[②] 4月28日，印尼海军在试图阻止、扣押越南渔船在争议海域进行非法捕捞的过程中，越南渔政船KN-213故意碰撞印尼海军帕西姆级护卫舰。[③] 5月4日，印尼政府击沉了51艘外国非法捕鱼船只，其中大部分来自越南。印尼政府表示，自2014年10月以来，已有超过500艘非法船只被击沉，大部分来自东盟成员国。[④] 9

---

① Indonesia, Malaysia perlu bersama tangani diskriminasi minyak sawit-Jokowi, 2019-08-09, https://www.msn.com/en-my/news/national/indonesia-malaysia-perlu-bersama-tangani-diskriminasi-minyak-sawit---jokowi/ar-AAFzRm9.

② 22 Nelayan Aceh yang Ditangkap Tentara Myanmar Dipulangkan, 2019-04-15, https://bakata.id/2019/04/15/22-nelayan-aceh-yang-ditangkap-tentara-myanmar-dipulangkan/.

③ Kapal Vietnam Tabrak KRI, Tidak Perlu ke Peradilan Internasional?, 2019-04-30, https://bisnis.tempo.co/read/1200685/kapal-vietnam-tabrak-kri-tidak-perlu-ke-peradilan-internasional.

④ Penenggelaman Kapal Pencuri Ikan Jalan Keluar Terbaik bagi Indonesia, 2019-05-14, https://www.mongabay.co.id/2019/05/14/penenggelaman-kapal-pencuri-ikan-jalan-keluar-terbaik-bagi-indonesia/.

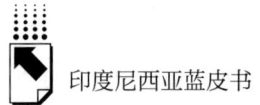

月，因为不满一位马来西亚籍出租车公司老板对印尼政府和网约车司机的侮辱，大批印尼网约车司机在雅加达的马来西亚使馆前进行示威，要求该老板公开致歉。① 进入旱季以后，印尼烧芭林火持续肆虐，连累马来西亚、新加坡等邻国遭受烟霾污染，多地空气质量明显恶化，引发两国抗议。

2. 印尼—中国双边外交关系

2010 年，中国与印尼建立战略伙伴关系。2013 年 10 月，习近平主席到访印尼，提出建设"21 世纪海上丝绸之路"的倡议，两国建立全面战略伙伴关系。中印尼关系成为中国与东南亚国家中最重要的双边关系。副总理级人文交流机制、副总理级对话机制、高层经济对话成为统筹和推动中印尼关系发展的重要支柱。2019 年 9 月，中国国家主席习近平特使兼中共中央对外联络部部长宋涛对佐科总统进行礼节性拜访，在转致习近平主席问候的同时，表示中国国家副主席王岐山将于 10 月访问印尼，出席佐科总统与马鲁夫副总统的就职典礼，表明中印尼两国关系紧密相连。②

目前，中国是印尼最大的贸易伙伴，中国大陆是印尼的第三大投资来源地。中印尼对接"一带一路"倡议和"全球海洋支点"战略得到两国政府大力支持，能够引领中印尼关系驶入互利共赢的快车道。两国合作正从传统的基建、资源、通信等领域迅速向工业制造、金融、电商、人工智能、旅游等新领域拓展。两国战略对接第一阶段的标志性项目是雅万高铁，预计 2021 年全线通车。截至 2019 年 9 月，雅万高铁建造进度已达 32%，预计年底将达到 50%。③ 第二阶段标志性项目是区域综合经济走廊，即 3 北 1 岛

---

① Driver Gojek Demo Kedubes Malaysia, Jalan Rasuna Said Macet Parah, 2019 – 09 – 03, https://www.suara.com/news/2019/09/03/123850/driver – gojek – demo – kedubes – malaysia – jalan – rasuna – said – macet – parah.

② Bertemu Jokowi, Perwakilan China Sampaikan Salam dari Xi Jinping, 2019 – 09 – 20, https://news.detik.com/berita/d – 4714082/bertemu – jokowi – perwakilan – china – sampaikan – salam – dari – xi – jinping.

③ Hingga Akhir 2019, Kereta Cepat Jakarta-Bandung Rampung 50 Persen, 2019 – 09 – 30, https://www.liputan6.com/bisnis/read/4074916/hingga – akhir – 2019 – kereta – cepat – jakarta – bandung – rampung – 50 – persen.

(北苏拉威西、北加里曼丹、北苏门答腊和巴厘岛）经济走廊。在2019年4月北京第二届"一带一路"国际合作高峰论坛上，两国讨论有关合作承建共约911亿美元基础设施工程的方案。战略对接项目确定包括苏北省的瓜拉丹绒（Kuala Tanjung）工业区、苏北省的瓜拉纳穆（Kualanamu）工业区、北加省的卡宴港（Sungai Kayan）工业区、巴厘的乌龟岛（Kura-kura Island）科技工业园，以及改进棕榈园建设纲领等，投资价值约达50亿至60亿美元。① 9月21日至24日，第16届中国—东盟博览会及中国—东盟商务与投资峰会在广西南宁举行，印尼获得大会殊荣，被列为"主题国"。② 9月20日至30日，印尼驻上海总领事馆举办"印尼周"（InaWeek），红白旗亮相东方明珠塔，旨在促进贸易、旅游和投资。印尼也高度重视"数字海丝"建设，期待与"数字中国"在区块链、人工智能、大数据方面展开合作。目前，印尼金光电信与中国企业中兴通讯签署4G网络扩容和5G实验局项目协议，后者表示准备在印尼进行5G测试。③

另外，两国间的人文交流历史悠久，成果丰硕，依据中印尼副总理级人文交流机制会议的共识，两国在科技、文化、教育、传媒、体育、卫生、青年和旅游八个领域推动交流合作。中国是印尼最大的外国游客来源国之一和最受印尼学生青睐的第二大海外留学目的地。2019年3月至4月，"中印尼青年交流互访游学活动"顺利开展，有助于两国青年建立友谊，增进了解。④ 两国间的军事交流也稳步推进。9月7日，印尼海军"毕马苏吉"号风帆训练舰驶抵吴淞军港，对上海进行为期两天的友好访问。这是"毕马苏吉"号风帆训练舰首次访问上海，也是印尼海军舰艇第二次访问上海，

---

① 《印中两国将合作发展6大建设项目》，2019年4月9日，http://www.cistudy.cn/html/53-7/7132.htm。
② 《印尼将任第16届中国—东盟博览会主题国》，2019年9月14日，http://news.sina.com.cn/o/2018-09-14/doc-ifxeuwwr4431357.shtml。
③ ZTE：and Telkom Indonesia Sign Business Cooperation MoU in 5G，2019-06-20，https://www.marketscreener.com/ZTE-CORPORATION-6495034/news/ZTE-and-Telkom-Indonesia-Sign-Business-Cooperation-MoU-in-5G-28791703/。
④ 《中印尼举行青年互访交流游学活动》，2019年3月26日，https://news.sina.com.cn/c/2019-03-26/doc-ihsxncvh5561980.shtml。

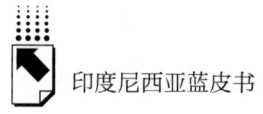

为加深中印尼两国两军相互了解和信任提供良机。[1]

3. 印尼—美国双边关系

印尼与美国是全面伙伴关系，两国间的安全防务合作较为突出。2019年6月17日至6月28日，印尼空军150名人员与美国空军131名人员在北苏拉威西万鸦老Sam Ratulangi空军基地进行代号为Cope West 2019的联合作战训练，旨在通过联合行动和作战行动训练提高两国空军作战飞行员的技能和专业水平。[2] 6月11日，印尼与美国海军陆战队（USMC）队员在东爪哇Gedangan Bhumi Marinir基地进行以"2019年海上战术模拟（MTWS）战斗人员疏散行动（NEO）"为主题的联合演习，旨在加深两国海军陆战队合作，提升双方军事行动规划能力和战斗技能，特别是领会与掌握两栖行动在战斗人员疏散行动中的行动程序以及行动规划。演练内容包括军事决策过程、海军陆战队规划过程、模拟程序机制，以及印尼海军陆战队与美国陆战队应对自然灾害行动的规划和任务中的标准行动。[3] 7月3日，印尼空军与美国空军太平洋特种作战司令部在苏北棉兰举行名为"2019年联合交流培训"（JCET）的联合军演。[4] 8月1日，美国海军、海军陆战队和海岸警卫队与印尼海军和海军陆战队由印尼海军第二舰队训练司令部组织，在泗水举行2019年CARAT联合演习开幕式，启动2019年美国—印尼海上合作准备和训练演习。[5] 此外，自2016年起，印尼政府通过交通部空中交通总署与美国政府进行合作，进行无人机技术和知识转移，今年继续稳步推行。印尼

---

[1] KRI BIMA SUCI TIBA DI CHINA, 2019-09-07, https://www.detiklensa.com/2019/09/07/kri-bima-suci-tiba-di-china/.

[2] U.S., Indonesian air forces wrap up Cope West '19, 2019-07-06, https://www.globalsecurity.org/military/library/news/2019/07/mil-190706-usaf01.htm.

[3] Marinir Indonesia-Amerika Gelar Latihan Bersama, 2019-06-11, https://m.jatimnow.com/baca-16880-marinir-indonesiaamerika-gelar-latihan-bersama.

[4] Joint Combined Exercise Training (JCET), 2019-07-03, https://www.thejakartapostimages.com/images/view/25529.

[5] US, Indonesia begin CARAT 2019 Cooperation Afloat Readiness And Training exercise, 2019-08-05, http://navyrecognition.com/index.php/news/defence-news/2019/august/7349-us-indonesia-begin-carat-2019-cooperation-afloat-readiness-and-training-exercise.html.

与美国的经济合作目前遇到一些困难。自2018年美国政府开始审查"普惠制"、计划终止印尼的免税权后,印尼陷入较为被动的境地。印尼政府官员奔走游说于两国之间,希望国内产品仍能获得普惠制,并希望加强同美国的贸易和投资关系。

4. 印尼—日本双边关系

日本从20世纪70年代末提出要与东盟国家发展"心心相印"的伙伴关系,致力于加强双方的相互理解和信任。根据新加坡东南亚研究所（ISEAS YusofIshak Institute）发布的《东南亚国家：2019年》调查报告,东南亚人对日本的接受度最高。近三分之二的受访者（65.9%）对日本将在全球事务中"做正确的事"抱有"信心"（53.5%）或"非常自信"（12.4%）。[1] 印尼作为东盟大国,是日本对外交往的重点对象。日本对印尼采取的措施是："一是改变对印尼援助方式,从注重自身经济利益转向促进印尼经济社会发展能力的建设,以获取印尼的信任；二是积极开展文化外交,通过教育、文化交流促进两国国民间的相互理解。"[2] 目前,印尼与日本已就加强制造业全面合作达成一致。两国于2019年6月签署新制造业发展中心项目（New MIDEC）,该项目隶属于印尼—日本经济伙伴合作协议（IJEPA）框架,着力提高制造业的基础能力建设,包括6个经济部门（汽车、电子、纺织、饮食、化学、金属）和7个重点领域（金属加工、模具、焊接、中小企业开发、出口和投资推广、绿色工业、工业4.0）。印尼希望通过制造业合作弥补其对日本的贸易逆差。[3] 目前,日本国际协力机构（JICA）正在进行雅加达—泗水中速铁路建设项目可行性研究,并将签订雅加达—泗水中速铁路建设项目合作意向书。预计雅泗中铁在2020年开始建设,最迟在2023年竣

---

[1] ISEAS YusofIshak Institute, ASEAN Studies Centre. The State of Southeast Asia: 2019 Survey Report. 2019 - 01 - 29, www.iseas.edu.sg.

[2] 韦红、李颖：《日本构建与印尼"心心相印"伙伴关系研究：路径与策略》,《东南亚研究》2019年第1期,第74~93页。

[3] Indonesia-Jepang Bersinergi Bangun Kapasitas Sektor Manufaktur, 2019 - 06 - 27, https://ekbis.sindonews.com read/1415458/34/indonesia - jepang - bersinergi - bangun - kapasitas - sektor - manufaktur - 1561650097.

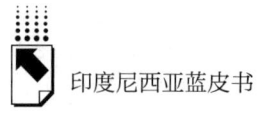

工并投入运作。①

近年来,日本开始寻求与印尼开展除军售外的国防领域合作。7月3日,日本海上保安厅、菲律宾及印尼海岸警卫队在菲律宾南部进行游轮、油轮海上假想碰撞联合演习。日本希望此次演习有助于推行"自由开放的印太战略"。②

5. 印尼—韩国双边关系

韩国是印尼重要的经济合作国与投资来源国,印尼是韩国"新南方政策"的核心合作国家,两国关系在2017年提升至特殊战略伙伴关系。2019年2月19日,在雅加达举行的韩国—印尼商务论坛上,两国重启"印尼—韩国全面经贸合作"(IK-CEPA)谈判,预计在2019年11月签署。该协议将为加强两国经济合作、扩大双边贸易和投资提供巨大动力。③ 4月8日,两国外交部部长共同主持召开印尼—韩国政府间双边合作联委会第三次会议,就半岛局势、双边合作及韩国与东盟的合作方案深入交换意见。两国在国防安全领域的合作也非常紧密,正在联合研制潜水艇和新一代隐形战机(KF-X/IF-X)④。2019年4月12日,印尼政府第二次与韩国签署合同,购买总价为10.2亿美元的3艘潜艇。此前,印尼已经于2011年从韩国购买了3艘潜艇。这些军工合作作为"新南方政策"的重点项目,获得两国政府的大力支持。

6. 其他双边关系

2019年是印尼与英国建交70周年。在6月17日举行的"伙伴关系论

---

① 《交长:雅泗中铁明下半年开建》,2019年8月12日,http://www.guojiribao.com/shtml/gjrb/20190812/1492371.shtml。

② Latihan Bersama RI dan Filipina Atasi Tumpahan Minyak di Laut Resmi Dibuka, 2019-07-02, https://news.detik.com/berita/d-4608592/latihan-bersama-ri-dan-filipina-atasi-tumpahan-minyak-di-laut-resmi-dibuka?tag_from=news_newsfeed_15.

③ Percepat IK-CEPA, Indonesia-Korea Selatan akan bertemu lagi Agustus 2019, 2019-06-28, https://www.msn.com/id-id/news/nasional/percepat-ik-cepa-indonesia-korea-selatan-akan-bertemu-lagi-agustus-2019/ar-AADxEqu.

④ Indonesia-Korea Selatan Bahas Program Pesawat Tempur KF-X/IF-X, 2019-03-06, https://jakartagreater.com/indonesia-korea-selatan-bahas-program-pesawat-tempur-kf-x-if-x/.

坛"(Partnership Forum)上，双方就加强贸易、投资、教育、网络安全等领域的双边关系达成协议，其重点是通过加强教育合作改善印尼人力资源状况。此外，双方同意振兴创意经济联合工作组，加强两国创意经济合作；签署海事合作谅解备忘录，同意建立双边海事论坛，加强两国海事领域合作。① 6月17日至18日，两国通过联合防御合作对话（JDCD）论坛同意加强防御合作。此次论坛的议题之一是情报教育合作，是两国国防部长签署的谅解备忘录（2012）的后续措施。此外，两国还将在全球和区域威胁、情报教育合作、国防装备、海事安全、人道主义援助、自然灾害、反恐等领域加强合作。②

澳大利亚是印尼的近邻。2019年3月4日，两国签署印尼—澳洲全面经济伙伴关系协定（IA-CEPA）。该协定将进一步加强两国经贸关系，对于增加印尼在机动车、制鞋业、饮食加工业、纺织品工业等领域向澳洲的出口十分有益，是两国外交关系发展的里程碑。③ 此外，两国已经开展了良好的防务合作，如"Cassoex新视野训练"和"印澳Corpat"联合军事演习。7月19日，两国海军参谋长在澳大利亚坎贝拉举行会晤，磋商双边和区域（海事）安全问题，就提升训练及进行军演达成共识。④ 9月10日至16日，两国在东努沙登加拉省府的第七海军基地举行2019年两国联合军演，旨在通过进一步提高两国海军人员的实战能力加强两国海军合作。

智利被视作印尼在南美洲的枢纽。2019年6月，两国举行全面经济伙伴关系协议（IC-CEPA）批准文书（IoR）交换仪式。根据协议，IC-CEPA于8月10日生效。这是印尼与南美洲国家的第一份贸易协定，将极大促进

---

① UK and Indonesia agree to deepen partnership, 2019 – 06 – 18, https：//www.gov.uk/government/news/uk – and – indonesia – agree – to – deepen – partnership.
② Indonesia-Inggris Sepakat Tingkatkan Kerja Sama Pertahanan, 2019 – 06 – 18, https：//sinarharapan.id/2019/06/indonesia – inggris – sepakat – tingkatkan – kerja – sama – pertahanan/.
③ Indonesia-Australia Comprehensive Economic Partnership Agreement, 2019 – 03 – 04, https：//dfat.gov.au/trade/agreements/not – yet – in – force/iacepa/Pages/indonesia – australia – comprehensive – economic – partnership – agreement.aspx.
④ TNI AL Galang Kerjasama Dengan AL Australia, 2019 – 07 – 22, https：//www.portonews.com/2019/militer/tni – al – galang – kerjasama – dengan – al – australia/.

两国贸易增长。① 此外，印尼与土耳其也就全面经济伙伴协议展开多轮谈判。7月24日，阿联酋王储访问印尼，签订3项大型合作建设项目，投资总值约为97亿美元。这3个项目包括麻利巴板炼油厂及发展的总体规划项目（RDMP）、阿联酋国有企业与印尼私企Chandra Asri合作发展石化工业项目、阿联酋国有企业与印尼港口管理公司和金锋集团（Maspion）合作的海港建设项目。此外，两国还签署涉及增加投资、避免双重征税、工业、海关、旅游业、海事和渔业、国防和文化等合作领域的谅解备忘录。② 9月，印尼和阿联酋的关系提升为经济合作伙伴关系。

（二）多边外交关系

多边外交已经成为佐科务实外交中的经常性和制度化外交方式，是印尼寻求发展多边关系、维护区域安全和提升国际影响力的重要平台。随着外交政策日渐成熟，佐科政府开始更加自信地广泛参与国际多边对话，提升印尼的国际话语权。"一方面，印尼期望巩固其在地区事务中的中心地位，强化区域合作机制，尤其是利用东亚峰会，防止域外大国主导地区事务，其中东盟共同体建设也给印尼带来了更大的发展机遇和区域影响力。另一方面，印尼希冀在亚太区域甚至国际舞台上发挥更重要影响，从一个成长中的地区强国发展成具有全球影响力的大国。"③

1. 东盟多边外交

东盟是印尼多边外交的基础。印尼不仅希望在东盟内发挥核心作用，还希望通过推进东盟共同体建设使其在东亚乃至印度洋—太平洋地区发挥主导作用。在印尼的主导下，2019年4月，印尼、泰国、马来西亚、菲律宾四国央行在东盟财长和央行行长会议上签署《本币结算框架系列协议》，旨在

---

① 《印尼-智利全面经济伙伴关系协议 将推动纺织产品出口额》，2019年6月19日，http://www.shangbao indonesia.com/read/2019/06/19/economy-1560914827。
② 《佐科总统在茂物行宫会见阿联酋王储 我国与阿联酋签署136兆盾商业合作备忘录》，2019年7月25日，http://www.shangbaoindonesia.com/read/2019/07/25/economy-1563988643。
③ 宋秀琚、王鹏程：《"中等强国"务实外交：佐科对印尼"全方位外交"的新发展》，《南洋问题研究》2018年第3期，第101页。

促进国家间贸易使用各自本币结算，其中，印尼和泰国还决定扩大双方已有本币清算规模和应用范围。该协议是 2016 年印尼、泰国、马来西亚三国协议的拓展，体现了东盟国家间提高经贸便利、加深地区金融市场融合、促进东盟一体化进程的共同愿望。①

2019 年 6 月 22 日，第 34 届东盟峰会全体会议在泰国首都曼谷开幕，议题是"推动伙伴关系实现可持续发展"（Advancing Partnership for Sustainability），强调东盟国家在共同利益基础上的全方位合作，承诺努力在年内完成"区域全面经济伙伴关系协定"（RCEP）谈判。此次峰会采纳了印尼提出的包容、透明、开放以及尊重国际法的印太构想，发布了"东盟印太展望"（Asean Outlook on the Indo-pacific）。展望认为，东盟的中心地位是促进印度洋—太平洋地区合作的基础，东盟主导的机制是印度洋—太平洋合作对话和实施的平台。展望能够促进区域和平、稳定和繁荣，增强信心和信任。由印尼提出、东盟采纳的"东盟印太展望"，可视为东盟欲在大国竞争中提出的第三条战略应对选择，立足点是东盟中立、不结盟和东盟中心性原则，并将在东亚峰会（EAS）、东盟区域论坛（ARF）、东盟防务部长扩大会议（ADMM PLUS）、东盟海事论坛（EAMF）等东盟主导的现有机制内运行。印尼认为，东盟最大的贡献是打造出和平、稳定和繁荣的区域生态系统。为应对环印度洋地区正在发生的新变化，东盟必须保持高度团结，发挥中心作用。为此，印尼提出"印太合作"概念，既可发挥印尼在地区合作中的积极作用，又通过开放、透明、包容、对话、友谊、国际法等原则，促进东盟在印太合作中发挥引擎作用并成为经济增长中心。

此外，佐科总统在同期举行的第 13 届文莱—印尼—马来西亚—菲律宾东盟东部增长区（BIMP-EAGA）峰会和第 12 届印尼—马来西亚—泰国增长三角区（IMT-GT）峰会上为推动实现 BIMP-EAGA 的 2025 年愿景和 IMT-GT 的 2036 年愿景做出相应承诺，体现出区域发展主导的担当。

---

① RI, Malaysia, Thailand dan Filipina Perkuat Transaksi Perdagangan Bilateral, 2019 – 04 – 05, https：//ekbis. sindonews. com/read/1393056/33/ri – malaysia – thailand – dan – filipina – perkuat – transaksi – perdagangan – bilateral – 1554448407.

2019年7月11日,第13届东盟国防部长会议在首都曼谷开幕,其主题为"可持续安全"。会议强调,东盟防长会议和防长扩大会议是加强东盟合作、维持东盟核心作用的主要机制。印尼国防部长里亚米扎德率团出席,提出"我们的眼睛"(Our Eyes)情报合作建议,并阐明对打击区域恐怖主义的意义,该建议获得东盟采纳,命名为"东盟·我们的眼睛"(ASEAN Our Eyes)。"我们的眼睛"从印尼、马来西亚和菲律宾三边合作发展成为覆盖所有东盟成员国的反恐合作,旨在通过地区防务体系进行情报、知识与资源交换,防范和打击东南亚恐怖主义网络。战略情报交换向东盟所有国家开放,拥有相关经验的东盟伙伴国可担任观察员。[1]

2019年7月,印尼与东盟邻国马来西亚和菲律宾陆军部队举行"2019年印马菲中心区域军演",这是2018年举行的桌面推演(TTX)及狙击手主题专家交流(SMEE)的延续,不仅能够加强三国军队之间的交流和联系,更有利于打击恐怖主义和跨境犯罪,维护接壤国家边境的和平稳定。[2]

2. 东亚多边外交

目前,东亚多边外交中较为亮眼的理念被称为"雅加达渠道"。"雅加达渠道"是以东盟秘书处所在地雅加达为支点、以东盟机制为依托、以东盟与各对话伙伴关系为网络的东亚多边合作平台,是中国国务委员兼外长王毅于2018年9月会见东盟常驻代表委员会和东盟秘书处访华团时正式提出的。"雅加达渠道"秉持的是具有东亚特色的多边主义精神和原则,包括东盟中心地位、平等相待、协商一致、互学互鉴、互利共赢等。这些精神和原则源自东方国家相互尊重、求同存异、开放包容、守望互助的传统文化和共同价值观。[3] 在当前区域和国际格局深刻演变的背景下,"雅加达渠道"所

---

[1] Inisiatif Our Eyes Indonesia menjadi ASEAN Our Eyes, 2019-07-11, https://theworldnews.net/id-news/inisiatif-our-eyes-indonesia-menjadi-asean-our-eyes.
[2] Indomalphi Middle Land Exercise 2019, Latihan Militer 3 Negara ASEAN di Tarakan Kalimantan Utara, 2019-08-06, https://kaltim.tribunnews.com/2019/08/06/indomalphi-middle-land-exercise-2019-latihan-militer-3-negara-asean-di-tarakan-kalimantan-utara.
[3] 黄溪连:《"雅加达渠道":坚守多边主义》,2019年6月17日,http://asean.chinamission.org.cn/chn/stxw/t1672768.htm。

倡导的对话交流、协商一致的东亚特色多边主义精神是对抗单边主义和保护主义的有力武器。

3. 20国集团（G20）多边外交

20国集团是一个国际经济合作论坛，于1999年9月在德国成立，由八国集团和12个重要经济体组成，属于非正式对话的一种机制。作为东盟国家中唯一的G20成员，在2019年6月第19届G20峰会上，印尼的经济发展和民主成就获得肯定，佐科总统竞选连任成功获得各国元首的尊敬和赞扬。在峰会上，佐科总统提出包容性数字经济加速器中心（IDEA Hub）概念以及赋予妇女权力等问题。有观点认为，印尼的实力已经获得全球认可，在20国集团中不再仅是"附庸"，还可以在G7国家（美国、英国、加拿大、法国、日本、意大利、德国）与金砖国家（巴西、俄罗斯、印度、中国、南非）之间充当桥梁，为全球治理提供创新性解决方案。①

4. 印尼—非洲多边外交

2019年8月20日至21日，2019年印尼—非洲基础设施对话在巴厘岛举行，讨论印尼与非洲国家基础设施项目商业协定和贸易合作关系。佐科总统表示，当前每个国家都面临严峻挑战，发展差距持续扩大，可持续发展目标难以实现。印尼和非洲需要团结成为一支强大的力量，共同寻找有效对策，应对全球经济动荡中的种种严峻挑战。为此，双方应共同加强基础设施建设，以改善印尼与非洲国家的连通性，提高双边贸易，促进经济发展，造福双方人民。在此次论坛上，印尼与非洲国家共签署价值约8.22亿美元的贸易协定。②

5. 联合国多边外交

2019年1月，印尼正式成为联合国安理会非常任理事国，直至2020年12月31日。印尼将与其他14个国家（美国、英国、法国、俄罗斯、中国、科威特、南非、象牙海岸、赤道几内亚、德国、比利时、波兰、秘鲁和多米

---

① Indonesia's bargaining position on ASEAN, G20 forums, 2019-07-06, https://en.antaranews.com/news/128480/indonesias-bargaining-position-on-asean-g20-forums.
② Indonesia Africa Infrastructure Dialogue 2019, 2019-08-10, https://iaid.kemlu.go.id/.

尼加共和国）一起，根据联合国宪章授权共同制定维护和平与安全的政策。印尼在联合国的常驻代表贾尼（Dian Triansyah Djani）担任联合国安理会关于大规模杀伤性武器的第1540号决议委员会、与恐怖主义相关的制裁委员会（如联合国安理会第1267号决议制裁委员会）和联合国安理会第1988号决议制裁委员会主席，以及南苏丹制裁委员会和伊拉克制裁委员会副主席。① 5月1日，印尼开始担任联合国安理会轮值主席国，提出关于和平、安全、维和部队协作等议题。国际社会对于印尼的支持源于印尼对于联合国的贡献，源于印尼在维护世界和平中日益重要的作用。印尼一直是联合国维和任务的有力支持者，其维和部队人数位列124个派出国的第8位。② 9月17日，印尼正式担任第74届联合国大会副主席，由常驻纽约联合国代表贾尼作为代表。③

与此同时，印尼在国际舞台上积极维护国家主权和领土完整。针对"西巴布亚联合解放运动"（ULMWP）向联合国提交请愿书和分离西巴布亚的行为，印尼呼吁联合国尊重印尼主权完整，尊重西巴布亚属于印尼的客观事实，强调捍卫国家主权完整统一的决心坚定不移。2019年9月，在联合国主办的可持续海洋经济高级别会议上，针对瓦努阿图（Vanuatu）外长提出的巴布亚人权问题，印尼代表团使用答辩权提出抗议，严正声明印尼致力于促进和保护巴布亚人及所有印尼人民的权力，要求联合国所有国家尊重印尼主权和领土完整，不要干涉本国内政。④

---

① Indonesia Resmi Anggota Tidak Tetap DK PBB 2019 – 2020, 2019 – 01 – 03, http：// tandaseru. id/indonesia – resmi – anggota – tidak – tetap – dk – pbb – 2019/.
② Indonesia Menjadi Presiden Dewan Keamanan PBB Per 1 Mei 2019, 2019 – 06 – 15, https：// www. goodnewsfromindonesia. id/2019/04/27/indonesia – menjadi – presiden – dewan – keamanan – pbb – per – 1 – mei – 2019.
③ Indonesia Elected to Vice Presidency of 74th UN General Assembly, 2019 – 09 – 19, https：// jakartaglobe. id/context/indonesia – elected – to – vice – presidency – of – 74th – un – general – assembly.
④ Vanuatu Angkat Isu Papua di Sidang Umum PBB, Indonesia Beri Jawaban Tegas, 2019 – 10 – 01, https：//news. detik. com/internasional/d – 4728640/vanuatu – angkat – isu – papua – di – sidang – umum – pbb – indonesia – beri – jawaban – tegas.

三 印度尼西亚政治发展趋势展望

国家战略的来源和目标最终都要归结到利益。人民对于国家的认同感，最主要的决定因素是国家带给人民的安全、自由、平等、幸福，以及由此产生的人民对国家的归属感和依赖感。佐科总统再次顺利当选说明他致力于发展经济、改善民生、反腐倡廉、务实亲民的工作业绩获得人民认可。从当前态势看，在第二任期内佐科总统将延续当前施政纲领和工作作风，改革政府职能，大力发展经济，切实改善民生，并将力争主导区域外交，积极参与国际外交，争取实现国家利益最大化。

（一）内政延续，经济与民生可期

2019年7月14日，佐科—马鲁夫以当选正副总统的身份现身"印度尼西亚愿景"大会并发表首场政治演讲，阐述国家愿景与使命：①继续大力推进正在进行的大型基础设施建设；②重视人力资源开发；③扫除投资瓶颈，简化投资程序；④大力推动政府机构改革；⑤加强国家预算管理。佐科—马鲁夫再次呼吁印尼民族大团结，继续携手前进，共建美丽的印尼共和国。[1] 与此同时，2020~2024年国家中期发展计划（RPJMN）草案中指出，政府将鼓励提高人均收入，减少群体收入差距，增强弱势群体的经济抗御能力，增加就业。草案将印尼经济增长率设定为年平均5.4%~6.0%，至2024年人均国民收入达到5780~6160美元。[2] 获得国会通过的2020年国家收支预算草案（RAPBN）宏观假设和发展目标指出，2020年经济增长率在

---

[1] Pidato Lengkap "Visi Indonesia" Presiden Jokowi di Sentul, 2019-07-14, https://www.teropongsenayan.com/102924-pidato-lengkap-visi-indonesia-presiden-jokowi-di-sentul.

[2] Govt targets GDP growth rate of 5.4-6 percent in next five years, 2019-06-28, https://www.thejakartapost.com/news/2019/06/28/govt-targets-gdp-growth-rate-of-5-4-6-percent-in-next-five-years.html.

5.2%~5.5%范围内、通货膨胀率2%~4%、失业率4.8%~5.1%、贫困率8.5%~9%、基尼系数0.35~0.38、人类发展指数72.52。其优先事务包括：人力资源建设、人民卫生保健、基础设施建设、减少贫困、官僚体制改革等。① 由此可见，经济和民生还是佐科第二任期的工作重点。

佐科在第一个总统任期内实现了每年约5%的经济增长率，计划全国平均经济增长率至少达到6%，以摆脱中等收入陷阱，迈入中高等收入阶段。第二个任期若要继续做大印尼的经济体量，必须要继续实施稳定的宏观经济政策和财政政策，继续进行结构性变革；持续建设基础设施，改善物流连通效率；提高投资，改善投资环境；引进先进技术，提高人力资源；着力加强爪哇以外岛屿的发展力度。目前看来，在佐科第二任期内，印尼的潜在经济增长点是基础设施建设、伊斯兰经济、数码经济和旅游。

在基础设施建设领域，除继续推进各类项目建设外，印尼政府还推出了迁都计划和"国家重建计划"。根据官方消息，新首都已确定位于东加里曼丹，届时新都将发挥行政特区的功能，雅加达继续保持经济中心的地位。从迁都计划可以看出，佐科总统打算在第二任期内继续加大外岛发展建设力度，淡化爪哇中心，提升外岛地位，平衡地区间的政治和经济发展。更重要的是，迁都所带动的基础设施建设将为印尼经济增长持续提供稳健动力。"国家重建计划"覆盖佐科总统第二任期，总投资高达4120亿美元，用于交通领域、水利部门、电力部门的基础设施建设，加强印尼从东到西的互联互通，以基建作为国民经济增长、地区协同发展的引擎。② 就伊斯兰经济而言，2019年5月，佐科总统推出2019~2024年印尼伊斯兰经济总体规划（MEKSI），将伊斯兰经济模式作为印尼经济发展战略，使印尼于2024年成

---

① DPR Sepakat Asumsi Pertumbuhan Ekonomi RAPBN 2020 Sebesar 5，5%，2019-07-08，https：//www.lawjustice.co/artikel/68422/dpr-sepakat-asumsi-pertumbuhan-ekonomi-rapbn-2020-sebesar-55/.

② 《印尼拟出台新"国家重建计划"》，2019年5月22日，http：//www.chinanews.com/gj/2019/05-22/8843628.shtml。

为全球最大的清真产业经济体。① 目前，印尼正计划兴建 4 个清真工业区，即巴淡岛的 Batamindo 工业区、民丹岛的 Bintan 工业区、雅加达的 Pulogadung 工业区，以及西冷市的 Modern Cikande 工业区。② 可以预见，伊斯兰经济是佐科第二届任期内的经济发展重点之一。就数码经济而言，印尼已经成为东南亚最大的互联网经济体，2018 年互联网经济价值达 270 亿美元，并将持续快速增长。印尼政府希望推动民众使用数码系统，鼓励中小微企业利用数码市场，努力提高经济数码化发展，成为数码创新国家。旅游业历来是印尼政府发展经济的重要引擎。在佐科第二任期内，政府将大量拨款，优先开发苏北省多巴湖、中爪省婆罗浮屠、西努省曼达利卡、东努省科摩多和北苏省里古邦 5 大旅游景区。

提升人力资源水平是佐科第二届任期内的施政重点。佐科发表胜选演说时强调，"人力资源发展对印尼的未来至关重要"，人力资源开发是第二任期的"旗舰项目"。③ 印尼是世界第四大人口国，拥有约 2.5 亿人口，其中一半在 30 岁以下。数量众多的年轻人口既为印尼提供了充足的劳动力，也创造了旺盛的消费需求。由此可见，人口红利是确保印尼经济持续发展的坚实基础和强大力量。然而，目前印尼人力资源水平仍很落后。印尼国民中只有小学文化程度者约占总人口的 42%，只有小学和初中学历者占 66%，小学、初中和高中学历者占 88%，只有 12% 的人口接受过高等教育。④ 所以，政府需要提高人力资源质量，抓住人口利好条件，辅助印尼实现 "2045 年进入世界经济五强之列"的宏伟计划。因此，在第二任期内，政府将制定

---

① Pemerintah Luncurkan Masterplan Ekonomi Syariah 2020 - 2024，2019 - 05 - 14，https：// money. kompas. com/read/2019/05/14/155653426/pemerintah - luncurkan - masterplan - ekonomi - syariah - 2020 - 2024.
② 4 Kawasan Masuk Rencana Pengembangan Industri Halal，2019 - 05 - 31，https：//ekonomi. bisnis. com/read/20190531/257/929666/ - 4 - kawasan - masuk - rencana - pengembangan - industri - halal.
③ 《印尼总统佐科发表连任首次演说，阐述第二任期愿景》，2019 年 7 月 15 日，www. chinanews. com/gj/2019/0715/8894657. shtml。
④ 《林永传：印尼的经济"雄心"》，2017 年 4 月 8 日，www. myzaker. com/article/58e8789e1bc 8e0f031000003/。

有效的社会政策，分配相应预算，通过农村发展计划、技能开发、培训/再培训学校等措施提高文化教育水平，开展职业培训，着重挖掘培育专业人才，尤其是工业技术类人才。值得一提的是，佐科总统很可能在第二任期内发布待业卡（Kartu Pra-Kerja），其核心功能是为待业者和创业者提供工作培训，通过增强工作技能提升工作竞争力。在卫生保健领域，着力确保孕妇、婴儿和幼儿健康，防止儿童发育迟缓，减少母婴死亡率。

在民生方面，根据佐科在竞选演讲中做出的承诺，第二任期内政府将在减贫、教育、女性赋权、土地改革、农村发展等领域继续改善人民生活水平；就减贫而言，佐科在第二任期内将致力于创造就业机会和降低生活必需品价格，进一步降低贫困率，并继续推行希望家庭纲领（PKH），提高人民生活水平；就教育而言，佐科政府已经通过发放教育卡（KIP）保障贫困儿童受教育权利，此举将继续推行并设法提升到高等教育程度；就女性赋权而言，政府通过促进家庭经济繁荣计划（Mekaar）和超小额融资计划（UMi）为400万贫困女性提供小额营业资本，提升贫困女性的生存能力；就土地改革而言，佐科政府预计还将分发超过两千万份土地证，并将把部分森林土地的特许经营权分配给周边居民；就农村发展而言，政府将继续提高农村基金数量，大力发展农民合作社与微型渔业银行，促进农业和渔业发展。

（二）外交积极，区域与国际并重

在外交领域，佐科政府将一如既往地遵循"独立和积极"的外交原则，在顺应国际形势的基础上延续本国利益优先的务实外交风格，聚焦于维护统一的印尼共和国主权和领土完整、维护印尼公民和海外侨民的权益、加强经济外交、提升印尼在区域和国际舞台上的地位和作用。

具体而言，印尼将重视地区外交，保护国家主权和领土完整；提升保护性外交，通过完善领事保护加大国外印尼公民的保护力度；发展海洋外交，在环印度洋联盟（IORA）或印度洋—太平洋区域内提升印尼作为群岛海洋国家的地位；加强经济外交，在贸易合作、投资、旅游以及扩大出口等方面积极争取国际合作；彰显伊斯兰外交，着力增强自身在伊斯兰世界的主导性，推广温和伊斯兰（Wasathiyyah），增进世界伊斯兰兄弟情谊（Ukhuwah Islamiyah）；塑造文化品牌，利用特色文化推广国家形象；热爱世界和平，积极参与维和行动；参与规则构建，在区域和国际组织中增强自身话语权，并依托东盟和联合国安理会，推广和平外交和人道主义外交。

B.3
印度尼西亚经济形势报告

左志刚*

摘　要： 本报告从经济总量、对外贸易与投资、货币金融稳定性、产业经济和政府财税政策等方面分析了印尼2018～2019年上半年的经济表现和政策动向。报告指出：在外经贸方面，受贸易环境恶化、主要经济体进口负增长的影响，印尼2019年出口疲软，拉低经济增长预期；在国际收支方面经营项目赤字扩大，但得到了资本和金融项目盈余的抵销，由于金融项目以短线性质的证券投资为主，需要关注热钱流入和外债余额攀升的风险。在国内经济方面，内需仍然稳健，居民消费信心增长，新经济也有了较快发展，且在长期内受政府的四大经济战略支撑，发展前景仍然向好。

关键词： 宏观经济　产业经济　政府政策　印度尼西亚

一　经济整体表现

（一）国民经济维持相对稳定

1. 2018年GDP整体增速略有攀升，近期呈现明显下行压力

印尼经济整体保持相对稳定（见图1），2018年GDP全年实际增长率

---

* 左志刚，博士，广东外语外贸大学教授，印尼研究中心研究员。

（以2010年不变价格计算）为5.17%，高于国际预测的5.14%，较2017年的5.07%提高了0.1个百分点，延续了三年的上升势头。

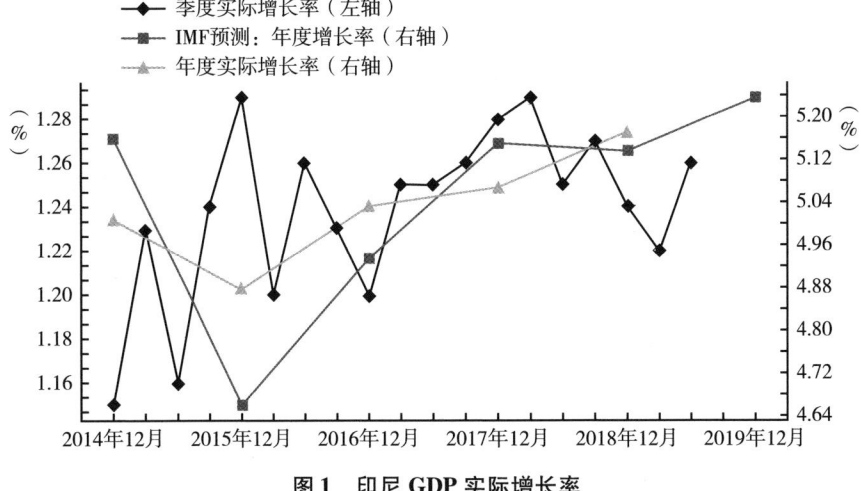

图1　印尼GDP实际增长率

注：基于2010年不变价格计算。季度实际增长率为OECD计算的季调后环比数字。
资料来源：IMF，OECD。

无论是东盟五国（马来西亚、印度尼西亚、泰国、菲律宾和越南），还是其他新兴市场国家和发达国家，在2018年的平均增长率都表现向下趋势，东盟五国整体增长率2018年为5.24%，而2017年为5.36%；发达国家整体增长率则由2017年的2.37%下降到2018年的2.22%；新兴市场国家整体由2017年的4.79%下降到2018年的4.55%。对比其他国家，印尼经济在2018年普跌背景下实现增长率提升，形成鲜明对比，是一项重要成就（见图2）。

但从近期动态看，自2018年第三季度始，印尼GDP增速出现较大回落，回落趋势延续到2019年上半年，以不变价格计算，2019年第一季度的环比增长率为1.22%，第二季度环比增长率为1.26%，同比增长率为5.05%，低于2018年和2017年的年度增速，呈现出下行压力。印尼政府将2019年全年经济增长目标设定在5.0%~5.4%，但鉴于上半年的下行迹象，实现该目标的困难较大。

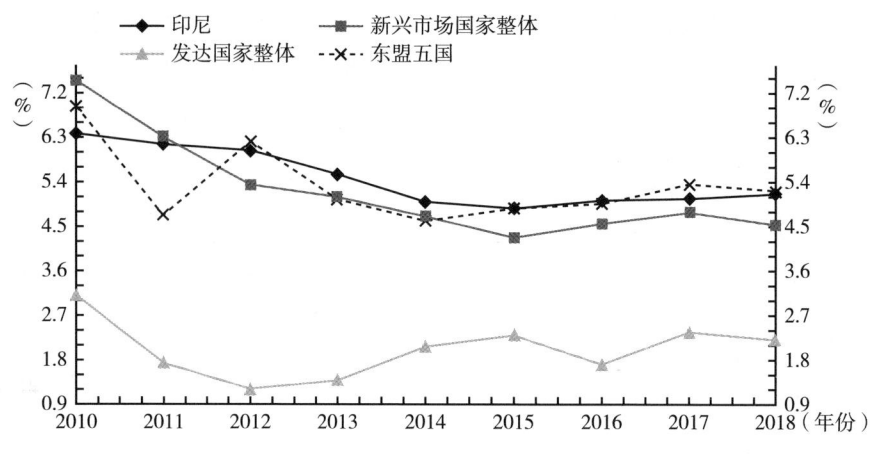

图 2　印尼经济增速的国际对比

资料来源：IMF。

2. 物价和消费保持稳定

印尼当局始终注重对物价的控制，尤其在 2019 年选举年背景下，通货膨胀率能否有效控制涉及选情趋势。

如图 3 所示，印尼核心 CPI 指数多年处于相对稳定状态，月度波动区间多在 0.2%～0.4%，2019 年 7 月的核心 CPI 上涨 0.33%；包含食品、农产

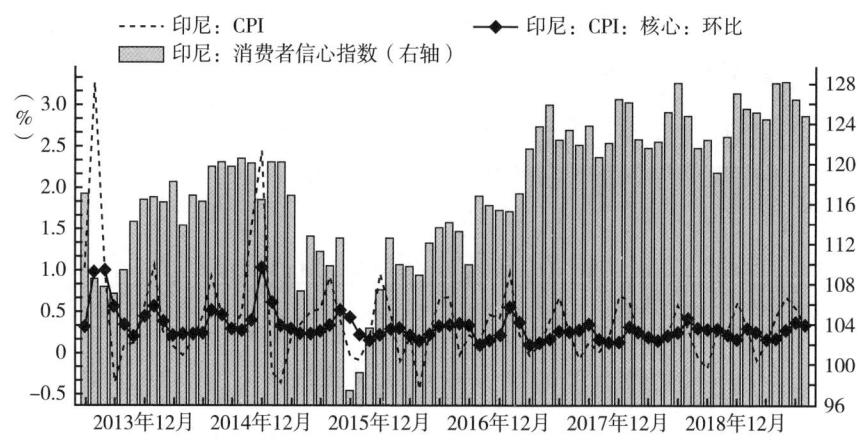

图 3　印尼 CPI 指数波动情况（月）

资料来源：BI。

品等季节性产品在内的整体 CPI 波动幅度相对大一些,但总体稳健。就年度数据而言,2019 年前 7 个月 CPI 总体上涨 2.36%,年化率为 3.32%。相对于佐科政府上台之前通胀率(年化率)多在 8% 以上的状况,将通胀率控制在 3% 左右的水平是本届政府显著政绩之一。

从分类别的物价看,住房、电力和燃料、交通、通信和金融服务的价格涨幅较大,超过整体 CPI 涨幅。

物价稳定和居民收入的增长维持了居民的消费信心,如图 3 中的柱形图显示,从 2018 年下半年至 2019 年上半年,印尼居民的消费信心指数总体有明显上升,尤其在 2019 年 4 月和 5 月,达到 128 点的高位,7 月仍在 125 点的水平。

剔除物价因素,印尼居民消费支出的实际增长率多年来维持在 5% 左右的水平,2019 年第二季度的年化增长率达到 5.17%,高于 GDP 整体增速。相对于 2019 年上半年投资和出口增长形势不利,消费的稳定增长成为支撑 2019 年印尼经济整体发展的亮点(见图 4)。

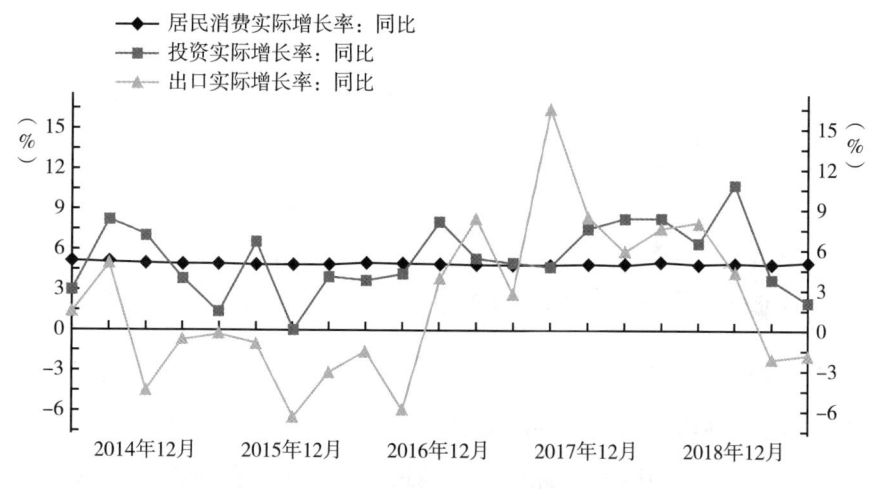

图 4　印尼经济驱动力(季)

注:实际增长率以 2010 年不变价格计算,图中数据为按季度的年化增长率。
资料来源:BI。

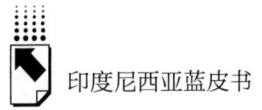

3. 企业绩效有所提升，经济内生稳定性增强

与居民消费一样，企业绩效好坏是决定国民经济能否稳健发展的另一关键。以印尼雅加达证券交易所上市公司为代表，数据表明2018年企业绩效整体优于2017年，所有行业上市公司整体的股东权益收益率由2017年的10.8%提高到2018年的12.04%；资产收益率则由5.4%提高到5.85%；以资产周转率和存货周转率指标反映的运营效率也呈现改善趋势（见表1）。企业绩效的向好态势表明了印尼经济内生稳定性增强。

表1　2017年与2018年印尼企业经营绩效

所在行业	ROA(%)		ROE(%)		资产周转率(次)		存货周转率(次)	
	2017	2018	2017	2018	2017	2018	2017	2018
农业	5.19	3.01	10.09	5.89	0.65	0.61	7.73	6.52
基础化工	3.29	5.36	6.45	10.87	0.69	0.68	5.36	5.54
消费品行业	12.66	12.98	21.44	22.05	1.29	1.30	5.07	5.26
基础设施和公共事业	4.26	3.66	10.02	8.88	0.55	0.54	63.00	54.34
制造业	5.20	5.70	11.28	12.58	0.76	0.76	8.23	7.52
矿业	5.74	8.81	10.73	16.71	0.54	0.73	16.37	18.26
不动产业	4.59	4.21	9.55	9.25	0.34	0.33	1.99	2.12
贸易、投资与服务业	4.70	5.18	8.58	9.72	0.97	1.01	7.90	7.50
平均	5.40	5.85	10.80	12.04	0.70	0.71	6.40	6.46

注：基于雅加达证券交易所上市公司年度财务报告数据计算。
资料来源：Bloomberg。

（二）各区域增长表现差异明显

从近期的经济增长表现看，爪哇和马鲁古—巴布亚（简称马巴地区）两大区域是推动印尼增长的主要动力。

如表2所示，2018年，经济增长最快的省份主要分布在马巴地区，如增长最快的六省，分别是北马鲁古、巴布亚、南苏拉威西、哥伦打洛、东南苏拉威西、巴厘省，这些省份自然资源丰富，是外商投资的重点区域，尤其是矿业出口在近期激增，驱动整个马巴地区的经济增长在2018年达到

6.99%。

爪哇岛的经济增速虽然只是略高于全国整体增速,例如万丹、西爪哇、东爪哇、中爪哇四省2018年经济增速分别为5.81%、5.64%、5.50%、5.32%,但由于爪哇岛的经济总量大,占印尼GDP总量的份额接近6成,而且爪哇岛的人均收入水平在印尼国内相对较高,在印尼以居民消费为主要经济动力的情况下,较高收入水平支撑的消费增长为经济总量增长带来较大贡献。2018年爪哇岛的经济增长率达到5.72%。

比较而言,经济增长相对缓慢的地区是西加里曼丹、明古鲁、占碑、亚齐、廖内群岛、邦加勿里洞群岛、东加里曼丹、廖内、西努沙登加拉等省份,集中在苏门答腊岛及周边群岛。

表2 印尼各地区增长速度排名

单位:%

省份	2017一季度	2017二季度	2017三季度	2017四季度	2018一季度	2018二季度	2018三季度	2018四季度	2018全年
北马鲁古	7.61	6.99	7.76	8.30	7.90	7.31	8.21	8.25	7.92
巴布亚	3.71	6.26	3.87	4.78	26.48	23.58	6.35	-17.79	7.33
南苏拉威西	7.74	6.75	6.65	7.74	7.35	7.33	7.17	6.47	7.07
哥伦打洛	7.35	6.63	5.23	7.79	6.13	7.44	5.25	7.25	6.51
东南苏拉威西	7.76	6.82	6.51	6.08	6.15	6.13	7.14	6.23	6.42
巴厘	6.25	5.92	6.18	4.01	5.58	6.05	6.15	7.59	6.35
中苏拉威西	3.93	6.57	8.68	9.12	6.63	6.20	7.05	5.37	6.30
西巴拉那	3.63	2.09	3.78	6.32	5.87	12.83	6.92	0.18	6.24
西苏拉威西	7.62	5.28	7.10	6.54	5.57	6.52	7.52	5.32	6.23
日惹	5.16	5.21	5.42	5.26	5.41	5.92	6.04	7.39	6.20
雅加达	6.47	6.08	6.41	5.84	5.95	5.92	6.38	6.41	6.17
南苏门答腊	5.21	5.29	5.57	5.97	5.86	6.07	6.14	6.07	6.04
北加里曼丹	7.07	6.48	6.59	7.04	5.76	5.00	5.62	7.69	6.04
北苏拉威西	6.43	5.78	6.49	6.53	6.62	5.77	5.59	6.10	6.01
马鲁古	6.64	5.77	5.83	5.11	5.39	5.53	6.38	6.41	5.94
万丹	5.93	5.52	5.63	5.82	5.84	5.54	5.89	5.98	5.81
西爪哇	5.38	5.41	5.16	5.45	5.90	5.61	5.57	5.50	5.64
中加里曼丹	9.51	6.10	6.13	5.28	4.47	5.57	6.40	6.12	5.64

续表

省份	2017一季度	2017二季度	2017三季度	2017四季度	2018一季度	2018二季度	2018三季度	2018四季度	2018全年
东爪哇	5.37	5.05	5.64	5.76	5.42	5.55	5.37	5.65	5.50
中爪哇	5.31	5.17	5.15	5.40	5.37	5.43	5.21	5.28	5.32
楠榜	5.12	5.03	5.20	5.30	5.09	5.35	5.19	5.38	5.25
北苏门答腊	4.53	5.14	5.24	5.56	4.73	5.27	5.38	5.30	5.18
西苏门答腊	5.01	5.36	5.39	5.41	4.71	5.09	5.24	5.50	5.14
东努沙登加拉	4.86	5.26	5.00	5.29	5.01	5.03	5.13	5.32	5.13
南加里曼丹	5.25	4.96	6.42	4.46	4.98	4.60	5.14	5.78	5.13
西加里曼丹	4.93	4.77	5.14	5.81	5.06	5.15	4.97	5.07	5.06
明古鲁	5.19	5.27	4.89	4.59	5.10	5.11	4.99	4.76	4.99
占碑	4.25	4.32	4.76	5.20	4.61	4.70	4.77	4.77	4.71
亚齐	3.85	4.55	4.79	3.55	3.22	5.68	4.06	5.43	4.61
廖内群岛	1.98	1.06	2.38	2.56	4.48	4.52	3.74	5.48	4.56
邦加勿里洞群岛	6.38	5.14	3.56	2.91	2.51	4.50	7.08	3.70	4.45
东加里曼丹	3.87	3.60	3.47	1.62	1.77	1.92	1.83	5.14	2.67
廖内	2.81	2.49	2.91	2.53	2.84	2.34	2.94	1.28	2.34
西努沙登加拉	-3.25	-1.53	4.25	0.61	0.06	-1.26	-14.12	-1.43	-4.56

注：以2010年不变价格计算，季度同比。
资料来源：BPS。

（三）新经济增长点不明朗

1. 出口压力持续加大，对经济的拉动作用下降

出口自2018年第四季度以来，增速明显下滑，也难以成为推动经济进一步增长的主要动力。印尼出口增长率在2018年由第三季度的8.08%下降到第四季度的4.33%，2019年甚至转为负增长，第一季度出口金额同比下降2.08%，第二季度同比下降1.81%。相应地，出口在GDP中所占比重下降，由2018年第三季度的21.85%逐步下降到2019年第二季度的17.61%（见图5），以此趋势，出口难以成为支持印尼经济增长率维持在5%以上的经济力量。

印尼出口困难局面的形成，究其原因：一是世界贸易摩擦增加，美国挑

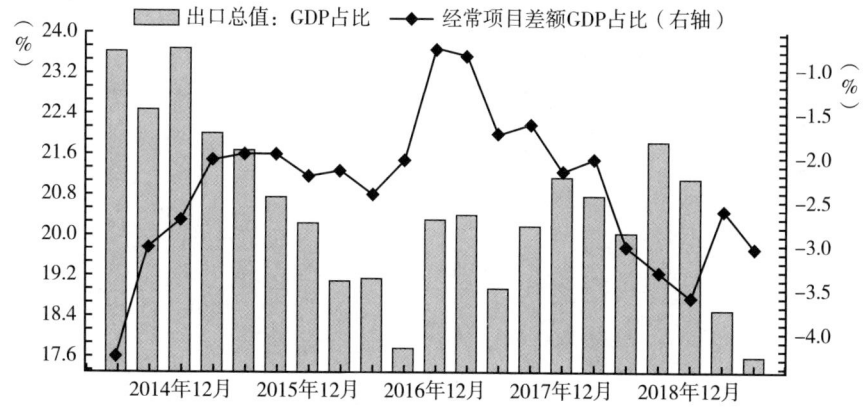

图5 印尼出口的经济贡献(季)

资料来源：IMF，WorldBank。

起的贸易摩擦不仅直接针对中国，也针对欧洲国家以及亚洲国家，例如，增加了对印尼的贸易审查，印尼对美出口在2019年上半年同比下降，并且美国对华的贸易限制措施也间接影响印尼对中国的出口。二是印尼主要出口商品，如棕榈油等，价格处于历史较低水平，影响出口收益。

2. 投资率出现下滑势头，能否成为拉动经济主力存在不确定性

在消费水平、出口等向下滑落背景下，拉动经济进一步增长将主要寄希望于投资增长。2018年，印尼投资率出现上扬，投资率为34.57%，较上年提高了约1个百分点（见图6），投资率高于IMF的预测。相较于东盟五国的平均水平，印尼投资率明显较高，体现出一定的投资拉动型特征。东盟五国投资率一般在30%以下，较印尼低约5个百分点。从投资金额同比增长率看，2017年为5.69%，2018年则跃升至8.52%，尤其是第四季度高达10.93%，成为2018年经济发展的亮点。这主要与亚运会场馆建设、国家战略基础设施（PSN）等项目抓紧在佐科第一任期末完工，矿业投资增加等因素有关。

但在2019年上半年，印尼投资增长势头逆转，第一季度投资同比增长率仅为3.82%，第二季度为2.11%，落差巨大。2019年上半年投资增速下降的原因，除了全球经济放缓的外部影响外，主要与印尼2019年选举年政

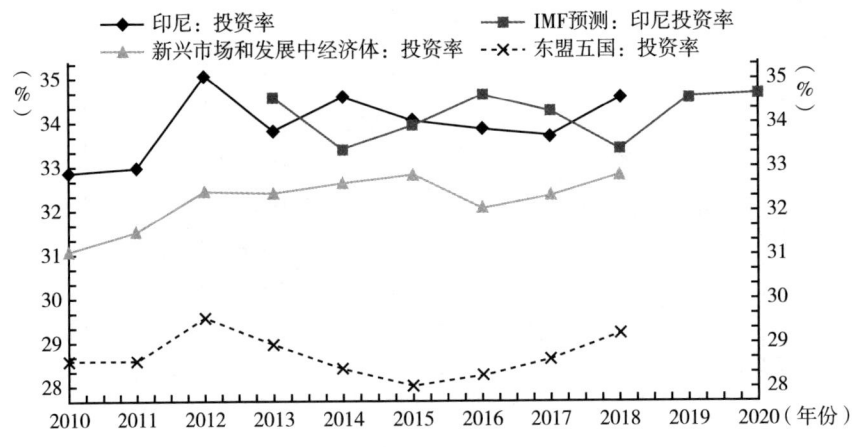

图6 印尼投资率国际对比

资料来源：BPS，IMF。

治因素有关。一方面，佐科政府为了确保选举优势，在2019年调整了政府支出的重点，增加了民生支出，例如油气补贴等，而减少了新开工基建项目；另一方面，换届选举意味着政策不确定性增加，外资投资和民间投资的观望情绪增强，也在一定程度上制约了私人资本投资积极性。随着佐科连任成功，相关不确定性大大降低，预期2019年下半年投资将有明显反弹。

二 外经贸表现

（一）国际贸易情况

1. 出口同比下滑，贸易逆差持续

在2018年下半年商品和服务出口短期反弹后，2019年上半年再次下滑（见图7）。2019年上半年商品出口1206.6万亿印尼卢比，相当于790多亿美元，环比下降15.6%，同比下降5.8%；服务出口192.8万亿印尼卢比，相当于135亿美元左右，环比下降9.6%，同比则微升2.4%。由于服务贸易占比较小，因而出口贸易总体上表现为下滑趋势。

多年来，印尼经常项目虽然存在赤字，但贸易方面基本都是顺差，例如在 2017 年下半年还有贸易顺差 41.2 亿美元，但自 2018 年第二季度开始贸易出现逆差，2018 年全年逆差约为 75 亿美元，2019 年上半年逆差 25.1 亿美元，较上年同期扩大。其中服务贸易逆差 37.5 亿美元，商品贸易顺差 12.4 亿美元。贸易逆差使印尼货币承受贬值压力，成为影响印尼经济增长和金融稳定的不利因素。印尼当局已采取了各种鼓励出口、控制进口的措施，但由于外部市场短期难以改观，预期 2019 年下半年贸易形势还将面临更多困难。

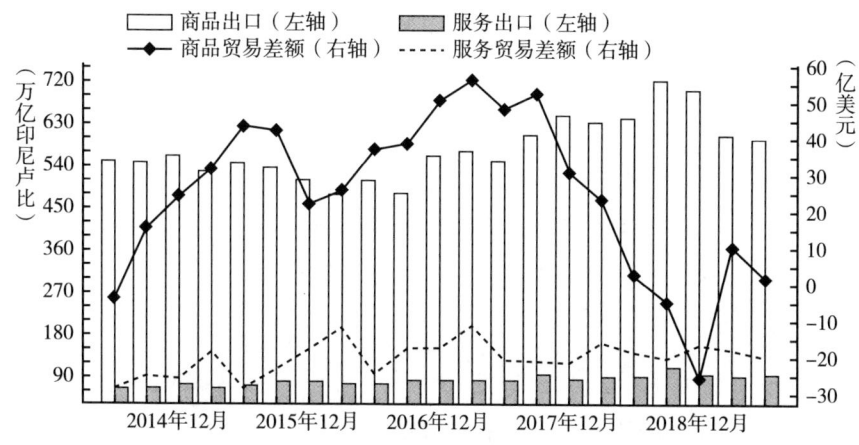

图 7　印尼对外贸易及平衡情况（季）

资料来源：BI。

2. 对华出口依赖度增加，对欧、日出口份额下降

从主要出口市场来看，如图 8 所示，中国、美国、欧洲、日本和新加坡是印尼前五大贸易伙伴。2016 年中国成为印尼最大出口市场，之后印尼对中国出口份额呈逐步攀升之势，已由 2015 年 10% 左右的份额上升到 2019 年上半年超过 16% 的水平；而印尼第二大出口对象国美国的份额只有 11% 的水平，该占比已多年维持稳定。形成鲜明对比的是，2017 年下半年以来，印尼对欧洲出口明显下降，已由 11% 的份额下降到当前 9.7% 左右；同期，对日本的出口份额也略有下降，2019 年第二季度达到新低，为 8.87%。对欧洲出口下降与棕榈油等方面的贸易摩擦有关，也与欧洲需求下降有关；对

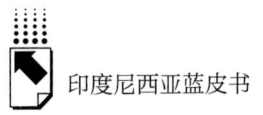

日出口下降既与其国内需求下降有关,也受印尼限制原矿出口政策影响有关。

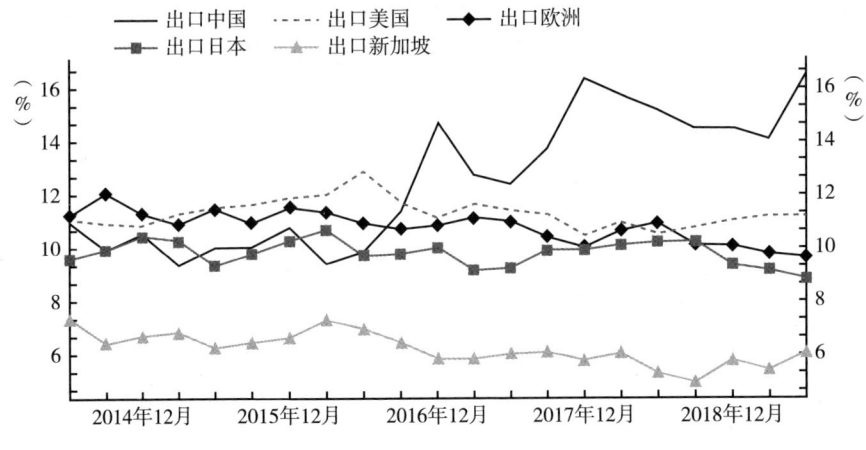

图 8 印尼前五大出口市场份额(季)

注:以对特定国家的出口总额与印尼出口总额之比衡量市场份额。
资料来源:BPS。

从贸易平衡关系看,依据2019年上半年非油气贸易数据,与中国的贸易逆差环比缩小,但同比基本持平;对日本贸易逆差同比有所扩大;而对美、欧贸易维持顺差(见表3)。

表 3 印尼与主要贸易伙伴的贸易平衡关系(非油气)

单位:百万美元

指标名称	2018年第一季度	2018年第二季度	2018年第三季度	2018年第四季度	2019年第一季度	2019年第二季度
非油气出口:						
出口中国	6338	5958	6225	5875	5236	6164
出口美国	4421	4136	4641	4472	4165	4167
出口欧洲	4287	4296	4358	4085	3631	3593
出口日本	4081	4020	4410	3798	3404	3290
出口新加坡	2443	2083	2128	2345	2016	2244
非油气进口:						
从中国进口	10165	10402	11920	12764	10420	10211
从日本进口	4332	4296	4679	4637	3968	3692

续表

指标名称	2018年第一季度	2018年第二季度	2018年第三季度	2018年第四季度	2019年第一季度	2019年第二季度
从欧洲进口	3506	3398	3730	3419	3007	2848
从新加坡进口	2442	2361	2613	2166	1749	2322
从美国进口	2138	2303	2409	2258	1955	2015
差额（负号为逆差）：						
美国	2284	1833	2232	2215	2210	2152
欧洲	782	898	628	666	624	745
中国	-3827	-4444	-5695	-6889	-5183	-4047
日本	-251	-276	-269	-839	-564	-402
新加坡	0	-278	-484	179	267	-78

资料来源：BPS。

3. 进出口结构

总体上看，印尼商品出口以工业制成品、矿产品为主，其中工业制成品出口占比达到74%左右，涉及的品类较多，如纺织服装、橡胶制品、电气产品等；矿产出口占比达到15%左右，以煤炭为主；除此之外是油气出口，尤其是天然气出口；农产品出口则以棕榈油为主（见表4）。

表4 印尼主要商品出口结构

单位：百万美元

年份	2014年	2015年	2016年	2017年	2018年	2019年（1~7月）
石油制品	3623	1754	872	1642	1641	1032
原油	9528	6457	5197	5332	5167	1020
天然气	17181	10339	6992	8672	10453	5657
农产品	5771	3727	3407	3671	3436	1876
工业制成品	117330	108604	110504	125103	129933	71670
矿产及其他	22861	19462	18170	24310	29285	14525

资料来源：BPS。

在动态上，2019年出口结构最大的变化是原油出口下降，2016年原油出口占全部出口货值的3.58%，2018年降至2.87%，2019年前7个月该比例降至1.06%，出口总额为10.2亿美元；形成对照的是，天然气出口占比有所增加，从2016年占比4.82%提高到2019年的5.91%。另外，石油炼化产品的出口金额和占比在2019年略有提高。上述变化正反映了印尼能源出口的战略调整，即增加天然气利用和原油附加值。

印尼进口商品结构在2018年到2019年上半年变化不大，较为明显的是2019年1~7月油气产品的进口占比有所降低，例如石油制品（如轻质汽油）在2017年和2018年进口占比为9.26%和9.45%，但2019年截至7月底的累计进口占比只有8.15%。进口商品结构的具体金额数据见表5。

在有明确分类的进口商品中，生产资料类别占据绝对主体，2019年前7个月进口达到159亿美元以上。生产资料进口包括机电产品、中间产品等，其中机电产品在全部非油气进口中比重常年在1/4强。

表5 印尼主要商品进口结构

单位：百万美元

年份	2014年	2015年	2016年	2017年	2018年	2019年（1~7月）
原油	13073	8063	6730	7064	8818	3165
石油制品	27363	14537	10340	14529	17237	7961
天然气	3025	2013	1669	2724	3094	1514
消费品	12667	10877	12371	14107	17181	8884
生产资料	29303	24737	22344	24848	29983	15943
未归类	136209	107081	100938	118015	141547	72857

资料来源：BPS。

（二）外商投资情况

在经历2018年第四季度的回落之后，2019年外国投资者对印尼的直接投资（FDI）恢复到往期水平，2019年第一季度和第二季度FDI流入金额分别为60.37亿美元和57.83亿美元，而2018年同期分别为52.13亿美元和61.33亿美元（见图9）。FDI是驱动印尼经济增长的重要动力，当局为了吸引外资，在简化政府审批、改善营业环境等方面做了很多努力。截至2018年底,印尼FDI余额已达到2347.67亿美元,相当于2018年GDP的22.53%。

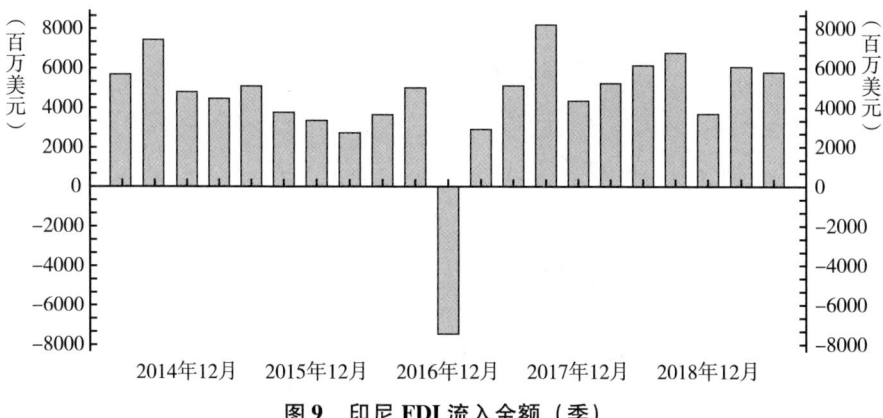

图9　印尼FDI流入金额(季)

资料来源:BI。

新加坡、日本、中国仍然是印尼FDI的首要来源国。2018年,中国大陆企业实现对印尼投资金额达到23.77亿美元,中国香港和中国台湾的投资金额分别为20.11亿美元和2.10亿美元,2018年三地合计对印尼投资实现45.98亿美元。2018年,新加坡仍然是印尼最大的外商直接投资来源地,金额高达91.93亿美元,日本是第二大来源地,金额为49.53亿美元(见表6)。

表6　印尼外商投资主要来源地(2018)

单位:千美元

国家(地区)	投资金额	国家(地区)	投资金额
新加坡	9193181	泰国	396332
日本	4952770	马绍尔岛	386520
中国大陆	2376537	德国	280418
中国香港	2011425	英国	271133
马来西亚	1774898	毛里求斯	267861
韩国	1604719	开曼群岛	250837
美国	1217623	瑞士	243283
维尔京群岛	1043257	比利时	216373
荷兰	943124	中国台湾	210223
澳大利亚	597439	加拿大	170769

资料来源:BKPM。

流入印尼的 FDI 主要投向了第三产业，2018 年全年有 141.3 亿美元投向了第三产业，最主要的领域依次是电力、燃气和供水，2018 年达到 43.8 亿美元；房地产业，43 亿美元；交通物流和通信业，30.2 亿美元。在第二产业，2018 年 FDI 投资金额 103.48 亿美元，主要投向冶金和金属制品工业，为 22.19 亿美元；其次为化工医药、机电和食品工业。第一产业在 2018 年发生的 FDI 投资金额为 48.27 亿美元，主要投资采矿领域，为 30.39 亿美元。在 2019 年第一季度，FDI 的流向维持原有格局，共计发生 FDI 投资 60.8 亿美元，流向最多的仍然是电力、燃气和供水，交通通信和房地产等。详见表 7。

表 7 印尼 FDI 行业分布（2019 年第一季度）

行业	项目数	金额（百万美元）
电力、燃气和供水	236	1526.37
交通物流和通信业	242	1020.36
房地产业	410	948.16
基本金属冶炼和金属制品业	325	461.61
食品工业	828	375.48
化工和制药业	504	312.74
矿业	242	304.08
种植业及畜牧业	338	206.55
酒店和餐饮业	837	155.60
非金属矿冶炼	119	126.25
橡胶和塑料业	285	106.44
批发零售与修理业	2066	98.70
皮革和鞋业	122	91.05
其他服务业	1464	89.66
机动车辆及其他运输工具业	384	78.72
机器、电子、医疗仪器、光学设备和钟表业	409	55.15
其他工业	216	51.30
纺织业	305	30.90
建筑业	133	18.94
造纸和印刷业	158	14.66
渔业	51	3.89
木材工业	117	3.71
林业	24	0.42
合 计	9815	6080.72

资料来源：BKPM。

三 国际收支与金融市场稳定性

(一)国际收支压力仍存,但出现向好迹象

1. 经常项目持续赤字,但资本和金融项目流入有所增加

根据印尼央行数据,印尼国际收支中,经常项目自2017年第一季度至2018年第四季度,赤字几乎持续扩大,但受季节性因素影响,2019年第一季度有所回升,赤字占GDP比重为2.6%,第二季度末扩大到3.04%,显示经常项目的赤字风险仍然没有消除(见图10)。

经常项目高水平赤字的风险在很大程度上被近期资本和金融项目盈余扩大所抵销。在2018年第四季度,金融项外资流入显著增加,使得全年资本和金融项目盈余达到159.20亿美元,完全覆盖经常项目赤字。在2019年6月末,资本和金融项目仍然实现盈余70.54亿美元,是上年同期的2倍多,显示出维持国际收支平衡的良好信号。

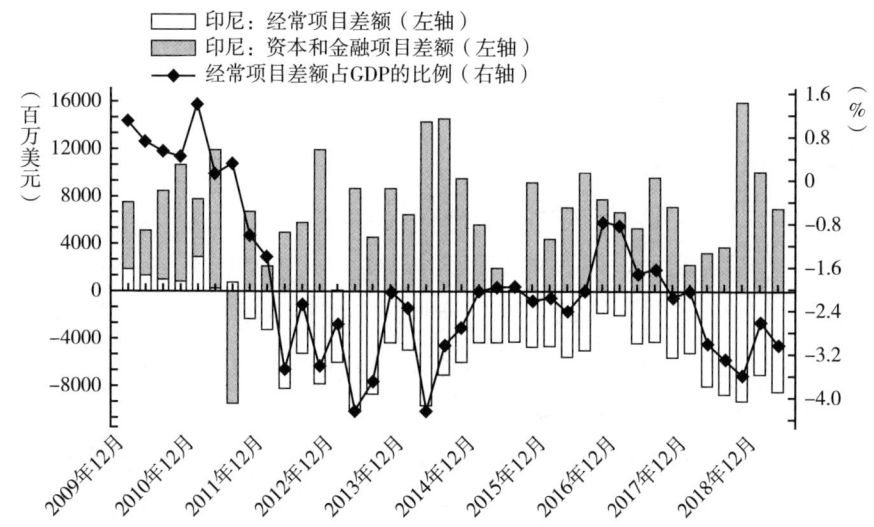

图10 印尼国际收支平衡情况(季末累计值)

资料来源:BI。

资本和金融项目流入增加的驱动因素主要是自2018年第四季度以来，外国投资者对印尼资本市场的证券（股票、债券等）投资增加明显，一改前期对印尼证券投资的悲观预期，2018年第四季度外国投资者的证券投资净流入达到114.89亿美元（见图11），是1997年以来的季度最高水平。在2019年头两季，外国证券投资净流入虽有所回落，但仍然处于较为平稳的水平，分别为净流入52.77亿美元和45.17亿美元。

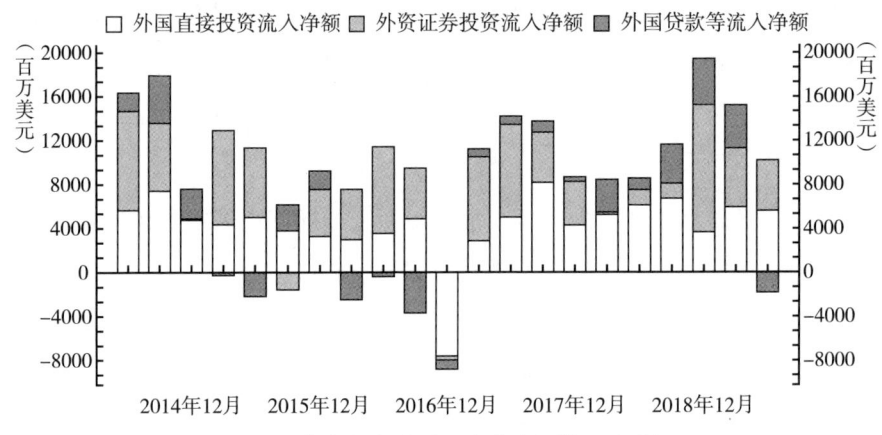

图11 资本和金融项目分类流入情况（季）

资料来源：BI。

2. 外债继续小幅攀升，对外债规模需保持警惕

截至2019年3月末，印尼外债余额为3871.82亿美元，其中49.14%是政府和中央银行的外债，其余为企业和私人部门的外债。外债余额较上年同期增加297.32亿美元，处于攀升状态（见图12）。外债余额占GDP的比重在2018年为36.23%，较2017年有所提高，高于国际上20%的警戒水平，若只考虑外国证券投资等高流动性的负债（2018年底余额为2688亿美元），则该比例为25.8%，接近安全水平。

外债分类余额的情况见图13，从中可以看出目前主要是外国证券投资形成的负债，2019年第一季度末该数字为2806亿美元，其次是外国直接投资形成的负债，2019年第一季度末为2416.9亿美元，再次是外国贷款等形成的负债，金额相对较小，2019年一季度末为1665.5亿美元。

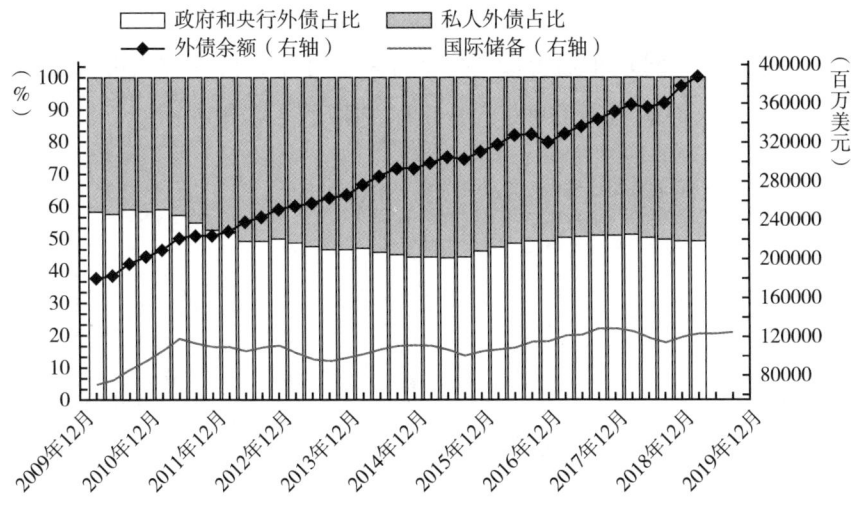

图 12 印尼外债余额与结构情况

资料来源：BI。

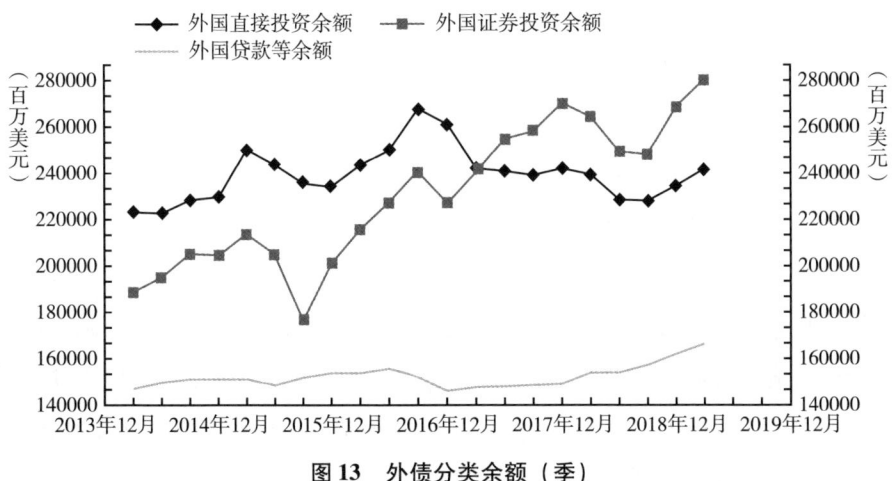

图 13 外债分类余额（季）

资料来源：BI。

（二）利率和汇率回落，金融市场稳健性改善

1. 利率和汇率回调

自 2017 年下半年始，印尼货币开始贬值，汇率明显上升。在亚洲范围

内，印尼货币成为 2018 年表现第二差的货币，在 2018 年 10 月 11 日美元汇率一度上升到 1∶15253 的历史最高位。汇率上升势头在 2018 年第四季度得到扭转，目前已回落到 1∶14000 的五年均线附近（见图 14）。

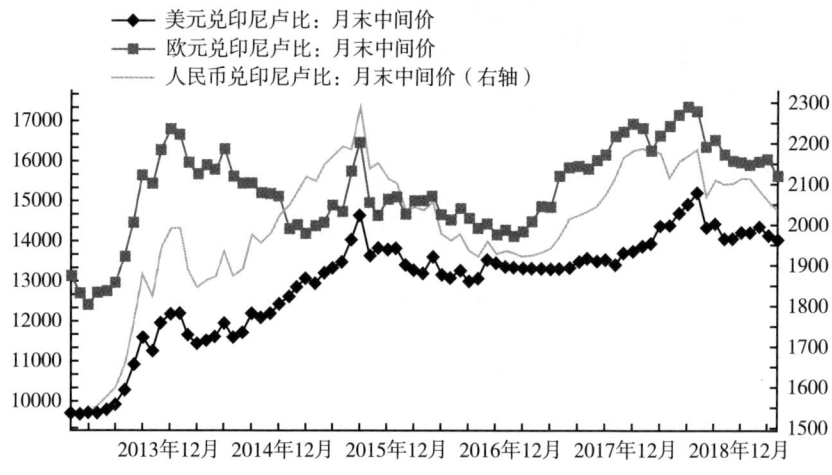

图 14　印尼货币汇率

资料来源：BI。

在汇率回调、货币趋稳的同时，印尼国内利率也开始回落。印尼本届政府为刺激经济发展，一直采取的是宽松货币政策，累计 9 次降低基准利率，考虑通胀因素后的实际利率接近零的水平。但在 2018 年，由于全球经济的不稳定和印尼经常账户赤字扩大，印尼货币大幅贬值，为支撑货币稳定，印尼央行被迫提高利率。自 2018 年以来连续 6 次提高基准利率，2018 年 11 月 15 日提高到 6% 的水平；存贷款利率也随之提高，3 个月期的存款利率在 2019 年 1 月上扬至近期的最高点 6.91%；短期贷款利率在 2019 年 2 月也提高到近期高点 10.55% 的水平。存贷款利率的上升不利于发挥银行体系通过信用扩张作用来推动实体经济发展。

随着美元加息步伐结束等外围因素的改善，以及印尼为改善国际收支平衡的内在努力，印尼央行于 2019 年 7 月 18 日将基准利率下调 25 个基点，至 5.75% 的水平，引致存、贷款利率向下变动（见图 15）。

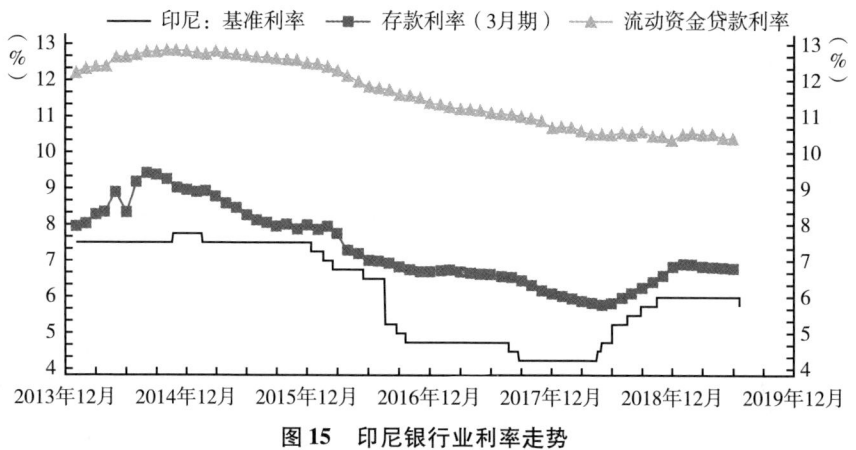

图 15　印尼银行业利率走势

资料来源：BI。

2. 股市趋于活跃

股市被称为经济的"晴雨表"，证券投资者往往是基于未来经济前景而进行投资决策。印尼雅加达股市在 2018 年经历了东南亚和南亚国家第二大跌幅的下挫行情，雅加达综指由年初高位 6689 点下跌到 7 月的 5633 点。但自 2018 年 11 月份开始，印尼股市进入一波上升行情，2019 年 2 月雅加达综指重回 6500 多点的水平，虽在选举月前后出现短期下挫，但目前已迅速回升到 6400 点的水平（见图 16），成交也相对活跃，反映了投资者对印尼经济的积极预期。

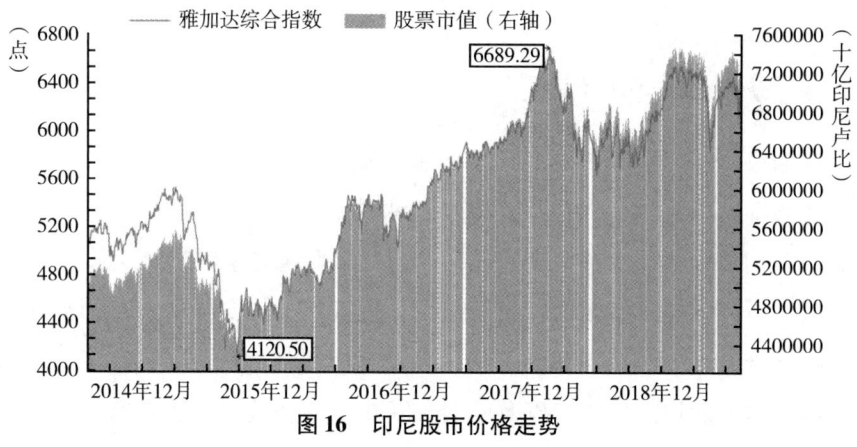

图 16　印尼股市价格走势

资料来源：JDX。

印尼股市趋于活跃的另一表现是新股发行有所回升。本届政府任期前几年新股发行数量非常少，自2018年中开始，新股发行明显增加，2018年全年新股发行交易额为94.15万亿印尼卢比，约为2017年的3倍，为2016年、2015年的8倍。2019年新股发行仍然较活跃，前7个月新股发行交易额已达到38.09万亿印尼卢比，相当于2017年全年的发行规模。详见图17。

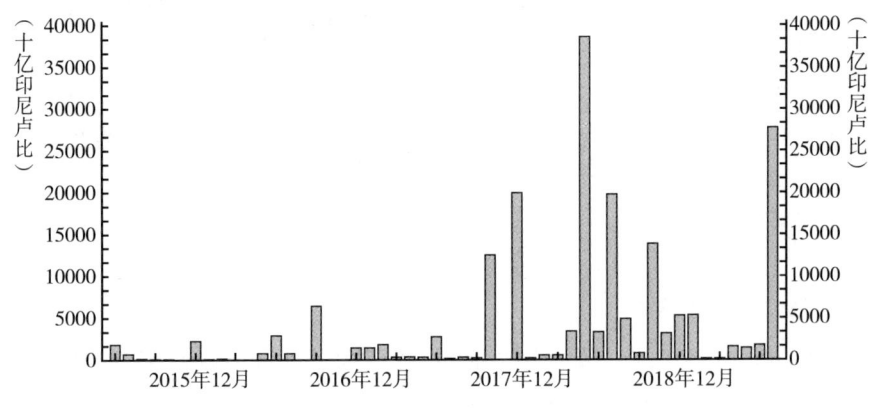

图17 印尼股市新股发行交易额

资料来源：JDX。

四 产业经济动向

（一）产业增长格局

1. 信息通信、商业服务、运输存储增长较快

从表8可以看出，在国民经济各行业中，信息与通信业，运输与仓储业，以及商业服务业维持较高增长率，近五年平均增速在7%以上。

其中，信息与通信业增长速度最快，近五年平均实际增速达到9.07%，在2018年有所下滑，为7.04%，但远高于GDP整体增速，这主要得益于移动互联网在印尼的快速发展，以及政府加快电子政务建设、国企管理信息化、发展数字产业、网络安全产业等政策。该产业的快速增长与佐科政府提出要在2020年将印尼建设成东盟国家规模最大数字经济体的目标相一致。随着电子商务等进一步的成熟发展,印尼GDP预期在下一个五年仍能维持较快增速。

商业服务业在国民经济中占比不高,近年约在1.8%左右,但增长非常显著,近五年平均增速为8.39%,2018年增速更是达到8.64%,这符合印尼第三产业加快发展的整体趋势。

印尼本届政府一直致力于发展交通基础设施,提高物流效率,在行业增长格局上的体现就是运输与仓储业快速发展,近五年平均增速为7.40%,2017年增速达到8.49%,2018年有所回落,为7.01%。与此相关的建筑行业也相应增长,近五年实际增长率维持在6.29%左右。

另外,医疗健康和社会服务业也有了明显增长,尤其是在2018年政府突出强调民生发展的背景下,增速更是提高到7.13%,但它的经济价值在国民经济中的比重仅为1%左右。

表8 印尼行业实际增长率(年)

单位:%

行业名称	2014年	2015年	2016年	2017年	2018年	近五年平均
农林牧渔业	4.24	3.75	3.36	3.89	3.91	3.83
住宿和餐饮服务业	5.77	4.31	5.17	5.39	5.66	5.26
金融和保险业	4.68	8.58	8.90	5.49	4.17	6.36
商业服务业	9.81	7.69	7.36	8.44	8.64	8.39
公共管理和社会保障	2.38	4.63	3.19	2.07	7.02	3.86
教育	5.47	7.33	3.80	3.74	5.36	5.14
医疗健康和社会服务业	7.96	6.69	5.15	6.85	7.13	6.76
采矿业	0.43	-3.42	0.95	0.66	2.16	0.16
制造业	4.64	4.33	4.26	4.29	4.27	4.36
电力和天然气供应	5.90	0.90	5.39	1.54	5.47	3.84
建筑业	6.97	6.36	5.22	6.80	6.09	6.29
批发零售,机动车维修	5.18	2.54	4.03	4.46	4.97	4.24
运输与仓储业	7.36	6.71	7.45	8.49	7.01	7.40
信息与通信业	10.12	9.70	8.88	9.63	7.04	9.07
房地产业	5.00	4.11	4.69	3.66	3.58	4.21

注:基于2010年不变价格计算。

资料来源:BPS。

2. 制造业是国民经济主体，但增速仍在小幅下滑

印尼经济仍然处于工业化中期阶段，制造业始终占据国民经济的主体地位，对经济的贡献率多年在20%以上，但自2012年开始，其增速低于经济整体增速，且这一趋势持续至今，2015~2018年，制造业只实现了4.3%左右的增速，低于GDP整体5%左右的增速。增速下滑使制造业对经济的整体贡献相应下降，2018年下降到20%以下。详见图18。

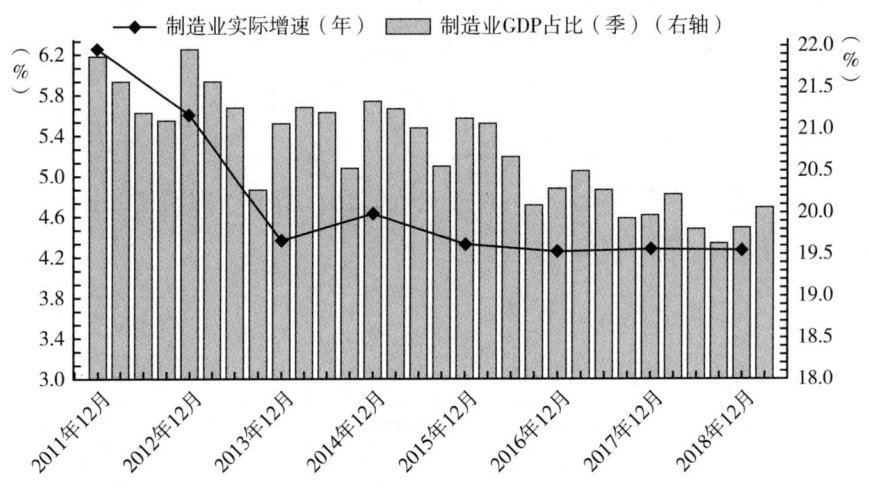

图18 印尼制造业实际增速与经济贡献

资料来源：BPS。

（二）产业发展动态要点

1. 劳动密集型工业仍是主要增长动力

虽然制造业整体增速低于GDP增速，但在制造业内部，各行业增长表现差异较大。如表9所示，在近五年中，食品和饮料制造业、皮革及鞋类制造业的增长较为突出，其中食品和饮料制造业增长尤其抢眼，五年平均增长率达到8.50%，这两类产业都属于劳动密集型产业，对解决印尼庞大人口就业问题十分重要。增长较快的劳动密集型产业还包括纺织品和服装制造业，2018年增长8.73%，2019年头两季度，纺织品和服装制造业成为增长

最抢眼的行业,季度同比增长率分别达到18.98%和20.71%。

食品和饮料制造业是印尼工业中的主体,对国民经济的贡献达到6.4%左右,约相当于全部制造业贡献的1/3。该领域的快速增长与本届政府推出的《关于2015~2035年度全国产业发展总体规划》密切相关,在第一阶段(2015~2019年)其产业政策为重点加大以农产品、矿产和石油等资源为基础的上游产业的加工深度,借以增加产品的附加值。

除此之外,基本金属冶炼和机械设备制造业增长也较快。橡胶及橡胶、塑料制品工业在经历了2016年下滑后,近两年显著回升,2018年增长率达到6.92%。

表9 制造业细分行业实际增长率

单位:%

细分行业	2014	2015	2016	2017	2018	近五年平均
煤炭和精炼石油产品的制造	-2.12	-1.13	2.84	-0.25	-0.05	-0.14
食品和饮料制造业	9.49	7.54	8.33	9.23	7.91	8.50
烟草制造业	8.33	6.24	1.58	-0.64	3.52	3.81
纺织品和服装制造业	1.56	-4.79	-0.09	3.83	8.73	1.85
皮革及鞋类制造业	5.62	3.97	8.36	2.22	9.42	5.92
木材及软木制造业	6.12	-1.63	1.74	0.13	0.75	1.42
纸和纸制品制造业	3.58	-0.16	2.61	0.33	1.43	1.56
化工、医药和植物产品	4.04	7.61	5.84	4.53	-1.42	4.12
橡胶及橡胶、塑料制品	1.16	5.04	-8.50	2.47	6.92	1.42
非金属矿物制品	2.41	6.03	5.47	-0.86	2.75	3.16
基本金属冶炼	6.01	6.21	0.99	5.87	8.99	5.61
金属制品、计算机、光学产品及电气设备	2.94	7.83	4.33	2.79	-0.61	3.46
机械设备制造业	8.67	7.58	5.05	5.55	9.49	7.27
交通设备制造业	4.01	2.40	4.52	3.68	4.24	3.77
家具制造业	3.60	5.17	0.46	3.65	2.22	3.02

注:以2010年不变价格计算。

资料来源:BPS。

2. 木材、纸张等环境不友好型工业下降

印尼曾经森林资源丰富,木材及软木、纸和纸制品制造业成为重要工业部门，但森林资源的过度消耗，引起较多的环境问题，政府也开始重视对森林等自然资源的保护，因而对木材及纸张工业实施一定的限制。近年来，以上两种工业部门的产值增长有限，如表9所示，木材及软木制造业的五年平均增长率仅为1.42%，纸和纸制品制造业仅为1.56%。两工业部门在国民经济中的比重也由10年前的2%左右下降到目前的1.2%左右。

3. 采矿业重回热点

本届政府初期在经济发展政策调整中，并未把初级资源产品的开采和出口作为重点，因而采矿业不断下滑，在2015年呈3.42%负增长。近几年，佐科政府为了重振经济，以及改善贸易和国际收支平衡，加大了矿业发展力度，矿业实际增长速度2016年恢复到0.95%，2017年为0.66%，2018年达到2.16%。其中，增长最为明显的是铁矿和煤炭开采。

2016年下半年开始，铁矿开采大幅回升，到2018年头两季度，铁矿石开采价值以不变价格计算同比增长分别高达22.54%和23.56%，但在2018年第四季度和2019年上半年，受国际铁矿石价格高位回落影响，铁矿石开采出现同比下降，2019年头两季度分别下降17%和25%。

煤炭开采在2018年第二季度及之前均呈负增长，但自2018年第三季度开始，受2018年上半年国际煤炭价格大幅上升刺激，煤炭开采出现正向增长，2018年第四季度环比增长高达11.05%，2019年第一季度继续增长，但第二季度增长停滞不前。由于国际煤价已经下跌，预期2019年下半年煤炭产销将出现回落。

五 政府经济政策动向

（一）提高国家财政能力

1. 加强征管，政府收入取得能力增强

收入实现能力不足一直是印尼政府履行经济职能中的一大短板，在本届政府之前，政府收入计划实现比例常常不足90%。印尼政府收入以税收为主，约占 8 成左右，税收收入又以所得税和增值税为主，两者合计占到 8 成，非税收入主要来自自然资源开采收入和国企上缴利润收入。佐科政府采取多方措施提高收入实现能力，尤其是税收征管能力。

近五年，一方面，印尼政府税收收入持续小幅增长，已由 2014 年的 1146 万亿印尼卢比增至 2018 年的 1521 万亿印尼卢比，2014 年到 2017 年增长缓慢，其增长率徘徊在 3%~9%，但 2018 年税收收入增长迅速，年增长率达到 13.24%（见表 10）。增速加快的原因，主要是税收征管不断加强，纳税遵从度显著提高，已由 2017 年的 70% 提高到 2018 年的 73%，收入完成率达到 102.5%，而 2017 年仅为 91.2%。

另一方面，政府非税收入在 2018 年也有明显增加，增幅达 30.80%，增长的主要原因是资源性收入和电信基站安装许可等行政收费的增加。

表 10 印尼国家财政收入情况

单位：万亿印尼卢比，%

年份	2014	2015	2016	2017	2018
税收收入	1146.87	1240.42	1284.97	1343.53	1521.40
税收收入占政府收入比重	74.21	82.91	83.06	81.19	78.89
增长率	6.46	8.16	3.59	4.56	13.24
其中：所得税（非油气）占比	40.00	44.55	49.04	44.40	
所得税（油气税）占比	7.62	4.00	2.81	3.75	
增值税占比	35.68	34.16	32.08	35.78	
土地和建筑物税占比	2.05	2.36	1.51	1.25	
土地和建筑物转让税占比	0.00	0.00	0.00	0.00	
消费税占比	10.30	11.66	11.17	11.41	
进口关税占比	2.82	2.52	2.53	2.61	
出口关税占比	0.99	0.30	0.23	0.31	
非税收入	398.59	255.63	261.98	311.22	407.10
非税收入占政府收入比重	25.79	17.09	16.94	18.81	21.11
增长率				18.80	30.80
其中：自然资源开采收入占比	60.42	39.50	24.77	35.71	
国有企业上缴利润收入占比	10.11	14.73	14.17	14.11	

资料来源：BI。

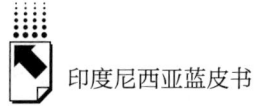

2. 中央财政支出比重上升，预算支出实现率有所提高

支出金额和结构反映政府事权分配和政府执政重点。本届政府在2014～2016年，通过权力下放和资金的转移支付，扩大了地方政府支出规模，其间地方政府实际支出增速分别达11.8%、8.6%和14%，对地方的转移支付虽然金额仍在增加，但增幅不及财政支出的整体增幅，因而在2017～2018年及2019年上半年，中央政府本级支出比重上升。其实质是反映中央政府通过支出结构的调整，强化了自身事权和在经济社会发展中的主导角色，反映出本届政府执政理念的改变。

印尼政府长期面临预算支出执行效率不高问题，即预算支出最终不能落实，尤其在资本支出方面，例如，在2015年资本支出预算实现率仅为76%，全部支出预算实现率为90.5%。近几年政府支出预算实现率明显提高，2017年实现率为94.1%，2018年实现率达到99.2%，这充分说明政府行政能力的增强。2017～2018年国家财政支出情况见表11。

表11　印尼国家财政支出情况

单位：万亿印尼卢比，%

项目	2017年决算数				2018年决算数			
	金额	占比	增长率	预算实现率	金额	占比	增长率	预算实现率
国家财政支出合计	2007.3	100	7.7	94.1	2202.2	100	9.7	99.2
中央本级支出	1265.4	63.0	9.6	92.6	1444.4	65.6	14.1	99.3
其中:人员支出	312.7	15.6	2.5	91.9	346.7	15.7	10.9	94.8
商品和服务支出	291.5	14.5	12.3	91.4	337.0	15.3	15.6	99.1
资本支出	208.7	10.4	23.1	101.2	184.9	8.4	-11.4	90.7
利息支出	216.6	10.8	18.5	98.8	258.1	11.7	19.2	108.2
补贴支出	166.4	8.3	-4.5	98.5	216.8	9.8	30.3	138.8
还本支出	5.4	0.3	-23.6	99.0	1.5	0.1	-72.5	102.7
社会保障支出	55.3	2.8	11.5	95.2	83.9	3.8	51.7	103.2
其他支出	8.8	0.4	46.1	17.6	15.6	0.7	77.2	23.2
转移支付支出	742.0	37.0	4.5	96.8	757.8	34.4	2.1	98.9
其中:支付地方政府	682.2	34.0	2.8	96.6	697.9	31.7	2.3	98.8
乡村基金支出	59.8	3.0	28.0	99.6	59.9	2.7	0.2	99.8

资料来源：BI。

(二)对内强调民生和基础设施发展

1. 继续优先支持经济基础设施项目发展

印尼本届政府充分认识到经济基础设施发展不足对印尼经济增长的制约,因而在第一个五年计划,即2015~2019年发展规划(RPJMN 2015-2019)中设立了245个国家战略优先项目(PSN),重点发展交通、电力、供水、石油化工等领域基础设施项目,国家还配套推出了共计16套一揽子扶持政策包。

2019年7月,印尼政府公布了新五年发展规划(RPJMN2020-2024)草案,其中对经济基础设施建设给予了一贯的优先支持:一方面,政府将继续实施上一个五年计划已启动或已规划的项目;另一方面,政府设立了一系列新的发展目标和项目。例如,兴建水利设施,包括新建50万公顷农业灌溉网络,建造58个多用途大坝,居民安全供水接入率达到75.34%等;在交通基础设施方面,发展快速铁路网(雅加达—三宝垄、雅加达—万隆),提升7个枢纽港口(Belawan Port/Kuala tanjung, Pontianak/Kijing, Tanjung Priok/Patimban, Tanjung Perak, Makassar, Bitung, Shoves)运营能力和管理水平,新开通30条航空线路,新建收费公路2000公里、国道2500公里,使98%的国道处于稳定可用状态;能源供应方面,新增4000000SR的家用燃气管网,能源供应总量达到375.9百万吨油当量;信息通信方面,宽带互联网速度达到25Mbps,移动互联网速度达到20Mbps,光纤网络基础设施覆盖75%的街道等。

2. 民生改善将成为政府更加重视的发展目标

2018~2019年,由于换届选举压力等因素,本届政府对政府支出结构进行了一定程度的调整,突出表现是增加了民生方面的支出。如表11所示,2018年中央本级财政支出中变化最大的项目就是补贴支出和社会保障支出,支出额分别为216.8万亿印尼卢比和83.9万亿印尼卢比,较上年增长了30.3%和51.7%,而资本支出(与基建项目相关)则下降了11.4%。补贴支出主要用于对燃油、电力价格方面的补贴增加,例如柴油价格补贴由每升

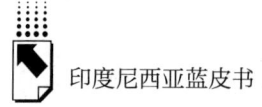

补贴 1500 印尼卢比提高到 2000 印尼卢比，这是自 2015 年开展能源价格补贴改革、大力削减补贴后，首次补贴回升。社会保障支出增加的主要项目包括医疗补助、教育资助等。

佐科连任后，因竞选而增加民生支出的压力消除，因而民生改善支出增速将回落，但由于政治格局的动态变化，尤其是伊斯兰政治化趋势加强后，政府将需要更加强重视短期的民生改善问题，因此，下一个五年发展期中，民生改善和经济基础设施建设都将成为政府头等施政目标。

（三）对外强调引进外资和促进出口

1. 扩大外资引进

引进外资一直是本届政府对外经济工作的重点，目前 FDI 余额已达 2400 亿美元左右的水平，成为支撑印尼经济增长的重要资本之一。印尼政府对外资进入实施负面清单（DNI）管理，包括基础设施项目在内的多数经济部门均向外资开放，且外资可以拥有多数甚至全部股权。在新近推出的第十六轮政策包中，政府进一步将 54 个领域从外资有条件进入清单中移除，以此进一步吸引外资进入。

印尼的投资协调委员会（BKPM）等政府部门通过各种渠道对外宣传印尼的外资优惠政策以吸引 FDI，财政部部长 Sri 也多次解读第十六轮政策包对外资的税收豁免（Tax Holiday）政策，这些税收豁免政策包括 5~20 年不等的所得税免除，或用投资额为计算基数抵免所得税等。

2. 在重点资源开发领域，推动"外退国进"战略

虽然在总体上，印尼经济对外资开放范围在扩大，但在重要的资源开发领域，如石油、天然气、黄金、铜矿等，政府力图加强控制。佐科政府为此采取了强而有效的措施，典型的案例是，2017 年佐科政府要求将自由港公司 51% 的股权收归国有，2018 年 7 月，双方达成了一个框架性协议，将第二、三股东的股份转让给印尼国企 Inalum。此外，佐科政府还宣布对美国雪佛龙（Chevron）公司控制的苏门答腊最大油田于合同到期（2021 年）后不再续约，并将其国有化。

2019年,由巴西印尼淡水河谷公司控股的上市镍企PT Vale Indonesia Tbk(INCO)也将被国有化。按照印尼能矿部(Energy and Mineral Resources Ministry)的安排,将由印尼政府组建的矿业国企控股公司Asahan Aluminium收购Vale的股份从而实现国有化。该动作进一步体现了印尼政府加强重要资源开发领域控制能力的战略意图。

3. 追求贸易平衡,"促出口、抑进口"将是近期对外贸易政策基调

面对严峻的出口形势和经常账户赤字处于相对较高水平(2019年6月末为3.04%),为了维护国际收支平衡和金融体系稳定,印尼政府自2018年起就加强了进出口管理,基本政策导向是促出口、抑进口。政策措施对关税政策也进行了调整,提高了消费品类产品的进口关税,对一些产品实行进口许可制度,例如,大蒜等农产品在2019年4月才得以有条件放开进口,仅有7家公司获得大蒜进口许可资格。另一类措施是积极拓展新出口市场,如加大对非洲市场的开发力度,增加对中国的出口等。

六 近期经济增长前景分析

(一)需下调增长预期

1. 外部衰退信号增强,出口可能进一步疲软

由于美国挑起的贸易摩擦、技术限制、国际关系等全球不稳定因素增加,短期内全球贸易和经济合作将受到明显不利影响,增大了全球经济下滑压力。这种悲观预期在资本市场已得到充分体现,例如,美国3个月和10年期国债收益率利差倒挂一度达到了36个基点,倒挂时间至2019年8月已经持续了近两个月时间。10年期国债收益率代表长端利率,反映长期收益预期;3个月国债收益率代表短端利率,反映当期收益预期,长期收益预期低于当期收益反映了投资者对未来市场的悲观情绪。同期,英国、加拿大、德国等主要发达经济体资金收益率曲线都呈现倒挂趋势,显示市场对于全球经济步入衰退有一致预期。

长、短收益倒挂是重要的衰退信号。历史经验显示，1970年以来，每次长、短收益倒挂之后，经济随后都在一定的滞后期后陷入衰退。例如，从1970年到2008年美国出现过6次主要的长短收益倒挂，在1977年9月到1981年12月，美国国债收益率曲线倒挂224个基点，滞后一年美国经济陷入了长达3年的负增长；在倒挂幅度最小的1989年6月至1989年12月，倒挂最大幅度仅为18个基点，滞后9个月后美国经济步入衰退。

全球主要经济体如果陷入衰退，将对印尼当前严峻的出口形势造成更大打击。2019年上半年，印尼商品出口整体下降超过8.5%，其中对美国出口下降2.6%，对日本、欧洲的出口更是分别下降17.4%和15.8%。受中美贸易摩擦的间接影响，对首要出口市场中国的出口也呈下降趋势。预期2019年下半年到2020年，印尼出口有很大概率继续呈现疲软态势，出口下降幅度可能更大，尤其棕榈油及其制品出口。出口下降将直接冲击印尼国内就业和产业发展，拉低经济增长速度。

2. 非资源性实体经济下行压力大

复合领先指标（CLI）信号显示，印尼经济在2019年5月出现改变趋势，原来的复苏趋势出现拐点，向下行趋势发展。CLI由一系列对经济周期敏感的经济指标复合而成，它所揭示的经济趋势信号通常领先实际波动6~8个月。该信号意味着印尼经济在2019年下半年至2020年上半年继续下滑概率较大，结合当前国际大宗商品价格走势、印尼出口状况和产业发展动态，经济下滑过程中，非资源性实体经济下行幅度可能较大，例如制造业、旅游业和传统农产品加工业等。

依据统计数据，景气敏感度较高的一些产业如旅游产业和纸张工业指标已显现下行态势。外国访客人数在2018年下半年有明显回升，月均超过100万国际旅客到访印尼，2019年1~5月则降至80万~90万水平，6月可能受选举结果争议所致游行事件等因素影响，国际旅客人数出现异常低值，仅为23万多人。造纸和纸制品工业指数在2018年下半年有明显回升，对应当时的经济上升态势，自2019年开始，该指数已出现下降（见图19）。另外，制造业经理人采购指数也跌到50荣枯分水岭以下，说明工业景气度下降。

对于资源性产业,如石油、天然气、铜、铁、镍矿等,由于印尼所具有的资源优势和价格优势等,所受影响可能相对较小,但依然会出现一些不利变化。例如,由于国际油价走低,印尼政府已经下调了明年的油气产量计划。印尼能源和矿产资源部预期明年印尼出口原油价格为每桶65美元左右,低于2019年价格,计划明年原油日产量为73.4万桶,低于2019年的每日75万桶;天然气日产量为119万桶油当量,低于2019年的125万桶油当量。

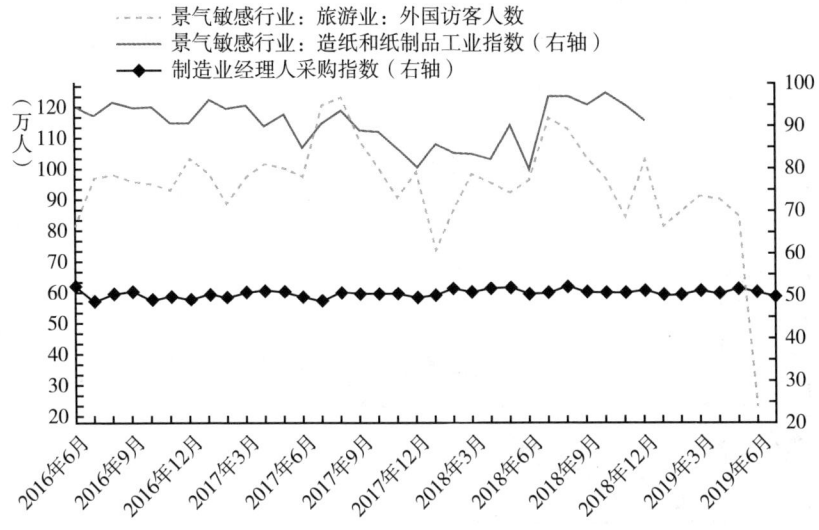

图19　印尼景气敏感产业趋势信号(月)

资料来源:BPS,Markit。

(二)仍可保持经济稳健信心

虽然印尼经济近期增速将有一定程度的放缓,但综合国内外因素,仍然可以对其稳定在5%的中速发展水平抱有信心,以下是支撑印尼经济稳健发展的主要因素。

1.商业景气度仍然稳健,能够提供较好的国内消费支撑

印尼央行调查数据的消费者信心指数(CCI)显示,自2017年下半年

开始至今,消费者信心一直维持在相对较高的水平,2019年上半年平均在126点左右(见图20),表明消费者对收入和消费能力保持乐观预期。支撑消费者信心的主要因素是当前物价处于温和水平,未出现通缩,也未出现大幅上涨,截至2019年7月,物价上涨幅度为2.36%,与上年同期相比也仅上涨3.32%,另一支撑因素是政府推行的民生保障措施,例如燃油补贴、教育和医疗资助等,政府在2019年也对公职人员实施了一定幅度的加薪。

消费者信心也得到了机动车销售数据的支持。如图20所示,自2018年11月开始,印尼机动车辆(含汽车、摩托车等)的零售指数明显上升,由130点上升到2019年7月的160点。机动车辆是典型的大件消费品,此类商品销售增加直接揭示了消费者的信心增加。

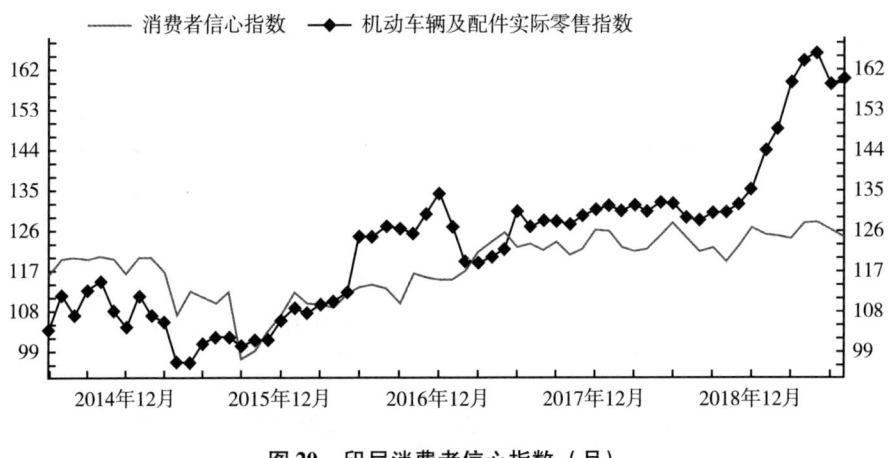

图20 印尼消费者信心指数(月)

资料来源:BI。

2.政府经济能力增强,能够更好履行宏观调控和经济发展职能

本届政府致力于经济发展和民生改善,实现该项目的前提是政府具备良好的经济能力。在佐科总统领导下,本届政府通过一系列重大举措逐步加强了经济能力。其一是进行税收征管改革,显著提高了税收遵从度,预算收入实现率提高到了2018年的102.5%,税收和非税收入都实现了持续增长,2018年政府收入占GDP比重上升到13.1%,从而为政府履行经济职能提供

了更多的财力保障;其二是加强反腐,反腐不仅是政治问题,也是经济问题,例如对电子身份证腐败案追查到底、对一些省市预算资金分配中的贪污行为进行追查等,这些行动增强了政府行政效率,为政府经济职能履行提供了更好的组织保障,尤其是对推动一些重要的基础设施项目和民生工程进展有利。

此外,印尼政府虽然积极扩大财政支出,以加强经济建设和社会发展,但在财政上一直坚持较为稳健的收支政策,将赤字率控制在合理水平上。2017年,印尼财政赤字率为2.51%,明显优于国际机构的预测,2018年政府进一步控制财政赤字率,全年赤字率约为2.2%,2019年前二季度的赤字率分别为2.69%和0.85%,略高于上年同期(见图21),主要受补贴支出增多因素影响。总体上看,印尼财政赤字处于合理区间,能够为国家信用和货币稳定提供较好支撑。

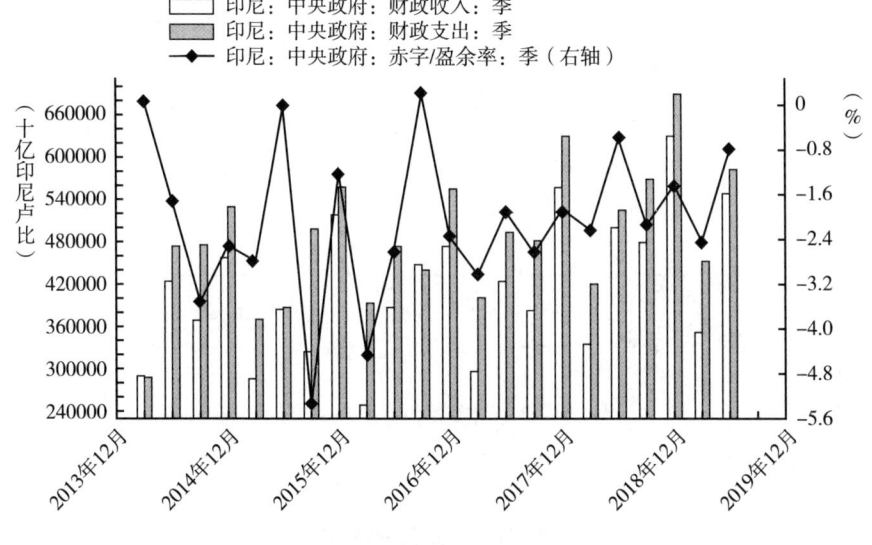

图21 印尼财政赤字状况

资料来源:BI。

3. 减息因素增多,有利于企业融资

2019年下半年,美国等主要经济体已开始进入减息周期,8月1日联邦贴现利率下调了25个基点，降至2.75%。8月7日，美国白宫贸易与经济事务顾问纳瓦罗（Peter Navarro）呼吁美联储在2019年底前进一步降低75个基点或100个基点。美国总统特朗普在社交媒体上也希望美联储以更大幅度下调利率，美联储应停止其"荒谬的"量化紧缩政策。美联储前任主席耶伦也曾在7月29日表示支持美联储降基准利率，因为她认为全球经济走弱，美国通胀率仍然低迷。因此，美国银行界预计，美联储将在2019年第四季度推出量化宽松措施。由于印尼货币与美元关联较大，美元减息释放了部分印尼卢比贬值压力，为印尼央行减息增加了空间，印尼央行已于7月18日和8月22日两次减息，共降低50个基点（见图22）。减息有利于降低企业融资负担，扩大银行信用体系对经济的拉动作用。

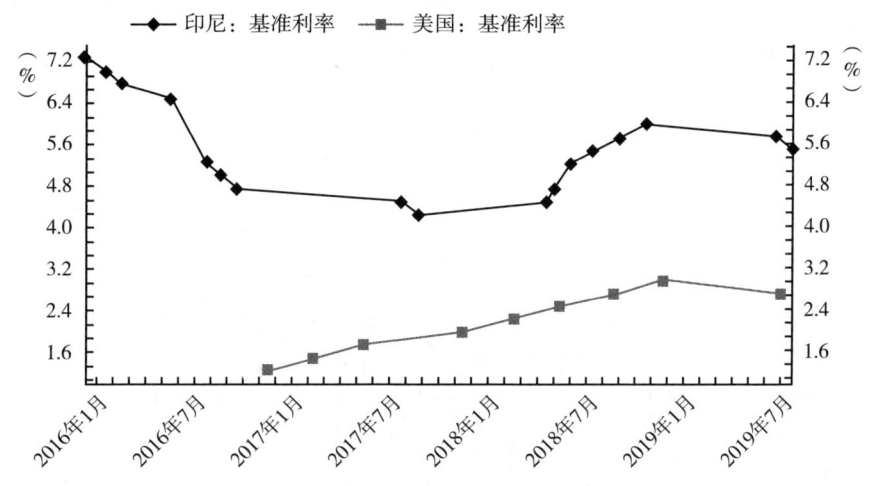

图22　印尼与美国的基准利率变动

资料来源：BI，美联储。

4. 外国投资者信心稳定，有利于国际收支平衡

自2018年下半年以来，外国资本流入印尼增多，尤其是证券类投资的资本流入，如图23中所示，外国投资者在印尼证券市场每月的净买入额在2019年基本维持为正数，尤其是4月，净买入额超过50万亿印尼卢比。印尼证券市场的外资参与度较高，约占全部投资的4成以上，外国投资者在印尼证券市场的积极购买整体上反映了其对印尼经济的信心。证券渠道的外资流入增加，再加上直接投资渠道的外资流入相对稳定，对弥补贸易账户赤字、平衡印尼的国际收支起到重要作用，而国际收支的平衡是印尼经济发展的必要外部环境。

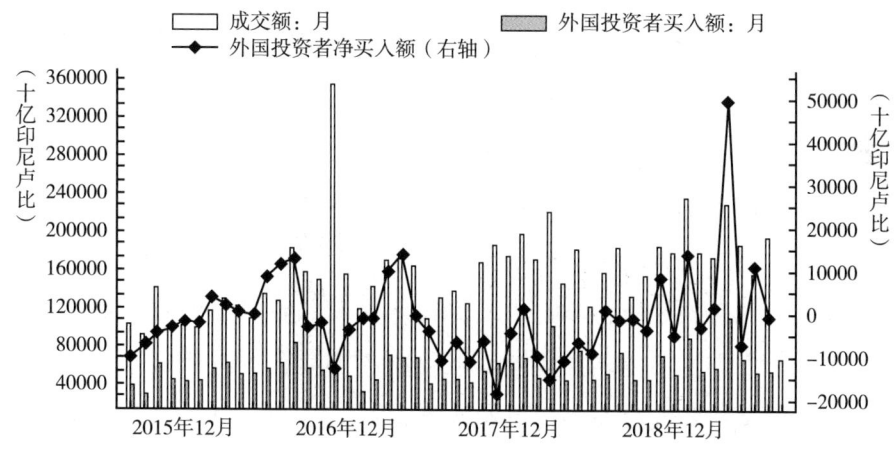

图23　印尼证券市场成交金额（月）

资料来源：JDX。

B.4
印度尼西亚社会发展报告

何国平 王珮*

摘 要： 本届政府致力于改善民生和提高公共服务水平，以此促进社会公平发展，取得了显著成效。在减贫工作方面，五年内贫困发生率、失业率持续下降；在公用基础设施方面，政府加大了电力和供水设施建设，居民用电和供水覆盖率显著提高；在文教方面，加大了教育经费投入，并鼓励民间资本投资教育事业，公共卫生服务也有所改进；在新闻传媒方面，媒体呈现产业化和去规制化发展趋势。另外，印尼社会民生方面仍面临不少挑战，包括教育质量不高、数字鸿沟、新闻传媒乱象等。媒体对中国的报道，容易受到西方价值观的影响，需要加强中国印尼人文互信建设。

关键词： 民生事业 教育事业 传媒业 印度尼西亚

一 印尼社会概览

印度尼西亚共和国（Republik Indonisia，简称"印尼"），是世界上面积最大的群岛国家，被誉为"千岛之国"，共有17508座岛屿，其中6000多个

---

* 何国平，博士，广东外语外贸大学新闻与传播学院教授、广州市国际城市创新传播研究中心研究员；王珮，广东外语外贸大学高级翻译学院硕士研究生。

岛屿有人居住,① 2018 年人口统计数为 2.67 亿,是世界第四人口大国。

浩瀚的海洋给印尼人民带来了新知识与外向型的文化交流,内外文化交融孕育了印尼文化。印尼有独特的地理环境、宗教信仰、族群人口、饮食服饰、建筑风格、交通方式。历经数百年的传承与沉淀,形成今日印尼别具一格的文化样式与文化体系。

(一)印尼民族

据印尼政府 2014 年公布的数据,印尼有 300 多个民族,语言可追溯至发源于台湾的原始南岛语系。爪哇族(Sulu Java)为最大族群,占印尼 45% 的人口②,约 1 亿人,在政治及文化上皆居优势地位,巽他族(Sulu Sunda)占 14%、马都拉族(Sulu Madura)占 7.5%,马来族(Sulu Melayu)占 7.5%,为最大的非爪哇族群。其他占 26%,③ 其中印尼华人(华裔)约占 5%。

印尼最大族群——爪哇人绝大多数居住在中爪哇和东爪哇,居住在城镇的爪哇人,主要在政府机构和企事业单位工作,居住在乡村和沿海的爪哇人主要从事农业、种植业和捕鱼业。爪哇人对王族、身居高位的官绅及长辈很敬重,在上司面前毕恭毕敬,爪哇人的王公后裔在其名前至今保留贵族称号,并受到人们尊敬。公元 9 世纪,爪哇人在梵文的基础上创造了自己的文字,爪哇语词汇丰富,有雅语、中等语和平民语的区分。雅语又分为宫廷用语和长者用语,甚至男女使用的语言也有所不同。

(二)印尼宗教

在 13 世纪下半叶伊斯兰教徒大规模传入苏门答腊之前,印尼已有华人伊斯兰教徒生活。④ 9 世纪下半叶,黄巢起义军攻占广州,广州一带的中国

---

① 蔡金城:《印度尼西亚社会文化与投资环境》,世界图书出版公司,2012,第 1 页。
② 梁敏和:《印度尼西亚文化概论》,世界图书出版公司,2014,第 7 页。
③ 蔡金城:《印度尼西亚社会文化与投资环境》,世界图书出版公司,2012,第 20 页。
④ 梁敏和:《印度尼西亚文化概论》,世界图书出版公司,2014,第 77~78 页。

伊斯兰教徒纷纷移居苏门答腊的三佛齐。15世纪马欢撰《瀛涯胜览》爪哇条记载,"麻喏巴歇国有三等人……一等唐人,皆广东、漳、泉等处人窜居此地,食用亦美洁,多有皈从回回教门受戒持斋者"。

14~15世纪,明朝著名航海家郑和(1371~1433年)七下西洋(主要属今天的印尼),在爪哇、苏门答腊等地多次停留,不仅带去大批中国商品,还将中国的文化和艺术介绍给当地百姓。当时西洋的Demak王国是一个穆斯林王国。郑和是穆斯林,该王国的建立与郑和有着密切关系。郑和传播伊斯兰教可以从印尼9位传播伊斯兰教的著名人物得到印证,他们中的4位有中国血统。三宝垄寺庙中陈列的郑和雕像可以证明他所受到的拥戴①。

时至今日,印尼约87%的人口信奉伊斯兰教,是世界上穆斯林人口最多的国家②,印尼伊斯兰教徒主要是逊尼派,属于温和派。另外,有6.1%的人口信奉基督教,3.6%信奉天主教,其余信奉印度教、佛教和孔教等。③印尼人的民间信仰主要是祖先崇拜、神灵信仰、拜物教。祖先崇拜是指对祖先亡灵的崇拜,以求得祖先灵魂的保佑。神灵信仰是相信万物有灵。

1965年,苏加诺总统发布第一号令,确定印度教、伊斯兰教、天主教、基督教(新教)、佛教、孔教为该国六大宗教。④ 孔教在苏哈托执政时期,被限制活动。2006年,苏西洛总统命令印尼国家宗教部和内政部及教育部宣布撤销有关规定,孔教恢复为印尼的合法宗教。

印尼最大族群爪哇人的宗教信仰具有多元性,最早信仰拜物教,认为自然界万物有灵,还崇拜祖先神灵与祖传圣物。爪哇人把最初信仰的万物有灵论等原始宗教和后来传入的印度教、佛教杂合在一起,形成爪哇印度教。印度教建筑和湿婆雕像就是这一信仰的历史遗存。今天,大多数爪哇人信奉伊斯兰教。

---

① M. N. Haq. Persebarandanpengaruh Etnis Tionghoa di Indonesia. Bandung [M]. Universitas Pendidikan Indonesia,2015.
② 2011年皮尤研究中心发布的数据显示,印尼信奉伊斯兰教人数为2.25亿人,占全国人口的87.2%。
③ 梁敏和:《印度尼西亚文化概论》,世界图书出版公司,2014,第7~8页。
④ 梁敏和:《印度尼西亚文化概论》,世界图书出版公司,2014,第91~92页。

（三）印尼人口

20世纪60年代，印尼人口增长率一度超过经济增速而成为社会问题。印尼政府从1966年后开始推行计划生育工作。1968年，印尼政府成立了全国家庭生育计划协会（1970年改为国民家庭计划协调委员会），统一领导全国家庭生育计划工作。规定每个家庭最多生育两个孩子，使当时的人口膨胀得到有效控制。1969年，印尼把家庭生育计划纳入第一个五年计划（1969～1973年）。印尼政府的人口政策目标是：解决人口总数、人口增长率、年龄构成、人口分布、人口密度等方面存在的问题，降低出生率，提高平均寿命。目前这一政策已经废除。

2015年以来，印尼人口出现三大趋势，即年轻人越来越多、高龄人口增多以及人口流动日趋复杂。到2018年，印尼人口总数达到26766.34万人，较上年同比增长1.13%，增速在持续下滑（见图1）；其中城镇人口数量为14808.48万人，占总人口的比重为55.32%；农村人口数量为11957.86万人，占总人口的比重为44.68%。预计到2032年，印尼人口将增至3亿人。

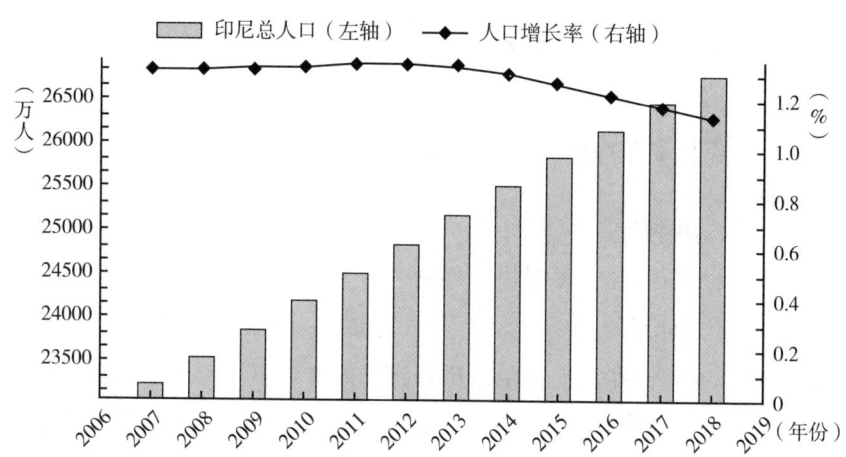

图1　印尼人口总数及增速

资料来源：世界银行。

（四）印尼华裔情况

在苏哈托时期，印尼华族长期受压制，华文遭禁止。按照1967年政府第14号文（Inpres No.14 tahun 1967）规定，华族受到以下禁止：华族不可使用中文名字；不许用中文讲话；将店铺的中文名换为印尼语名；在指定的学校，华族的孩子不可超过40%；华族被称为二等公民。1998年改革以来，华族获得平等对待。瓦希德当选总统后，为了缓和民族关系，立即废除了政府1967年第14号文规定，从2003年起，华族的重要节日——春节被指定为印尼的国家节日，这天印尼全国放假一天。

当前印尼华人是印尼社会具有影响力的少数族群，仅约占5%（一说3%~4%）的人口，但涉及印尼大多数商业，积累了较多财富，这也造成许多负面观感，成为导致排华情绪的因素之一。印尼是世界上排华倾向最严重的国度之一。排华情绪是历史因素的长期积累，是在特定政治势力与政治机缘作用下，挑动极端民族主义情绪的发酵、爆发，为此，需要警惕印尼国内的极端民族主义倾向。

二 进步中的印尼民生事业

（一）民生方面存在的突出问题

1. 社会公用事业发展极不平衡

印尼国内东西部经济发展极不均衡，加上海岛所形成的地理隔离状态，各个岛屿之间交通不便，反映到社会民生层面，就是各区域的公共服务水平、公用基础设施存在巨大差距。爪哇西部人口众多，经济基础较好，交通运输、电力供水等社会公用事业相对发达，而东部地区，无论是交通路网建设、电力能源供应，还是生活用水供应、电视网络覆盖都较为落后。东部地区和爪哇以外岛屿，人口相对分散，贫困人口较多，相关公用基础设施建设的成本也较高，发展难度较大。

2. 贫困问题突出

印尼 1945 年独立，建国 74 年来，贫穷问题一直是国家发展面临的重大问题。截至 2018 年 10 月，仍有多达 2900 万的印尼人生活在贫困线以下，占城市人口的 8.3% 和农村人口的 14.2%。①

印尼全国 416 个县市有 40% 属于后进或贫困地区，其中东部占 63%，苏门答腊占 28%，爪哇和巴厘岛占 9%。西部地区贫困率为 17%，而东部地区为 36.8%。印尼西富东穷，由来已久，历届政府"重西轻东"的政策取向是导致现状的重要原因。此外，更严重的一个问题是印尼贫富差距逐渐扩大。近年印尼经济有所增长，人均年收入已超过 3000 美元，但与此同时，高收入与低收入群体的差距也在不断扩大。2002 年，衡量印尼高低收入差距的基尼系数为 0.33，2011 年基尼系数增加到 0.41。2017 年，基尼系数有所下降，为 0.391；2019 年继续下降，为 0.382，但仍远高于 2002 年改革初期的水平。2002 年，富人的收入占国民收入的比重为 42.2%，到了 2011 年上升至 48.42%。据《福布斯》杂志披露，2011 年，印尼 14 位大富豪的财产达 290.7 万亿印尼卢比，相当于印尼 2011 年国家财政预算的 22%，相当于 2010 年 GDP 的 4.5%。经济增长造成贫富悬殊，印尼大约还有 9.8% 的人仍生活在官方贫困线以下，众多新一代印尼穷人仍然无法享受经济发展带来的红利。

（二）近年民生事业取得的主要成就

1. 减贫工作成效显著

本届政府通过发放印尼教育卡（KIP）保障贫困家庭儿童接受教育的权利，多达 1870 万学生受益于 KIP，近 100 万名贫困大学生和 5000 名来自巴布亚的儿童获得了助学金，约 2 万名来自习经院的优秀青年获得出国留学奖学金。目前 KIP 计划只为贫困家庭子女提供从幼稚园到高中的教育费，未来将设法提升到大学水平。在农村扶贫方面，本届政府也成绩斐

---

① 资料来源：印尼中央统计局。

然。截至2019年4月的四年多时间里,政府成功帮助5000个贫困村庄实现发展升级,转型成为"发展中村庄",即印尼政府界定的具备自我管理能力和自我发展潜力,但尚不能完全独立发展的村庄;帮助2000个"发展中村庄"转型成为"自立性村庄",即政府界定的具有自我发展能力,能够提高村民福利,能够实现村庄内社会、经济、生态方面可持续发展的村庄。①

本届政府还通过发展基建、创造就业机会和实行"希望家庭援助计划"(PKH)减少贫困人口。佐科任内,连续五年贫困发生率下降。根据BPS的数据,按照印尼国家标准,印尼国家贫困线以下贫困人口率2010年为13.3%,2014年降至11.3%,2018年进一步下降到9.8%(见图2)。2020年,政府发展目标是贫困率降至8.5%~9.0%,失业率为4.8%~5.0%,基尼系数为0.375~0.380,这意味着政府在减贫方面会继续加大努力。

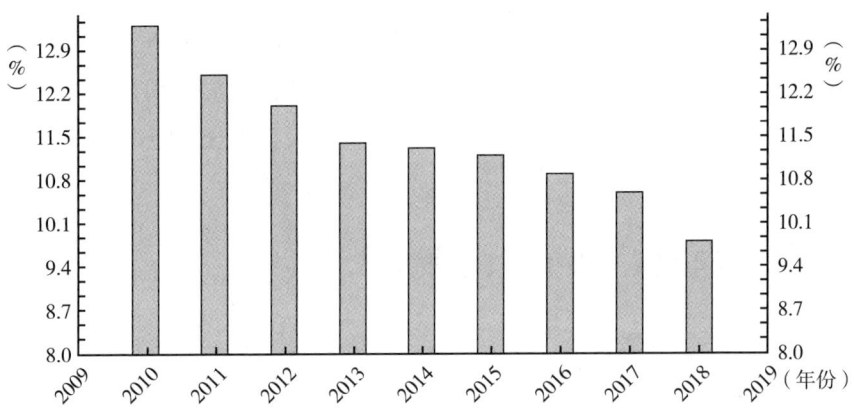

图2 印尼人口贫困率(国家标准)

资料来源:BPS。

---

① Latief, *Pemerintah Berhasil Kurangi 5.000 Desa Tertinggal*, 2019-4-10, https://nasional.kompas.com/read/2019/04/10/11390211/pemerintah-berhasil-kurangi-5000-desa-tertinggal.

2. 就业和居民收入状况得到改善

2012年4月，一家印尼民调机构发表的报告指出，相比于水患和交通阻塞，雅加达大多数居民更关注民生问题，大多数的受访者认为，失业问题是雅加达最严重的问题。① 自2014年10月执政以来，佐科政府通过"三卡"项目，即印尼教育卡（KIP）、预就业卡和平价主食卡，来改善居民福利，提供职业培训，② 并通过建设基础设施创造更多的就业机会。在妇女权利方面，佐科政府通过促进家庭经济繁荣计划（Mekaar）和小额融资计划（UMi）为400万贫困妇女提供小额经营资本，还有120万印尼女性从非银行融资机构获得了低息贷款。2018年4月，印尼政府推出"印尼制造4.0"（Making Indonesia 4.0）计划，设置的五个优先发展行业是食品和饮料、汽车、纺织、电子和化工，其中食品和饮料产业属于劳动密集型行业，预计2018~2030年，该计划的实施可以创造就业岗位700万~1900万个。③

在本届政府努力下，经济发展有所起色，就业市场也有良好表现。近两年失业率保持在相对较低水平，且呈下降势头。据劳工部（Kemenaker）数据，印尼2019年登记失业率为5.01%，降到了历史新低，较上年同期下降0.12个百分点（见图3）。此外，劳工部数据显示2015~2019年新增就业人数达到1110万，超过佐科总统创造1000万个新工作岗位的目标。

居民整体收入水平处于稳中略升状态，以城市居民为主要调查对象的BI收入现状指数显示，指数稳定在120点左右，而农民日均实际报酬在38000卢比左右，较2018年上半年略有提高（见图4）。

---

① 顾时宏：《民调显示印尼雅加达多数居民更关注民生问题》，https：//world.huanqiu.com/article/9CaKrnJv7MQ。

② Thomas P. Power. Jokowi's Authoritarian Turn and Indonesia's Democratic Decline, *Journal Bulletin of Indonesian Economic Studies*, 2018, 54 (3), 307-338.

③ Alek Kurniawan *Ministry of Manpower*: *Unemployment Declines, Employment Increases*, 2018-8-22, https：//money.kompas.com/read/2019/08/22/134827426/kemnaker-pengangguran-menurun-lapangan-kerja-meningkat。

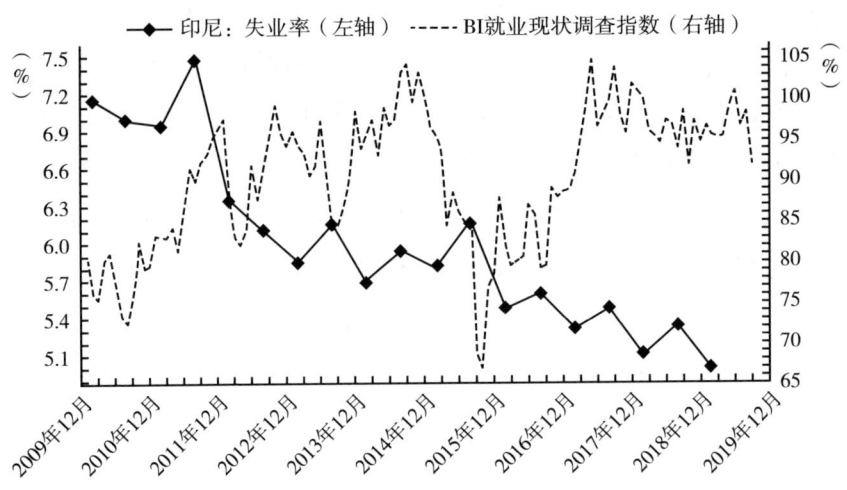

图 3　印尼失业率和就业前景预期

资料来源：Kemenaker，BI。

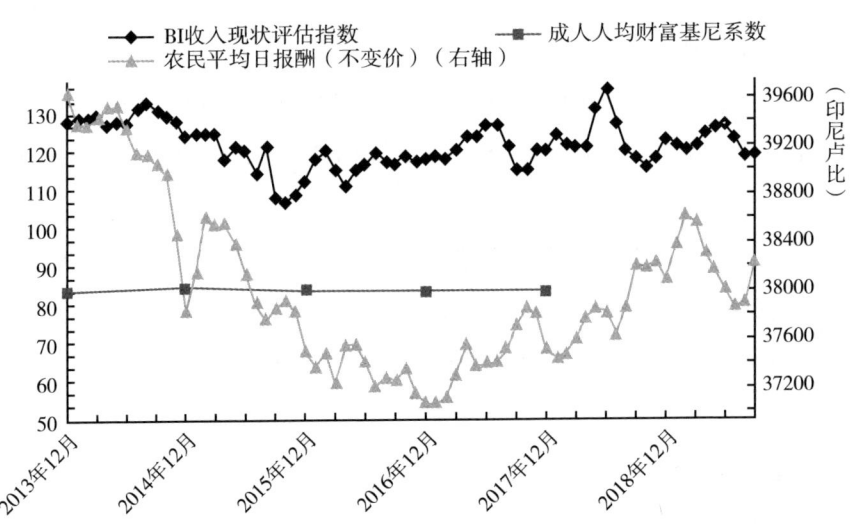

图 4　印尼居民收入及公平性评价

资料来源：BPS，瑞银全球财富报告。

3. 公用基础设施建设不断推进

以印尼电力供应为例,如图 5 所示,2010 年印尼电力公司的居民客户数为 3900 多万个家庭,电力公司的装机容量为 3.2 万兆瓦。7 年后的 2017 年,这两组数字分别升至 6300 多万户和 5.7 万千瓦时,其中居民用电户数增长了 61.5%,装机容量增长了 78.1%。

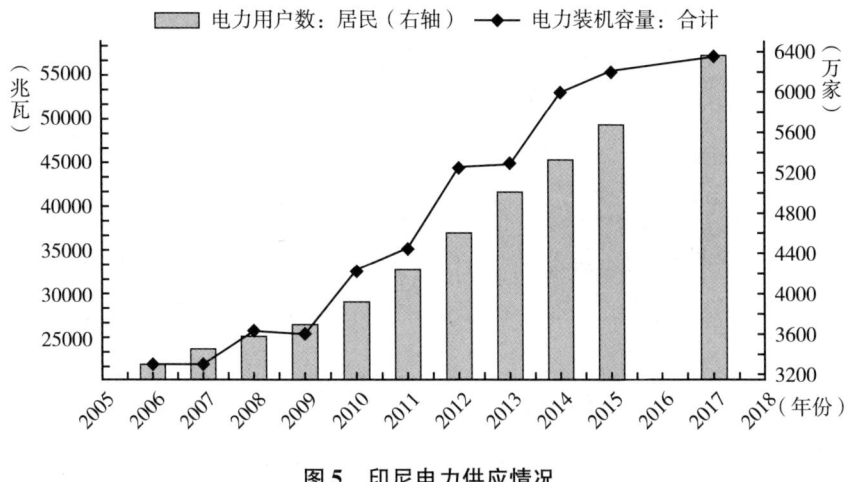

图 5　印尼电力供应情况

资料来源:BPS。

三　面临重要挑战的印尼教育事业

(一)印尼教育事业面临的主要挑战

1. 入学率仍有提高空间

改革之前,印尼适龄学生的入学率较低,在 1994 年,小学的净入学率为 92.11%、初中的净入学率为 50.03%、高中的净入学率为 33.22%,大学的净入学率为 7.92%。改革之后,各阶段入学率均有所提高,2018 年,四个阶段的净入学率分别提高到 97.48%、78.75%、60.53% 和 18.59%。同时,女童入学率也有明显提升。根据联合国开发计划署评定的人类发展指数①（HDI），2018年印尼HDI达到71.39，同比增长0.58，就指数中的受教育年限指标而言，2018年印尼平均受教育年限增长至12.91年，2010~2018年，25岁及以上人口的平均受教育年限每年保持1.14%的增长率②。

经过20多年的发展，印尼入学率已提高到较高的水平，但相较于东南亚其他国家和地区，仍存在较大提升空间。联合国教科文组织（UNESCO）最新数据显示，印尼儿童辍学人数仍高达20万以上，学龄前毛入学率为61.77%，男生比女生高7.03%；小学毛入学率为103.45%，男生比女生高4.42%。而邻国马来西亚的儿童辍学人数只有4万左右，学龄前毛入学率高达96.87%，各阶段男女生毛入学率的差距也相对较小。根据《世界经济论坛：2018年全球性别差异报告》，就受教育机会指数③来看，印尼在全球144个国家中排名第107，而马来西亚、泰国等邻国分别位列第1和第81。

2. 高等教育发展明显不足

印尼高等教育相对于区域内其他国家仍存在明显差距。根据世界银行的最新数据④，印尼25岁以上人口中拥有学士学位的比例不到9%，在东盟国家中处于最低水平，大学学历人群的失业率也在东盟国家中处于高位。

目前，印尼大多高校都是规模较小的私立大学，教学水平相对较低，而

---

① 人类发展指数（Human Development Index，HDI），是联合国开发计划署从1990年开始发布用以衡量各国社会经济发展程度的标准，并依此将各国划分为：极高、高、中、低共四组。只有被列入第一组"极高"的国家才有可能成为已开发国家。指数值根据出生时的平均寿命、受教育年限（包括平均受教育年限和预期受教育年限）、人均国民总收入计算出，在世界范围内可作为各国之间的比较。

② National Statistics Agency：Indonesia's Human Development Index Increases to 71.39 in 2018，2019 - 04 - 17，https：//setkab. go. id/en/national - statistics - agency - indonesias - human - development - index - increases - to - 71 - 39 - in - 2018/.

③ 《世界经济论坛：2018年全球性别差距报告》以全球性别差距指数为参考，主要包括经济参与及经济发展机会指数、受教育机会指数、健康及生存指数、政治赋权指数四个子指数。

④ Educational attainment, at least Bachelor's or equivalent population 25t, total（%）（cumulative），2019 - 12 - 28，https：//data. worldbank. org/indicator/SE. TER. CUAT. BA. ZS? locations = BN - KH - ID - LA - MY - MM - PH - SG - TH - VN&view = chart.

学生要进入公立大学则面临非常激烈的竞争，招考比例不到20%，因此越来越多中等收入家庭考虑送孩子出国求学。据2017年底AFS国际文化交流组织的一份调查[①]，印尼13～18岁的中学生中有81%的人考虑出国留学。同时，到印尼留学的外国学生比例很低，只有0.07%，在东盟国家中处于低位，其他国家如新加坡、马来西亚、文莱则分别达到27.2%、8%、3.8%。这反映了印尼本土高校的国际竞争力非常低，客观上也抑制印尼高校教育水平的提升。

3. 教学质量亟须提高

印尼学生在国际学生评估计划（PISA）、国际数学与科学研究趋势（TIMSS）和国际阅读素养进展研究项目（PIRLS）中的表现提升缓慢，逊于马来西亚、越南、泰国等邻国。根据世界银行2018年6月的国际学生评估计划（PISA）报告，印尼有超过55%的已完成学业教育的学生存在"功能性文盲"，即在阅读、书写或计算能力方面不能满足就业岗位要求，而越南这一比例只有14%，经合组织国家平均只有20%。[②]

在高等教育领域，根据经合组织开展的高等教育体系评估，印尼高校毕业生常常缺乏市场所需要的技能，尤其是专业技能和管理技能，也无法支撑国家科研创新[③]。印尼顶尖高校的科研教学能力仍不及国际标准和其他亚洲邻国。世行数据显示[④]，在世界大学500强排行榜上，印尼大学、印尼万隆理工学院等印尼顶尖高校处于中下游位置（见表1）。

[①] Study finds that young Indonesians are highly motivated to study abroad, 2017-12-6, https://monitor.icef.com/2017/12/study-finds-young-indonesians-highly-motivated-study-abroad/.

[②] Hanushek, E.. and Woessmann, L.. 26 (2011): pp. 427-491. "How Much Do Educational Outcomes Matter in OECD countries?" *Economic Policy*. Vol. 26, No. 67, pp. 427-491.

[③] OECD, Southeast Asian Economic Outlook 2011/12 (Paris: OECD, 2012), 88-89; Siwage Negara et al., Indonesia's Higher Education System: How Responsive Is it to the Labor Market? Jakarta: World Bank, 2014, 31.

[④] World Bank, Tertiary Education in Indonesia: Directions for Policy. Jakarta: World Bank, 2014, 36.

表1 2015～2018年印尼高校世界排名情况

排行榜	2015年	2016年	2017年	2018年
QS世界大学排行榜	印尼大学（第310位）	印尼大学（第358位）	印尼大学（第325位）	印尼大学（第277位）
	印尼万隆理工学院（第461位）	印尼万隆理工学院（第431位）	印尼万隆理工学院（第401位）	印尼万隆理工学院（第331位）
				加查马达大学（第401位）

资料来源：QS官网。

教育质量的落后从根本上影响了社会经济的发展。2018年世界银行报告显示，印尼劳动生产率仅为邻国马来西亚的1/4，教育对国家长期发展的年度贡献率比越南低1.8个百分点。印尼全球竞争力指数在137个国家中排名第36位，其中基础教育和国民健康水平排名第94位，高等教育排名第64位，在全球范围内竞争力较低。

4. 师资力量仍显薄弱，缺乏科学的聘请和激励机制

联合国教科文组织（UNESCO）的数据显示，2017年，印尼初级教育中有资质的教师与学生的比例为19.31%，低于缅甸的24.11%、越南的19.7%，也低于东南亚地区平均水平的20.7%；高等教育中有资质的教师与学生的比例为16.09%，低于缅甸的22.5%和东南亚地区平均水平的19.81%。印尼颁布《教师法》以后，对教师资质的要求有了一定提升，2003～2016年，印尼具有学士学历的教师从37%上升至90%，2018年获得教学资质的教师比例也达到近50%。但相比之下，教学成绩并没有得到同步提升。印尼教师资格评定主要参考教师工作成绩和教学经验，达不到要求的会接受90小时的培训并参加考核，大多数人都能通过，因此专业功底和教学技能无法真正作为教师评定和聘用的指标，从而影响最终的教学成果[①]。

[①] De Ree, J., K. Muralidharan, M. Pradhan and H. Rogers. "Double for Nothing? Experimental Evidence on Unconditional Teacher Salary Increase in Indonesia". *The Quarterly Journal of Economics*, 133（2017）：pp. 993 - 1039.

印尼各类学校在师资数量和质量上的差距给学校教学质量的提高带来了极大挑战。另外，印尼教师的聘请在很长一段时间内都有"任人唯亲"的现象，教师职称评聘也有行政化倾向，而非主要依据教学或科研成果进行评定，教师薪酬偏低以及激励机制缺乏导致很多教师从事非教学类的兼职工作，影响教师对教学的投入。

5. 政府的教育资金投入不足

联合国教科文组织统计研究所（UIS）的数据显示，2015年，印尼政府的教育支出占GDP总额为3.59%，而泰国2013年就已突破4%，越南2013年已经突破5.6%[1]。政府投资不足，促使民间创办的私立学校兴起，但这从整体上降低了教学质量，拉低了教师的平均收入水平，也削弱了高校毕业生从事教学工作的意愿，进而导致印尼高校师资补充存在困难，造成恶性循环。

根据世界银行2018年6月的报告，印尼非宗教型学校有270万名教师，宗教型学校有70万名。2003~2015年，印尼教师人数增长30%，学生人数增长25%，师生比降低。教师人数增多使得教师补贴占国家教育投入预算的50%以上。

（二）发展机会和政府举措

1. 利用世界银行的"教学教育管理与学习环境提升计划"（ID-TEMAN）

为促进印尼教学发展，自2016年起，世界银行基于2005年与印尼教育文化部开展的相关研究工作，开始推行"教学教育管理与学习环境提升计划"，支持印尼政府解决教育事业面临的困难和挑战，实现教育领域的中期发展目标。世界银行给予的支持主要集中在两方面：（1）确保高质量的教学过程，着力提升师资水平；（2）确保全民教育，提升学校管理，畅通资金投入和教师聘用。

在ID-TEMAN框架内，世界银行与印尼教育文化部一同推出了名为

---

[1] Education, http://data.uis.unesco.org/, 2019-11-20.

"KIAT Guru"试点项目,具体内容包括:一是设立社区监督员,监督并评估教师教学表现;二是按照教师的教学质量发放教师薪酬;三是开展早期儿童教育与发展前沿试点计划,为初级学校教师提供优质的专业培训,提升各地方开展教师培训的能力。该计划推行以来,印尼师资质量有了明显提高,到2017年年中,社区对教师教学满意度已从计划施行前的68%上升到90%。

2. 政府增加了教育预算,并鼓励民间资本参与教育投资

佐科政府重视教育事业,人力资源建设是佐科政府继基础设施建设之后的第二大重点工作,也是各年财政预算的重心之一。以2019年为例,印尼财政预算中教育支出增加12.3%至4879万亿印尼卢比,占总预算的20%,各地方政府教育支出也不得少于这一比例[①]。政府还通过智慧印尼计划、学校管理援助计划、职业教育、奖学金等,加大教育投资,提升人力资本素质。除扩大教育预算外,佐科政府还提出开放办学的理念,鼓励国外高校来印尼办学,开设分校;鼓励国内高校加紧课程更新和教学改革,开设电子商务、物流等新兴学科,与国际接轨。

印尼政府计划在2025年前建成世界级的教育体系,要实现这一目标,印尼还有很长的路要走。自2002年起,印尼政府已采取一系列改革措施,力争扩大教育机会,提升教育水平,推进人力资本发展。十几年来,印尼入学率有了大幅提升,但教学质量仍与东南亚地区其他国家存在较大差距,国家整体竞争力也因此提升缓慢。总体来说,印尼教育事业的发展需要政府、社会、学校等各利益相关方的共同努力,需要平衡公立学校和私立学校的教学资源和教育质量,平衡入境及出境求学人数,平衡城乡儿童受教育机会和公私学校地域分布,提升师资水平和办学条件,以及保持已有政策及项目的可持续性,并使课程教学与市场人才需求相衔接。

---

① Human Capital Development focus of Jokowi's 2019 Budget, 2018 – 08 – 20, https://australiaindonesiacentre. org/commentary/highlights – human – capital – development – focus – of – 2019 – budget – president – jokowis – independence – day – eve – speech/.

四 变迁中的印尼传媒业

（一）印尼传媒业格局与发展趋势

1. 传媒业格局

根据印尼报纸出版商协会（Serikat Penerbit Surat Kabar，SPS）的数据[①]，2017年印尼总计有793家印刷媒体，其中日报172家（发行量710万份）、周报67家（发行量17.4万份），杂志194家（发行量640万份）和小报133种（发行量340万份）。相较于前期，印刷媒体的数量在急剧减少，在2011年，印刷媒体总数还有1361家，到2017年，有568家印刷媒体停止出版，总发行量也从2011年的2520万份减少到2017年的1720万份。

通讯社目前只有安塔拉通讯社系官方通讯社，1937年12月13日创立，在印尼27个省设有分社，约有300名记者。该社2007年3月恢复了北京分社，并常驻记者。

广播电视主要有公立的印尼国家电台和印尼国家电视台（TVRI）。印尼国家电台于1945年9月11日成立，设有53个分台和对外广播的"印尼之声"台（用10种语言广播），现有员工8500人。印尼国家电视台于1962年8月17日正式运营，标志印尼电视事业的开端。国家电视台共有13个分台，395个转播器，覆盖印尼全境，现有员工约7200人。1988年印尼第一家商业电视台出现，打破了印尼国家电视台绝对垄断地位。2017年印尼广播和有线电视市场的总收入为63亿美元，2013～2017年的复合年增长率为11.2%。电视广告是电视市场盈利最好的部分，总收入为45亿美元，占市场总价值的71.6%。但电视普及率依然很低，只有56%。随着基础设施的

[①] Radio is one of the most popular media in Indonesia and is broadcasted everywhere in the country, 2020 - 04 - 01，https：//medialandscapes.org/country/indonesia/media/print.

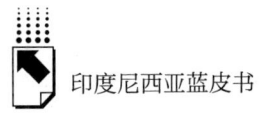

改善和城市化程度的提高，近年来市场增长强劲。

印尼媒体从业人员的社会地位从高到低可以分为 A、B、C 三个等级，小报记者的社会地位最低。①

2. 媒体产业化和去规制化（deregulation）浪潮

1988 年，印尼电视媒体步入市场化、产业化发展时期，产业化成为此后印尼电视媒体发展的主要运作方式。商业电视台的出现将印尼电视事业带入自由竞争的市场环境中，媒体集团竞争加剧，兼并和收购成为常态。② 私营电视台有鹰记（RCTV）电视台、教育电视台、美都电视台等 11 家全国性电视台以及众多的地方电视台。③ 在产业化驱动下，并伴随新媒体技术的演进，印尼商业电视台纷纷利用集团旗下的新媒体平台整合电视节目资源，扩展线上收视群体。为提高收视率，从国外引进电视剧成为商业电视台的普遍选择。1996 年后，美剧热开始降温，引进其他亚洲国家制作的电视剧成为潮流。

1998 年改革以来，印尼媒体经历了快速发展的阶段，被认为是民主化最成功的领域。印尼改革转型时期，审查制度放开使媒体获得更大自由，而大型商业集团对媒体所有权的垄断以及某些法律法规则阻碍了媒体进一步自由化，限制了媒体的监督作用；新秩序时期遗留的自我审查风气和话题"禁忌"仍对当今媒体有影响。④ 但总体而言，在东盟国家 10 国中，印尼拥有较好的媒体环境。根据 2014 年公布的媒体自由度排行榜，在 197 个国家和地区中，印尼以第 98 名在东盟国家中位列第 2，仅次于菲律宾的第 87 名。⑤

实行地方分权之后，地方政治获得更强的独立性，地方媒体也随之蓬勃

---

① 2019 年 10 月 6 日，本蓝皮书团队对 Kompas 记者 Iwan Santosa 的访谈。
② 刘新鑫、李婧：《中国电视节目如何进入印尼市场——从印尼电视媒体产业化发展说开去》，《当代传播》2013 年第 3 期。
③ 中国驻印尼大使馆：《印尼国家概况》，https：//www.fmprc.gov.cn/ce/ceindo/chn/indonesia_abc/gjgk，最后检索时间：2019 年 4 月 1 日。
④ 薛松：《改革时期印度尼西亚媒体发展与民主化》，《东南亚研究》2015 年第 6 期。
⑤ 美通社：Indonesia Media Landscape 2014. 2015 - 3 - 25，http：//www.pr - nasia.com/story/117987 - 1.shtml。

发展。地方报纸、广播和电视台的出现使地方事务开始占领独立的媒体空间，使用方言、关注当地发展的地方媒体成为培育地方认同的平台，地方广播站在塑造地方认同和推进民主化过程中所起作用尤其突出。全国大型报业集团如《罗盘报》（*Kompas*）和《论坛报》（*Tribun*）等也开始在首都以外的大城市创办地方报纸。

3. 新媒体发展与数字鸿沟

1998年诞生的Detik.com是印尼第一家新闻网站，免费提供简明扼要的新闻。此后许多类似的在线媒体纷纷上线，但都无法与Detik.com媲美。如今，由于移动终端的普及，在线媒体再次出现高速增长，在线媒体用户数增加，而平面媒体用户数在减少。2017年，在线媒体数量为43300家，但只有234家（占比5%）经印尼新闻理事会核验。在线媒体分为三类：一是印刷媒体的替代品，仅发布纸媒的在线版本；二是同时有两个版本（印刷媒体版与数字媒体版）；三是只有数字在线内容的媒体。根据Alexa.com的数据，到2017年，印尼拥有受众人数靠前的在线媒体是Detik.com、Tribunnews.com、Liputan6.com、Kompas.com、Merdeka.com、Viva.co.id、Kapanlagi.com、Bintang.com、Bola.com和Bola.net。

社交网络在印尼非常流行，尤其是Facebook，其使用范围非常广泛，有1/5以上的印尼人使用，占所有互联网用户的99.9%。72%的上网者声称使用网络来了解最新动态，雅虎新闻是印尼网民首选的新闻网站。如今，约有20%的成年人每周至少上网看一次新闻。与其他国家一样，受过高等教育的、富有的印尼城里人，上网使用率更高。

在过去的几年中，互联网用户急剧上升，电台收听率则一直在下降。虽然移动技术在印尼越来越受欢迎，但存在明显的数字鸿沟，30岁及以下的年轻人对互联网和移动技术的使用比例更高，随着这一代人的成熟和新媒体在全国范围内的普及，重视社交网络将成为印尼任何传播策略的关键。

4. 印尼华文报的变迁

印尼华文报曾盛极一时，1957年发行的华文日报多达20家，1965年苏哈托上台后在印尼推行同化政策，当时的13家华文报纸悉数被关闭，此后

32年间,《印尼日报》是印尼官方出版的唯一华文报纸,但报纸的内容受到印尼政府的控制。1999年10月,瓦希德总统上台后,华文禁令松动,出现了一些印尼文华文双语报纸。2001年2月21日,瓦希德总统正式解除对华文印刷品的禁令,华文报纸迎来了一个发展高潮。2014年10月,佐科总统上台后,着力改善华人的生存与社会状况,给予华人应有的政治、经济、文化和教育权利,华人社会的文化自由度明显提高。华文报纸是印尼华人文化的载体和传承者,是华人间相互联系的重要纽带。因而,印尼华文报纸的现状与发展,是了解华人生存状况与族群认同的重要窗口。

5. 印尼本地媒体案例:《罗盘报》

《罗盘报》是印尼最具影响力的民营报纸。《罗盘报》在2014年日发行量就达到53万份,周日版的发行量为61万份,成为印尼乃至东南亚日发行量最大的报纸。① 当前工作日发行量为20万份,周末版达到40万份②。《罗盘报》由Kompas Gramedia集团下属的子公司——PT Kompas Media Nusantara出版发行,用印尼文与英语两种文字发行,总部位于雅加达。

《罗盘报》由P. K. Ojong和Jakob Oetama创办,P. K. Ojong是来自西苏门答腊的华人后裔。在创办Kompas前,他在马来语(Melayu Tionghoa)媒体任职。《罗盘报》创刊后不久就摒弃了初期办报设想,成长为一家独立的、不代表任何政治派系的报纸。印尼独立不久,民众急需了解信息和新闻的渠道,加上办报水平精湛,《罗盘报》得到迅猛发展。1969年,《罗盘报》成为印尼第一大报,发行范围从雅加达扩展到全国,成为一份全国性报纸,这一地位一直保持到现在。

1995年,《罗盘报》试水网络化经营,开通了Kompas online的网站,将每份纸质版的《罗盘报》做成网络版,供在线浏览。1998年,网站更名为kompas.com,开启新的内容、设计和市场的战略,由PT. Kompas Cyber Media进行经营。现在kompas.com是印尼最受欢迎、最有口碑、阅读量最

---

① 《东南亚第一大报——〈罗盘报〉的前世今生》,2017-12-10,http://history.sohu.com/a/209580040_740262。
② 依据2019年10月蓝皮书团队对《罗盘报》资深记者的访谈。

大的新闻门户网站之一。2017年12月，kompas.com每月的网页浏览量为1.2亿人次，相当于每日400万次。

以报业起家的罗盘学术集团不仅继续扩展其传统业务，还将业务延伸至广电领域，创办了罗盘电视频道和索诺拉广播网。2008年，Kompas Gramedia电视台成立，品牌名称为KompasTV，由PT Gramedia Media Nusantara公司经营，该电视台主要提供高品质的新闻、探险、知识和娱乐资讯。迄今为止，kompa TV实现了印尼境内的全覆盖，成为东南亚具有重大影响力的媒体之一。

（二）印尼媒体中的中国议题

1. 中国在印尼媒体上的呈现

一项关于印尼《罗盘报》"海上丝绸之路"报道（2014年6月至2015年5月）的追踪研究显示[①]，在信息来源上，印尼本土记者贡献了44%的新闻报道，路透社（Reuters）、法新社、英国广播公司（BBC）和新华社共贡献了56%的新闻报道，其中，新闻源自中国新华社的报道仅占1%。由此可见，该报所谓的"国际化"在国际区域分布上并不均衡，印尼大部分涉及中国的新闻报道的外部来源主要是美、法、英三国的媒体。

另一项对《海峡时报》和《雅加达邮报》关于南海问题报道（2010年7月至2013年6月）的追踪研究表明[②]：两报在报道南海问题时，对于中国，两者不同程度地呈现了在"以邻为伴，还是以邻为壑"与"和平的大象，还是进击的巨人"两个观点之间的摇摆态度。从高层次新闻框架的运用和相应的主导议题选择上看，《雅加达邮报》的主导框架均为措施框架，占比64.7%。在措施框架下，着重通过报道各方对南海问题的可行性措施的商讨和建议，使"和平解决争端，谋求区域安全"成为该报

---

① 刘荃、曾慧岚：《"21世纪海上丝绸之路"的传播现状与建议——以印度尼西亚为例》，《中国出版》2017年第17期。
② 张昆、陈雅莉：《东盟英文报章在地缘政治报道中的中国形象建构——以〈海峡时报〉和〈雅加达邮报〉报道南海争端为例》，《新闻大学》2014年第2期。

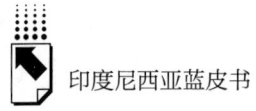

的主导议题，该议题所占的比例最大，为32.4%。《雅加达邮报》在描述中国言行和中国—东盟关系时，主导性框架是"强势竞争"框架，占比为47%，认为随着经济和军事实力的增强，中国在海上领土问题上的言行日益趋于强势。

2. 加强中印尼两国互信建设的媒体报道重点议题建议

中印尼两国在推进双边合作中，需要加强媒体沟通与协调，两国可以在如下议题上加强报道，优化两国在对象国受众中的形象，促进互信建设。这些议题包括如下方面。

（1）加大中印尼人文底蕴与共同利益等议题的媒体呈现力度。

（2）管控双边冲突性议题的报道口径。

（3）重视报道中印尼人文交集和友好交往的传统友谊。

（4）报道推进"一带一路"和"全球海洋支点"建设的对接议题，关注"区域综合经济走廊"建设等中印尼双方的实质性合作成果。2014年10月佐科总统提出"全球海洋支点"，力图促进国内基础设施互联互通与海洋资源开发，中国在推进"21世纪海上丝绸"建设进程中，中资机构参与多项印尼重大民生工程的建设。著名的基建项目，与印尼"全球海洋支点"战略高度契合，中印尼媒体应该予以重点关注。

（5）关注"中国方案"与"印尼声音"对全球治理的贡献。在金砖国家会议上，中国提出了全球治理的"中国方案"，印尼对此积极响应，印尼认为"中国方案"提倡的"构建创新、活力、联动、包容的世界经济"的主题，是对"印尼声音"的回应，创新与包容正是佐科政府希望重构印尼经济与社会秩序的核心价值取向，两国媒体应对此多予关注和报道。

五 加强中印尼人文交流的建议

（一）深化文明交流互鉴，发掘中国"和"文化与"潘查希拉"精神的共通点

中国和印尼在传统文化上存在相似的思想结构，在现代文化意识中存在

相似的建构理念,尤其是中国的"和"文化与印尼的"潘查希拉"精神①,可作为两国传统文化的超越式继承,两者在"天人合一"与"梵我一如"、"以和为贵"与"协商互助"、"和而不同"与"多元一体"三个层面具有相似的价值视野和心理模式,便于催生深度心理认同感和文化同理心。

以现代文化意识为前提,基于文化比较进行中国与印尼文明对话,有利于两国人民以自身文化体系为参照,理解对方的文化体系,进而在合作中增加互信,减少疑虑,促进两国战略对接并向纵深发展。在印尼开展的一项对中华文化整体评价的调研显示②,印尼民众对中华文化有较高的评价,详见表2。

表2 印尼不同受访者对中华文化的评价

受访者类别	整体	高中学生	青年人群	精英人群
中华文化是灿烂的	3.66	3.52	3.55	3.70
中华文化具有活力	3.66	3.48	3.52	3.70
中华文化是有价值的	3.65	3.39	3.52	3.70
中华文化具有吸引力	3.73	3.53	3.63	3.79
中华文化具有多元性	3.82	3.63	3.82	3.77
中华文化具有创新性	3.81	3.63	3.72	3.80
中华文化具有和谐性	3.69	3.67	3.62	3.73
中华文化具有包容性	3.46	3.29	3.31	3.55
中华文化是爱好和平的	3.65	3.58	3.64	3.68
九项均值	3.68	3.52	3.60	3.71

注:5级量表。

印尼民众对郑和下西洋及其对东盟社会文化的影响有着良好的集体记忆,在印尼爪哇省三宝垄市至今坐落着东盟最大的郑和庙。通过以郑和为标

---

① 1945年,在印尼宣布独立的前两个月,首任印尼总统苏加诺(Soekarno)提出了"潘查希拉"(音译,印尼语:Pancasila),即建国五项原则。"潘查希拉"是民族主义、国际(人道)主义、协商一致、共同(社会)繁荣、信仰神道,它们是印尼宪法的基本精神之一,也是印尼人民的核心价值观。

② 关世杰:《中华文化国际影响力调查研究》,北京大学出版社,2016,第676~677页。

志的海上"丝绸之路",高举和平发展的旗帜,借助国家广泛认可的中国传统节日或文化符号,开展艺术和文化交流,促进情感的交融,对保障两国合作可持续性具有重要意义。

(二)以"一带一路"和"全球海洋支点"的衔接为契机夯实两国合作的民意基础

2018年10月,中印尼两国签署推进"一带一路"和"全球海洋支点"(建设海洋强国理念)建设的谅解备忘录,以此为契机积极启动实质性合作。中印尼加强了在金融、电子商务、人文等领域的交流合作,持续推进亚太经济一体化进程,为亚太和全球经济发展注入新动力,这些合作将使双方国民受惠,提供机会与便利,能够提高两国合作的民间认同度。

(三)通过华侨华人的"桥梁"作用促进民心相通

华侨华人之间共有某些文化特性,"使得他们很容易建立起亲密的关系和信任,而这是一切商业关系的基础"①。为此,中印尼交流需要注重与发挥华侨华人跨文化传播的催化剂作用。在尊重华侨华人身份选择和情感倾向的前提下,通过各类文化交流和经济合作强化华侨华人与中国之间的情感。值得注意的是,印尼华侨华人对祖籍国的语言认知在态度上与年龄成反比,越是年轻的华人,对祖籍国的认同越是不足,为此需要加大华侨华人新生代群体与中国大陆之间的情感交流。

---

① 〔美〕塞缪尔·亨廷顿:《文明的冲突与世界秩序的重建》,周琪等译,新华出版社,2002(第三版),第184页。

专题报告

Special Reports

B.5 印度尼西亚海洋经济研究

袁海广*

摘 要： 本文首先回顾了印尼海洋经济的发展历程和现实背景，随后从海洋经济的4个代表性领域即海洋渔业、海洋油气、海洋交通运输和海洋旅游分析了印尼海洋经济的发展现状、面临的挑战和政府措施，最后对中印尼海洋经济合作前景做了简要展望。本文的分析结论认为：印尼海洋经济前景十分广阔，但由于资金、技术等因素制约，目前还处于初级的粗放型发展阶段；中印尼两国在海洋养殖、港口建设、油气勘探等领域合作具有互补性质，合作前景十分看好。

关键词： 海洋经济 合作前景 印度尼西亚

---

* 袁海广，广东外语外贸大学东语学院印尼语系教师。
注：本文括号中除非特别注明，均为印尼文。

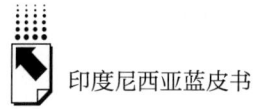

一 印尼海洋经济的发展历程与现实背景

(一) 历史背景

1. 独立前

公元6~16世纪,印尼群岛曾先后出现两个影响力最大的王国,即室利佛逝和麻诺巴歇(又称满者伯夷)。前者是印尼最著名的贸易王国,兴盛于670年,到1025年开始衰落,前后持续了大约6个世纪[1]。作为当时东南亚最大的贸易中心,室利佛逝与中国(唐朝)、印度、阿拉伯、马来半岛诸国都有着密切的经济往来,这也使得它成为中东、印度和中国之间贸易集散的一个重要汇合点[2]。麻诺巴歇是印尼历史上最大的王国,极盛时期的领地,按《爪哇史颂》的说法,不仅涵盖今日全印尼所有领土,还包括马来西亚和菲律宾群岛的一些地方[3]。它最初为农业王国,后来逐渐发展成为港口贸易发达的半商业王国,印尼群岛之间的贸易如马鲁古群岛的香料贸易都在它的控制之下。为了更好地掌控商品贸易,麻诺巴歇还发展了包括海洋军事在内的海洋科技。它辉煌了3个世纪,直至1519年灭亡。[4] 这期间,群岛的王国都非常重视海洋和贸易,对他们来说,大海就是他们的公路,而贸易保障他们的生存和生活。马六甲王国苏丹曼苏尔在1468年写道:"为了掌握绿色的海洋,人民必须从事商业和贸易活动,即使他们的国家是贫穷的……祖祖辈辈的生活从来没有像今天这样富裕过。"[5] 郑和七下西洋曾在两处设有商馆,其一就在马六甲王国。荷兰人在稳固其殖民统治之后,为攫取最大经济利益,在印尼群岛实施重商主义的策略,如强迫供应和强迫种植制度、在

---

[1] Susanto Zuhdi, "Budaya Bahari di Negara Maritim", *Kompas*, 2015 – 12 – 14, 第7版。
[2] 唐慧、陈扬、张燕、王辉:《印度尼西亚概论》,世界图书出版公司,2012,第37页。
[3] 王任叔:《印度尼西亚古代史》(下册),中国社会科学出版社,1987,第630~631页。
[4] *Ubah Budaya Konsumtif Jadi Kreatif*, *Kompas*, 2015 – 12 – 10, 第12版。
[5] 〔新西兰〕尼古拉斯·塔林:《剑桥东南亚史I》,贺圣达等译,云南人民出版社,2003,第396~397页。

殖民地开展排他性贸易等。这使得印尼人更关注陆地事务，印尼民族的航海精神与海洋文化开始消退。①

2. 独立后

苏加诺时期，印尼于20世纪50年代成立海军学院，1957年《朱安达宣言》宣布印尼的海洋包括周边海洋、群岛之间和群岛内部的海洋，1960年立法将荷兰时代领海计算的3海里改为12海里，1963年召开第一届海洋大会，1964年将每年的9月23日定为国家海洋日。② 苏哈托时期，"群岛原则"（Wawasan Nusantara）于1973年进入国家施政纲要，印尼群岛国家的主张于1982年被《联合国海洋法公约》承认，并最终成功地将其五大岛屿中间的海域变成自己的内水。改革时期，瓦希德总统于2000年成立海洋渔业部；苏西洛总统2005年底建立了海上安全协调委员会，2009年修订了2004年出台的《渔业法》，2008年和2014年分别制定了《航海法》和《海洋法》；佐科总统于2015年成立海洋统筹部，2017年颁布《印尼海洋政策总统条例》。而从1969年以来，印尼先后同8个邻国签署了18项边界协议，其中大部分为大陆架划界协议③，和平解决边界纠纷。通过一系列机构、战略、法制和外交等方面的建设，印尼为其海洋经济的发展打下了坚实基础。

（二）资源条件

1. 得天独厚的地缘优势

印尼地处要冲，横跨赤道，位于亚洲和澳洲之间，东接太平洋，西联印度洋，是中国和东南亚的门户。从古至今，它都是中国和印度以及阿拉伯世界交通的枢纽，也是东西方贸易的中转站。时至今日，马六甲海峡每年有

---

① *Poros Maritim Sulit Diwujudkan*，kompas.com，2015 - 09 - 10，http：//print.kompas.com/baca/2015/09/10/Poros - Maritim - Sulit - Diwujudkan.
② Hari Maritim，*Momentum Jadikan Indonesia Mercusuar Dunia*，maritim.go.id，2017 - 09 - 22，https：//maritim.go.id/hari - maritim - momentum - jadikan - indonesia - mercusuar - dunia/.
③ *Perundingan Mendesak Dituntaskan*，Kompas，2019 - 05 - 07，第5版。

10万艘以上的商船经过，约占全球海上贸易量的1/4①。此外，印尼还拥有国际海事组织承认的三大海上通道，亚太地区贸易（占世界贸易70%）的45%在此通过②，将近90%的中日石油也途经此地运输③。

2. 疆域广大幅员辽阔

印尼是世界上最大的群岛国家，有"千岛之国"的美誉。国内共17508个岛屿，联合国注册已命名的岛屿为16056个。印尼官方宣称的陆地面积约191万平方公里，东西南北走向分别为5050公里和1930公里，横跨3个时区；海岸线长达81000公里，居世界第2；海洋面积325万平方公里，若加上255万平方公里的专属经济区，总面积可达580万平方公里。④ 2013年，按生态特点的相似性印尼将其海域分成18个海洋生态区。

3. 丰富的海洋资源非常有利于海洋经济的发展

印尼被称为"赤道翡翠"，热带气候和温暖的洋流十分适合动植物的生长和繁殖。其水域拥有地球全部动植物物种的27.2%，其中包括12%的哺乳类，23.8%的两栖类，31.8%的爬行类，44.7%的鱼类，40%的软体类和8.6%的海藻类⑤。漫长的海岸线、优美的自然风光以及独特的多元文化吸引着世界各地游客，2018年外国游客到访人数超过1500万⑥，2013～2018年巴厘岛连续6年成为外国游客的首选造访之地⑦。此外，世界海上交通线的枢纽地位和海上十字路口的战略位置对它

---

① 《马六甲海峡、苏门答腊岛与建设"21世纪海上丝绸之路"》，中国商务部官网，2017年5月17日，http://www.mofcom.gov.cn/article/i/dxfw/cj/201705/20170502576754.shtml。

② *Kongres Infrastruktur Maritim 2017*，maritim.go.id，2017-08-10，https://maritim.go.id/portfolio/kongres-infrastruktur-maritim-2017/。

③ *Bersinergi Untuk Tingkatkan Pengamanan dan Keselamatan Migas di Lepas Pantai*，esdm.go.id，2018-09-04，https://migas.esdm.go.id/post/read/bersinergi-untuk-tingkatkan-pengamanan-dan-keselamatan-migas-di-lepas-pantai。

④ KKP，*Laporan Kinerja KKP 2018*，2019-03-11，pp.8-9，https://kkp.go.id/artikel/9313-laporan-kinerja-kkp-2018。

⑤ BPS，*Statistik Sumber Daya Laut dan Pesisir 2018*（BPS，2018），p.13。

⑥ BPS，*Statistik Indonesia 2019*（BPS，2019），p.393。

⑦ BPS，*Statistik Indonesia dalam Infografis 2018*（BPS，2018），p.51；BPS，*Perkembangan Beberapa Indikator Utama Sosial Ekonomi Indonesia*（BPS，2019），p.118。

的海洋交通运输业的发展极为有利。辽阔的海域还埋藏着海洋能源等巨大财富。

(三)政策背景

2014年佐科总统提出世界海洋轴心①战略，2017年《印尼海洋政策总统条例》将其细化为7大支柱政策，2019年7月提出未来5年政府施政重点。这一系列举措标志着印尼开始重视发挥自身海洋区位优势，开始全方位、多途径地发展海洋经济。

1. 战略目标

2014年10月，佐科总统在就职演说中强调海洋、海峡和海湾是印尼文明的未来，提出印尼将尽最大努力重回海洋强国的身份，恢复过去祖先即室利佛逝和麻诺巴歇王朝荣耀四海的历史。同年11月，他正式提出要将印尼建设成为世界海洋轴心的战略。该战略围绕文化、经济、外交和国防等4大领域展开，设定了5大阶段性目标：(1)重建印尼的海洋文化，增强民族认同，提升国家凝聚力；(2)维护和管理海洋资源，重点发展渔业，提高人民福利；(3)优先发展基础设施和海上的互联互通，包括建设海上高速公路、发展海洋旅游等；(4)发展海洋外交，开展海洋合作，努力消除如非法捕捞、领土争端、海洋污染等海上冲突的源头；(5)加强海上防卫力量，维护印尼的海洋主权和财富，维护印尼航运安全和海事安全。②

2. 政策手段及法律框架

2017年出台的《印尼海洋政策总统条例》有7大支柱政策：(1)人力资源的发展和海洋资源的管理(共21项具体政策)；(2)海上防卫、安全、执法和救助(8项)；(3)海洋管理和机制建设(3项)；(4)海洋经济和

---

① 印尼语原文为Poros Maritim Dunia，中文也有翻译成全球海洋支点，前者更对应且更能体现印尼的雄心。
② *Ini Doktrin Jokowi di East Asia Summit Tentang Poros Maritim Dunia*, detik. com, 2014-11-13, https：//news. detik. com/berita/d-2747254/ini-doktrin-jokowi-di-east-asia-summit-tentang-poros-maritim-dunia.

基础设施及改善福利（20项）；（5）海洋空间管理和海洋环境保护（12项）；（6）海洋文化（5项）；（7）海洋外交（7项）。

政策的制定基于6大原则：群岛、可持续发展、蓝色经济、透明一体化的管理、大众参与、普及和平等。基于这些政策印尼还制定了2016～2019年印尼海洋政策行动计划；海洋统筹部负责具体实施和监督工作，并协调另外3个部门定期向总统提交海洋政策方案和执行情况报告。

主要的法律框架为2004年有关国家建设规划体系的第25号法令、2007年有关2005～2025年国家长期发展规划的17号法令、2014年有关海洋的第32号法令、2015年有关2015～2019年国家中期建设规划的总统条例。①

3. 未来5年施政重点

2019年7月，佐科就未来5年政府施政的愿景和使命发表演讲，称将采取5大步骤来努力建成一个极具生产力和竞争力且应变灵活的国家：（1）加快大的基础工程建设，尤其是旅游区、经济特区、渔场等的互联互通；（2）优先发展人力资源，重点保障人民医疗、提高教育水平和开展英才计划；（3）拉投资促就业，重点是继续简化手续和打击乱收费；（4）对官僚体制进行结构性改革，使其更快更高效地服务社会；（5）高效使用国家预算。② 由上可见，涉及互联互通的基础设施建设是印尼政府施政的重中之重，在未来还强调人力资源的发展和政府治理机制的提升。

二 印尼海洋经济的发展现状

2019年4月，印尼海洋统筹部长称：根据联合国开发计划署2017年的数据，印尼海洋财富每年可达2.5万亿美元；但由于科技非常欠缺，印尼只

---

① Kemenko Kemaritiman, *Kebijakan Kelautan Indonesia*, maritim. go. id, 2017 - 02 - 01, pp. 51 - 68, https://maritim. go. id/konten/unggahan/2017/07/Kebijakan_ Kelautan_ Indonesia_ - _ Indo_ vers. pdf.

② *Persatuan Jadi Pengikat*, Kompas, 2019.

能利用其中的 7%（即 1750 亿美元），政府目标是至少提高到 17%（即 4250 亿美元）。① 2012 年印尼海洋经济占国家 GDP 的 22%，在中美英日印尼等 12 个主要海洋国家中排名第 1；人均海洋经济产生的 GDP 为 782 美元，排名第 8；2005～2012 年年均增长 15.06%，排名第 3。②

印尼海洋经济潜力巨大，但限于科技、资金等因素制约，还处于初级的粗放型发展阶段。当前，印尼海洋经济的发展主要体现在海洋渔业、海洋油气、海洋交通运输以及海洋旅游等领域。

（一）海洋渔业

印尼海洋经济第一产业主要体现在海洋渔业，由海洋捕捞和海水养殖等产业组成。

1. 资源和就业

印尼将其海域划分为 11 个渔业加工区，区内渔业资源非常丰富。它拥有世界上 20% 的珊瑚礁，世界上 20% 的红树林，海草床面积达 300 万公顷③。印尼海洋有 8500 种鱼类、555 种海藻和 950 种珊瑚礁生物群。世界 37% 的鱼类聚集在印尼海域，其中一些经济价值很高，如金枪鱼、珊瑚鱼、观赏鱼、虾、贝类和海藻等。2018 年印尼可利用的海水养殖面积 1212 万公顷，实际养殖 32.58 万公顷，利用率为 2.7%；潜在海藻养殖面积 917 万公顷，实际 110 万公顷，利用率为 12%。2017 年政府估算，印尼海洋鱼类资源的可持续潜力为每年 1254 万吨。④

2014～2016 年印尼海上渔民人数每年维持在 220 万人左右，2017 年渔

---

① Selfie Miftahul Jannah：*Pemerintah Targetkan Indonesia Miliki 1 Juta Nelayan Berdaulat*，tirto. id，2019 - 04 - 08，https：//tirto. id/pemerintah - targetkan - indonesia - miliki - 1 - juta - nelayan - berdaulat - dlwg.
② 张耀光等：《中国与世界多国海洋经济与产业综合实力对比分析》，《经济地理》2017 年第 12 期，第 106 页。
③ Kemenko Kemaritiman，*Kebijakan Kelautan Indonesia*，2017，p. 21，https：//maritim. go. id/konten/unggahan/2017/07/Kebijakan_ Kelautan_ Indonesia_ - _ Indo_ vers. pdf.
④ KKP，*Laporan Kinerja KKP 2018*，2019 - 03 - 11，pp. 9 - 10，https：//kkp. go. id/artikel/9313 - laporan - kinerja - kkp - 2018.

民人数升至270万人，大部分渔民处于贫困线之下，占印尼贫困人口的25%①。2018年印尼15.32%的行政村位于滨海地区，21.82%的滨海村民主要收入来源于渔业。另据统计，2016年印尼渔民的数量占当年15岁以上劳工人口的1.91%，51.43%的渔民生计完全依赖于海洋捕捞。2016年，从事海水养殖家庭16.768万户，共计50.9413万人，占总从事养殖家庭的38.9%。②因此大力发展极具潜力的渔业，既符合印尼的海洋战略，又能创造就业和减少贫困。

2. 产出及出口

世界粮农组织资料显示，2016年印尼是世界第二大渔产品生产国，仅次于中国。印尼渔业产值近几年一直呈上升趋势（见图1），按不变价格计算，2018年产值达238.6409万亿印尼卢比，比2017年增加5.2%③；按当前价格计算，2017年印尼渔业产值占印尼GDP的2.57%，2018年上升至2.6%④。

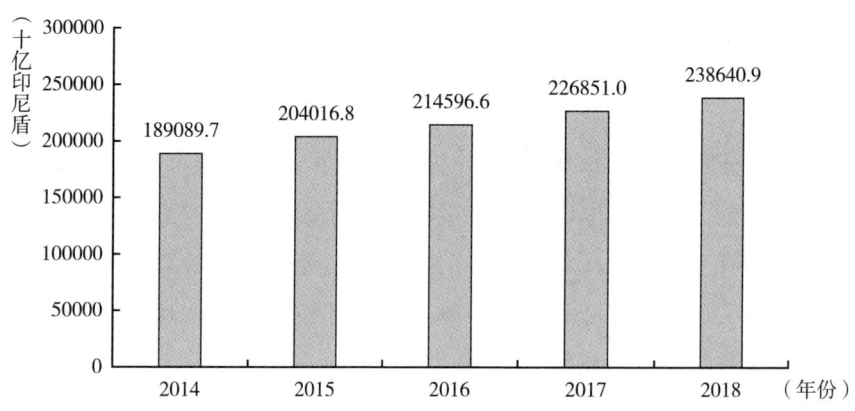

图1 2014~2018年印尼渔业GDP产值

资料来源：BPS。

---

① Selfie Miftahul Jannah：*Pemerintah Targetkan Indonesia Miliki 1 Juta Nelayan Berdaulat*，tirto. id，2019 - 04 - 08，https：//tirto. id/pemerintah - targetkan - indonesia - miliki - 1 - juta - nelayan - berdaulat - dlwg.
② BPS，*Statistik Sumber Daya Laut dan Pesisir 2018*（BPS：2018），pp. 13 - 19，189 - 202.
③ BPS，*PDB Indonesia Triwulanan 2014 - 2018*（BPS：2018），pp. 69 - 72.
④ BPS，*Pendapatan Nasional Indonesia 2014 - 2018*（BPS：2019），p. 122.

2018年印尼海洋捕捞产量约672万吨,约占印尼渔业捕捞总量的93%(见图2),占据绝对主导地位;2016年印尼海洋捕捞渔船数量543845艘,约占捕捞渔船总数的75%。2016年海水养殖产量977万吨,约占印尼渔业养殖总量的61%[1]。海藻养殖业产量略有下降,从2015年的1127万吨降至2018年的1037万吨。2017年印尼人均鱼类消费47.34千克,2018年提升至50.69千克,增幅7.08%。

2018年印尼出口渔产品112.6万吨,价值48.61亿美元,出口数量和金额分别比2017年上升4.64%和7.44%。2019年出口产值目标定为95亿美元,接近2018年的2倍。2018年印尼渔产品出口3大市场分别是美国、中国和日本。其中出口的虾、金枪鱼和螃蟹主要销往美国,而在鱿鱼类及海藻产品上,中国是它最大的顾客。[2]

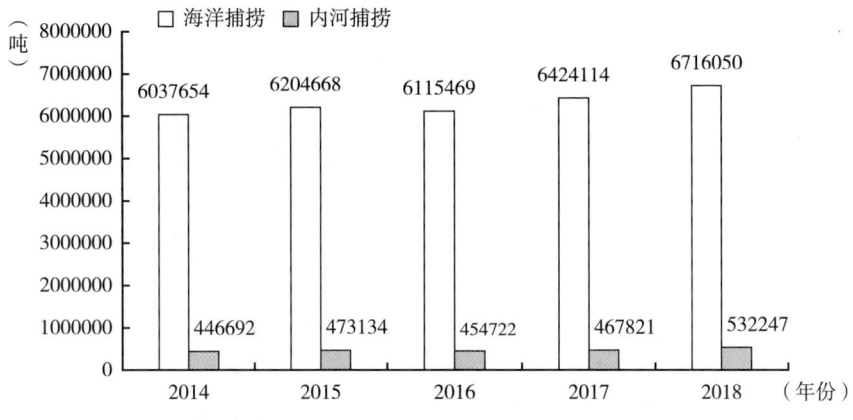

图2 2014~2018年印尼渔业捕捞产量

资料来源:KKP。

(二)海洋油气

印尼海洋经济第二支柱是海洋能源,海洋油气处于主导地位。

---

[1] BPS, *Statistik Sumber Daya Laut dan Pesisir 2018* (BPS:2018), pp. 189, 202.
[2] KKP, *Laporan Kinerja KKP 2018*, 2019-03-11, pp. 94-102, https://kkp.go.id/artikel/9313-laporan-kinerja-kkp-2018.

1. 储量和产出

2018年底印尼已探明石油储量320万桶，占世界储量的0.2%，居世界第19位；已探明天然气储量为2.8万亿立方米，占世界储量的1.4%，居世界第13位。2018年印尼石油日产量80.8万桶，占世界石油总产量的0.9%，比2017年下降3.5%，2007~2017年产量年平均下降1.5%；2018年印尼天然气年产量73.2万亿立方米，占世界天然气总产量的1.9%，比2017年增长0.4%。①

油气行业曾对印尼经济做出很大贡献。如图3所示，印尼石油生产分别于1977年、1995年达到顶峰，巅峰期每日产油160万桶，相当于2018年产量的2倍。巅峰期油气出口创汇206.6亿美元，一度占政府收入的62.88%②。之后一路下滑，2017年和2018年对政府收入的贡献分别是4.99%和4.24%③。

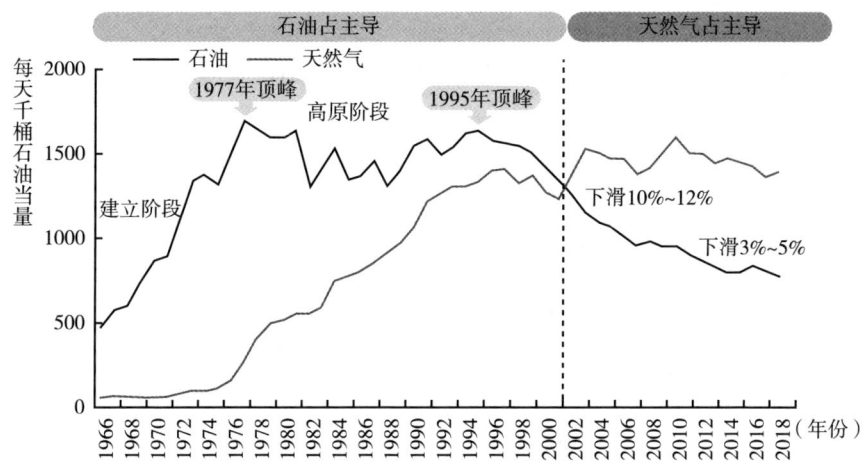

图3　1966~2018年印尼油气产量

资料来源：Skk Migas。

---

① BP, *BP Statistical Review of World Energy 2019*（Pureprint Group Limited, UK：2019），pp. 14-16, 30-32.

② *Indonesia Negeri Kaya Minayak dan Gas*?, Kompas.com, 2017-05-30, https://money.kompas.com/read/2017/05/30/151700226/indonesia.negeri.kaya.minyak.dan.gas。

③ PWC, *Oil and Gas in Indonesia-Investment and Taxation Guide*, 2018-05-01, p.22, https://www.pwc.com/id/en/energy-utilities-mining/assets/oil-and-gas/oil-and-gas-guide-2018.pdf.

2004年以后,印尼开始成为石油净进口国,这一因素以及2015年之前的高油价导致政府在2009~2014年逐步削减国内燃料补贴。2018年,印尼油气贸易发生124亿美元的赤字,与上年相比增长44.7%,为近四年来最大[①]。

2. 发展趋势

2002年以后印尼开始进入天然气占主导地位的油气生产时期(见图3),2017年印尼天然气产量占油气总产量的60%,预计2020年和2050年将达到70%和86%。目前,大约75%的油气勘探和生产位于西部印尼,4个产油区为苏门答腊、爪哇海、东加里曼丹和纳土纳,3个主要产气区是东加里曼丹、南苏门答腊和纳土纳。大部分印尼油气的生产由外国承包商完成,2018年1月数据显示,美国雪弗龙和埃克森美孚公司分别占印尼石油生产的30%和25%,印尼国内石油公司包括印尼国企即国家油气矿产公司(Pertamina)只占23%。[②] 外国承包商合同到期后印尼政府回收外国公司开采作业区项目,Pertamina公司油气生产份额得以提升,2018年占到印尼油气生产的36%,2019年为39%,2021年将达到60%,届时印尼国内公司的全部份额将达到大约70%[③]。

印尼能源和矿产资源部2010~2012年的调查研究表明,印尼70%的油气储量位于海洋中的第三纪沉积盆地,且一半以上处于深水区[④]。随着陆地和浅海油气资源勘探开采接近饱和,最近10年,印尼开始在一些深海区域开展油气生产勘探活动。现有631座海上油气平台,其中运作的有523座,由28位合同承包商负责运营,其余的不运作或面临拆除[⑤]。从表1可

[①] Skk Migas, *Buletin Bumi April 2019*, 2019-06-30, p.6, https://www.skkmigas.go.id/assets/bumi-april-2019.pdf.

[②] PWC, *Oil and Gas in Indonesia-Investment and Taxation Guide*, 2018-05-01, pp.15-19, https://www.pwc.com/id/en/energy-utilities-mining/assets/oil-and-gas/oil-and-gas-guide-2018.pdf.

[③] BPS, *Laporan 4 Tahun Capaian Pemerintahan Jokowi-Jusuf Kalla* (BPS:2018), p.42.

[④] Skk Migas, *Buletin Bumi Oktober 2016*, pp.3-4, https://www.skkmigas.go.id/assets/Bulletin/ccb33082401894467128ab3935a57fe4.pdf, 2019-06-30.

[⑤] *Bersinergi Untuk Tingkatkan Pengamanan dan Keselamatan Migas di Lepas Pantai*, esdm.go.id, 2018-09-04, https://migas.esdm.go.id/post/read/bersinergi-untuk-tingkatkan-pengamanan-dan-keselamatan-migas-di-lepas-pantai.

以看出，2011～2018年，印尼陆地油气的开采作业区数量稳步上升，勘探作业区数量则波动较大；海洋油气的开采作业区数量多年来增幅缓慢，从2011年的24座增至2017年的29座，勘探作业区数量则直线下降，从2011年的82座降至2017年的34座。从油气作业区总计数据来看，其发展呈现倒U形抛物线状的趋势，由2011年的245座到2013～2015年的顶峰，随后滑落至2018年的216座。总体而言，随着陆地油气资源临近枯竭，未来印尼油气的勘探生产将呈现从陆地转向海洋、从西部转向东部的趋势。

表1 2011～2018年印尼油气作业区分布

单位：个

年份	陆地油气作业区数量				海洋油气作业区数量				陆海两栖油气作业区数量				总计
	开采	勘探	废弃	总数	开采	勘探	废弃	总数	开采	勘探	废弃	总数	
2011	34	49	1	84	24	82	5	111	15	31	4	50	245
2012	36	53	1	90	24	74	14	112	15	34	3	52	254
2013	41	56	8	105	27	79	12	118	11	25	3	39	262
2014	42	52	8	102	28	69	28	125	11	18	5	34	261
2015	44	50	16	110	28	48	39	115	12	20	5	37	262
2016	44	49	5	98	29	41	25	95	12	20	3	35	228
2017	45	38	12	95	29	34	20	83	13	16	5	34	212
2018	—	—	—	115	—	—	—	69	—	—	—	32	216

资料来源：根据2011～2018年印尼油气部门每年年度报告整理而来。

除油气外，印尼海洋能源还包括潮汐、洋流、海洋热能等新型能源，其潜力高达61吉瓦，但目前还处于研发阶段，没有进入成熟的大规模商业运用。仅潮汐发电方面，其潜力就达17.989吉瓦，目前印尼潮汐电站总装机容量仅为0.3兆瓦，利用率0.002％。印尼计划2019年建成1兆瓦的洋流发电站，2021年建成7兆瓦的海洋发电站。①

---

① PT. PLN, *Rencana Usaha Penyediaan Tenaga Listrik 2019－2028*, pp. III－14, 2019－05－03, https：//www.esdm.go.id/assets/media/content/content－ruptl－pt－pln－2019－2028.pdf.

（三）海洋交通运输和海洋旅游

印尼海洋经济第三支柱以海洋交通运输和海洋旅游为代表。

1. 海洋交通运输

（1）指数排名和产出。如前所述，印尼地处世界海上交通线的枢纽，发展海运对其极为有利。此外，国内岛屿众多且地理隔绝的客观事实也要求印尼发展海洋交通运输。佐科总统尤其注重岛内、岛际的互联互通，甚至还将目光投向区域之间的互联互通。他上任以来，印尼的物流绩效指数从2016年的2.98分上升至2018年的3.15分，160个国家中的排名也从第63位升至第46位，但仍落后于邻国新加坡（4.0分）、马来西亚（3.22分）、泰国（3.41分）和越南（3.27分）[1]。世界经济论坛《2018全球竞争力报告》中，印尼在班轮运输连通性指数、海港服务效率上在140个国家中分列第41位和第61位，落后邻国新加坡（分别居第2位、第1位）、马来西亚（分别居第19位、第5位），与泰国（分别居第39位、第68位）和越南（分别居第20位、第78位）互有优劣[2]。

2017~2018年，印尼海运GDP产值按当前价格计算分别是41.9858万亿印尼卢比、45.1089万亿印尼卢比，占GDP的份额分别为0.32%、0.30%。按不变价格计算，2017~2018年印尼海运GDP产值分别是31.9691万亿印尼卢比、34.2764万亿印尼卢比，增长速度分别为4.64%、7.22%。[3] 如表2所示，2014~2018年，印尼海洋运输稳步上升，2018年海洋客运和货运占三者总客运量和货运量的3.8%和32%，低于航空运输的17.5%和62.2%，与火车运输的78.7%和5.8%相比各有优劣。

---

[1] World Bank：https://lpi.worldbank.org/sites/default/files/International_LPI_from_2007_to_2018.xlsx.
[2] WEF, *The Global Competitiveness Report* 2018, 2018, p.285, http://www3.weforum.org/docs/GCR2018/05FullReport/TheGlobalCompetitivenessReport2018.pdf.
[3] BPS, *Statistik Indonesia 2019*（BPS：2019），pp.636-644.

表2　印尼国内客运、货运量

单位：千人，千吨

年份	火车运输		海洋运输		航空运输	
	客运	货运	客运	货运	客运	货运
2014	277504	33462	13091	225518	58920	348471
2015	325945	32035	15130	241380	68912	399827
2016	351820	35304	14908	258247	80450	425536
2017	393268	43370	17462	262434	89358	510997
2018	422151	49395	20220	279341	94137	544606

资料来源：BPS。

（2）海上高速公路项目。为减少印尼东西部价格差异，降低交通物流成本，佐科总统2015年提出海上高速公路（Tol Laut）的概念，并将其列为政府优先发展项目，于2016年开始实施。政府制定2015～2019年中期建设规划，斥资39.5万亿印尼卢比建设24个战略港口，即5个国际枢纽港和19个支线港，这当中包括印尼边疆地带、落后地区和偏远地区，比如努沙登加拉岛有2个港口，加里曼丹岛有3个，苏拉威西岛有2个，马鲁古和巴布亚岛有5个。此外，政府还出资57.31万亿印尼卢比采购609艘船只，包括83艘集装箱运输船、500艘渔船和26艘开拓船。此后修改计划又增加5艘载客渡船，3艘机动渡船，10个渡轮码头。截止到2018年10月，印尼已建起19个港口，在建8个港口并预计2019年完成。① 到2019年7月，海上高速公路项目已经有18条固定航线，19支船队。其中11条航线由国企运营，另7条航线拍卖给私企。18条航线上有4大枢纽港，分别是棉兰的勿拉湾、雅加达的丹戎不碌、泗水的丹戎佩拉和南苏拉威西的望加锡港。此外，还有6大转运港，以及66个停靠码头。印尼政府2016～2019年连续4年为此项目投入总计1.266万亿印尼卢比的航运补贴，平均每年高达3165亿印尼卢

---

① *Indonesia Poros Maritim Dunia*, indonesia. go. id, 2019 – 02 – 25, https：//indonesia. go. id/narasi/indonesia – dalam – angka/ekonomi/indonesia – poros – maritim – dunia.

比。① 海上高速公路的货运量从 2016 年的 8.1404 万吨上升为 2018 年的 23.9875 万吨②；20 个城市的通货膨胀率从 2014 年的 8.36% 下降到 2018 年的 1.09%③。印尼交通部部长称海上高速公路项目能降低印尼东西部价格差异的 15%~20%④。

2. 海洋旅游

（1）旅游业外汇创收及贡献。2018 年印尼外国游客到访人数 1581 万人次，外汇收入将近 160 亿美元，排在棕榈油之后。2019 年设定了吸引 2000 万外国游客和 176 亿美元的创汇目标，希望旅游业将成为外汇收入贡献最大的行业。⑤

（2）旅游业竞争力排名。2017 年世界经济论坛发布的全球旅游竞争力报告中指出，印尼在 136 个国家和地区中旅游竞争力指数排名第 42 位，比 2015 年前进 8 位⑥。2019 年 1~5 月外国游客到访人数达 637 万人次，比 2018 年同期增长 2.7%。巴厘岛一直都是外国游客来印尼的首选之地，2018 年通过巴厘岛机场入境的外国游客达 603 万人次，是雅加达首都机场的 2 倍多⑦。外国游客到访印尼人数 2018 年排名前 3 的国家分别是马来西亚（250 万人）、中国（244 万人）和新加坡（177 万人）。印尼星级宾馆 2018 年入住率为 58.75%，入住平均时长 1.98 天。⑧

---

① Doso Agung：*Tol Laut Tanpa Subsidi*，Kompas，2019-07-20，第6版。
② Fransiskus Pati Herin：*Langkah Konkret Perbaikan Tol Laut Dinanti*，Kompas，2019-07-22，https：//Kompas/baca/ekonomi/2019/07/22/langkah-konkrit-perbaikan-tol-laut-dinanti/.
③ BPS，*Statistik Sumber Daya Laut dan Pesisir 2018*（BPS：2018），p.300.
④ Tia Reisha：*Gandeng MARIN, Kemenhub Siapkan Program Kontainer Masuk Desa*，detik.com，2019-02-27，https：//news.detik.com/berita/d-4446156/gandeng-marin-kemenhub-siapkan-program-kontainer-masuk-desa.
⑤ Pramdia Arhando：*Ini Penyumbang Devisa Nomor Dua Terbesar Indonesia*，moneysmart.id，2019-03-18，https：//www.moneysmart.id/pariwisata-salah-satu-motor-penyumbang-devisa-indonesia/.
⑥ *Wisata Indonesia di Mata Dunia*，indonesia.go.id，2019-03-21，https：//indonesia.go.id/ragam/pariwisata/pariwisata/wisata-indonesia-di-mata-dunia.
⑦ BPS，*Statistik Indonesia dalam Infografis 2018*（BPS：2018），p.51.
⑧ BPS，*Statistik Indonesia 2019*（BPS：2019），pp.394，402-404.

印尼旅游业发展势头很快，2018年增长速度为12.58%，高于世界的5.6%和东盟7%的平均增速①。从图4可以看到，2017～2019年，印尼每季度旅游国际收支平衡都实现盈余，入境游人数都超过出境游且花费更多，2019年第1季度盈余13.65亿美元。

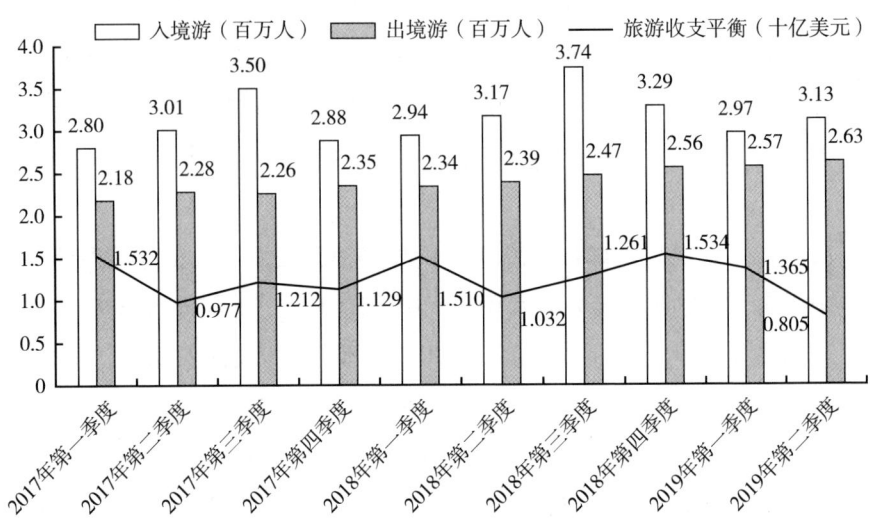

图4　2017～2019年印尼出入境旅游人数及收支平衡

资料来源：BI。

（3）海洋旅游收入。2016年印尼海洋旅游业的外汇收入为12.6亿美元，占当年旅游业外汇总收入的10%左右，政府计划2019年提高到40亿美元②。2018年印尼有海洋旅游点的沿海村庄1700个。参观海洋生态公园游客人数从2013年的276万人次上升至2017年的390万人次。③ 据印尼中

---

① *Sektor Pariwisata Ditargetkan Raup Devisa Rp 246 Triliun di 2019*，kompas. com，2019 – 07 – 28，https：//money. kompas. com/read/2019/07/28/172200726/sektor – pariwisata – ditargetkan – raup – devisa – rp – 246 – triliun – di – 2019 – .

② *Kemenpar dan KKP Buat MoU Soal Pengembangan Wisata Bahari*，cnnindonesia. com，2017 – 02 – 07，https：//www. cnnindonesia. com/gaya – hidup/20170207151142 – 269 – 191849/kemenpar – dan – kkp – buat – mou – soal – pengembangan – wisata – bahari.

③ BPS，*Statistik Sumber Daya Laut dan Pesisir 2018*（BPS：2018），pp. 148，238.

央统计局统计，2018年上半年，印尼有14.89%的国内游客参加过海洋旅游活动，19.5%的国内游客参观过海洋旅游景点①。

三 印尼发展海洋经济面临的挑战和政府措施

（一）海洋渔业

1. 面临的主要挑战

（1）自然灾害和极端天气。印尼境内火山众多且地震频发，加上群岛国家的地理状况，易引发海啸等自然灾害。近20年，印尼是世界第2大自然灾害受害国，排在海地之后，死亡人数超过16万人②。仅2018年就发生1237次自然灾害，为世界之最，其中包括5次火山爆发、10次地震、93起森林火灾、276起山体滑坡、382次洪水、447次旋风③。再加上极端天气的增多，造成海平面上升及海水倒灌，近海养殖场及设施被摧毁，渔民的生命及生计受到严重威胁。

（2）海洋污染和海洋破坏。印尼海洋统筹部部长称，印尼是海洋垃圾污染第二严重的国家④。就世界范围来说，大部分来源于陆地的海洋污染已达到惊人的程度，平均每平方公里海域就有13000份塑料废物；自工业革命开始以来，海洋酸化率已高达26%，海洋也吸收了人类活动产生的约30%的二氧化碳。⑤ 美国和印尼的一项联合研究发现，在望加锡市最大的登陆渔港的市场抽样检查中发现，23%的鱼类样本胃中含有塑料⑥。印尼一些

---

① BPS, *Statistik Wisatawan Nusantara 2018*（BPS：2019），pp. 78 - 79.
② Fajar Ramadhan：*Mitigasi Bencana sebagai Acuan Pembangunan*，Kompas，2019 - 08 - 02，第10版。
③ BPS, *Pilar Lingkungan Indikator Pembangunan Berkelanjutan 2018*（BPS：2018），p. 54.
④ *Pengembangan Destinasi Pariwisata*，maritim. go. id，2017 - 01 - 27，https：//maritim. go. id/portfolio/pengembangan - destinasi - pariwisata/.
⑤ BPS, *Pilar Lingkungan Indikator Pembangunan Berkelanjutan 2018*（BPS，2018），p. 109.
⑥ *Pengelolaan Sampah dan Pengurangan Sampah Plastik*，maritim. go. id，2018 - 06 - 29，https：//maritim. go. id/portfolio/pengelolaan - sampah - dan - pengurangan - sampah - plastik/.

海域非法捕捞现象猖獗,已经出现了过度捕捞的迹象;2012~2016年印尼一共发生700起渔业犯罪行为①。海洋生态的破坏危及印尼社会的可持续发展。

(3)因循守旧的渔猎思维模式。2016年世界前5大渔产品出口国分别是中国、挪威、越南、泰国和美国,印尼不在其列,且在10名之外。印尼传统渔民协会主席认为,印尼的渔业经济已经落后挪威、美国,甚至一些邻国10~15年;印尼一直都是遵循传统渔猎思维模式,强调捕捞而不是有效开发。印尼的水域面积是越南陆海总面积的17倍,海岸线是泰国的30倍,渔民人数世界第2,但表现不及邻国。印尼并没有充分利用自身优势,如养殖面积利用率很低。②此外,世界渔业经济前沿国家长期以来在水产养殖方面开展各种创新,都有各自的优势产品或优势产业,如越南主要的出口收入来自养殖鲷鱼和对虾,泰国是外国远洋船队捕捞金枪鱼的主要加工和罐装中心③。印尼缺乏创新,基础设施和优质人力资源有限,优势产品很少。世界经济论坛发布的《2018全球竞争力报告》中,印尼创新能力在140个国家中排名第68,政府研发投入只占GDP的0.1%,排在第112位,研究机构质量指数排第53位④。据统计,2012~2016年,供职于印尼海洋渔业部各部门的研究者数量一直都在500名上下徘徊⑤。因行业前景的不确定性,优秀人才大量流失,每年大约2000名海洋和渔业学校的毕业生甚至更想成为公务员或去私企工作。

(4)政府部门职能重叠,缺乏协调;法规政策纷繁混乱,一些领域因投资减少而发展滞后。就海上监管和执法这一块,就有多达9个部门机构来负责,分别是印尼海洋安全局、交通部、海洋渔业部、海军、水警、检察机

---

① BPS, *Statistik Sumber Daya Laut dan Pesisir 2018* (BPS: 2018), p. 275.
② M Riza Damanik: *Peluang Perikanan 2024*, Kompas, 2019-07-18, 第6版。
③ FAO, *The State of World Fisheries and Aquaculture 2018*, 2018, p. 56, http://www.fao.org/3/I9540EN/i9540en.pdf.
④ WEF, *The Global Competitiveness Report 2018*, 2018, p. 285, http://www3.weforum.org/docs/GCR2018/05FullReport/TheGlobalCompetitivenessReport2018.pdf.
⑤ BPS, *Statistik Sumber Daya Laut dan Pesisir 2018* (BPS, 2018), p. 187.

关、政治经济安全统筹部、海洋统筹部、经济事务统筹部①。又如海洋保护区,海洋渔业部和林业环境部分别管辖534万公顷和463万公顷,剩余的1268万公顷归各地方政府②。各部门各行其是,缺乏综合、连贯的政策和手段来发展产业。此外,中央和地方制定的渔业法规政策名目繁多,且各地施行不一,导致投资者们望而却步。据统计,在海洋和渔业领域,仅2012~2016年印尼就出台1项法律、4项政府条例、12项总统条例、5项总统决定、1项总统指示、269项部长条例、994项部长决定、929项以部长名义下的决定等③。渔业一些领域因投资减少而发展滞后。如表3所示,渔业加工领域2019年第1季度实际投资额为1623亿印尼卢比,较往年下降44.5%,2016~2019年以年均40%的速度下降。渔业加工因附加值高一直都是印尼政府力推的领域,佐科政府2017年曾下达第3号有关加快渔业发展促进行动的总统条例,但最终效果不尽如人意。此外,印尼的渔业冷藏库的投资最近4年来也一直停滞不前。

表3 2016年至2019年第1季度印尼渔业各领域实际投资额

单位:十亿印尼卢比

年份	加工	贸易	捕捞	养殖	渔业服务	总计
2016年第1季度	791.5	173.9	114.5	51.5	30.5	1161.9
2017年第1季度	541.1	129.4	292.5	198.5	26.3	1187.8
2018年第1季度	292.6	512.8	138.7	203.8	19.4	1167.3
2019年第1季度	162.3	343.2	559.1	316.7	66.6	1447.9

注:投资包括印尼国内外投资和投资信贷。
资料来源:BKPM,OJK。

(5)基础设施有限,从业人员素质不高,生产率低下。据统计,印尼商业和非商业港口总计1241个,平均1个港口服务14个岛屿,日本是服务

---

① BM Lukita Grahadyarini:*Peran Pengawas Perikanan Perlu Dievaluasi*,Kompas,2019-05-10,第15版。
② M Clara Wresti:*Masyarakat Diajak Bersihkan Laut*,Kompas,2019-08-16,第17版。
③ BPS,*Statistik Sumber Daya Laut dan Pesisir 2018*(BPS,2018),pp. 286-287.

3.6个，菲律宾是服务10.1个①。就港口类别来说，2017年印尼一共有7个大洋渔港、18个群岛渔港、37个沿海渔港、388个登陆渔港，数量和分布相对印尼广阔的海域而言并不理想。2016年印尼543845艘海洋捕捞渔船中，有马达的机动渔船、舷外马达渔船和无马达渔船数量各自占比为32%、33%和35%②。2018年，印尼42.12%的劳动力只有小学及以下教育程度，全部劳动力的29.68%分布在农林渔业③。也因此渔民们获取信息的能力和社会资源十分有限，生产率低下。

2. 政府采取的发展措施

（1）发展海洋文化，提高海洋文明意识。印尼政府通过教育、经济和旅游等领域推进印尼海洋文化的发展，以促成印尼群岛文化上的互联互通。如2017年12月，南苏拉威西省皮尼斯船只制造工艺被成功定为联合国教科文组织非物质文化遗产。此外，印尼还在全国12个县市教授海洋课程，每年举办沿海优质旅游文化节④。

（2）出台各项政策法规，加强海洋保护。佐科总统于2016年下达加快渔业发展的第7号指令，2017年和2018年分别出台有关印尼海洋政策、海洋垃圾处理的总统条例。为保护海洋，印尼政府禁止使用破坏性的捕鱼工具，并计划在2025年减少70%的海洋塑料垃圾⑤。为此，印尼政府从2018年开始每年定期开展海洋垃圾清理活动，当年发动5万人在100个地点同时参与，两小时内清理了360吨海洋垃圾。此外，印尼海洋保护区总面积从2016年的1790万公顷上升至2019年的2269万公顷，类型包括国家海洋公园、海洋野生动物保护区等⑥。

---

① *Indonesia Poros Maritim Dunia*，indonesia. go. id，2019 - 02 - 25，https：//indonesia. go. id/narasi/indonesia - dalam - angka/ekonomi/indonesia - poros - maritim - dunia.
② BPS，*Statistik Sumber Daya Laut dan Pesisir 2018*（BPS，2018），pp. 213，204.
③ BPS，*Statistik Indonesia dalam Infografis 2018*（BPS，2018），p. 17.
④ BPS，*Laporan 4 Tahun Capaian Pemerintahan Jokowi-Jusuf Kalla*（BPS，2018），pp. 137 - 138.
⑤ *Pemerintah Indonesia Serius Penuhi Target Penurunan 70 Persen Sampah Laut*，maritim. go. id，2019 - 04 - 15，https：//maritim. go. id/pemerintah - indonesia - serius - penuhi - target - penurunan - 70 - persen - sampah - laut/.
⑥ M. Clara Wresti：*Masyarakat Diajak Bersihkan Laut*，Kompas，2019 - 08 - 16，第17版。

（3）推进海洋外交与合作，优化政府机构职能，强化打击非法捕捞工作。同邻国的海洋划界问题是印尼海洋外交的一个优先解决目标。2019年3月印尼发布《海洋外交白皮书》，称印尼海洋外交有四大目标，即保护国家领土主权、人民福利和连通性、区域和全球稳定以及国家能力。1969年以来，印尼先后同8个邻国达成18项边界协议，目前已解决44.12%的领海、54.65%的专属经济区和70.78%的大陆架问题①。2019年5月，印尼与马来西亚、菲律宾等5个邻国商谈合作保护珊瑚礁；6月推动东盟通过印尼倡议的《东盟印太展望》，海事合作是优先合作领域之一。印尼政府计划强化和凸显海洋安全局在海洋监管和打击非法捕捞方面的职能。2014~2019年印尼共击沉516艘非法捕捞渔船，仅2019年上半年就抓捕了67艘非法捕捞船只②。

（4）努力改善基础设施，振兴渔业发展，提高渔民福利。印尼海洋渔业部在亚齐、玛琅、东弗洛雷斯等地建立了10个综合冷藏库，交由印尼国企运营，可储存100吨渔产品③。2019年4月印尼海洋统筹部宣布，在印尼沿海300个县市实施百万渔民振兴计划，目标对象为30万渔民，计划实施至2019年底。其内容包括推出FishOn安卓App软件，培训1000名渔民及渔业从业者更好地使用信息科技；实施新的一体化高效海产销售模式，渔民收入提升到至少每月1000万印尼卢比④。2016年印尼已建起的培训中心包括捕捞4所、养殖283所、渔业加工99所、机械7所等⑤。此外，印尼政府计划2020~2024年分阶段在各养殖地点附近建立种子中心，降低高昂的物流

---

① *Perundingan Mendesak Dituntaskan*，Kompas，2019 - 05 - 07，第5版。
② *Pemerintah Ekspor 8, 9 Ribu Ton Hasil Perikanan Serentak di Lima Pelabuhan*，kkp. go. id，2019 - 07 - 19，https：//maritim. go. id/pemerintah - ekspor - 89 - ribu - ton - hasil - perikanan - serentak/.
③ BM Lukita Grahadyarini：*Investasi Pengolahan Ikan Melandai*，Kompas，2019 - 07 - 11，第14版。
④ Budi Suyanto：*Program 1 Juta Nelayan Berdaulat akan jadi program ungggulan*，antaranews. com，2019 - 04 - 18，https：//www. antaranews. com/berita/821678/luhut - program - 1 - juta - nelayan - berdaulat - akan - jadi - program - ungggulan.
⑤ BPS，*Statistik Sumber Daya Laut dan Pesisir 2018*（BPS：2018），p. 284.

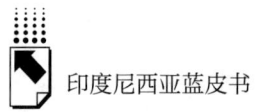

成本。2017年为渔民提供燃料补贴即17081罐液化石油气，高于2016年的5473罐，2018年进一步提高到25000罐，渔民每天出海成本因此减少50000印尼盾①。

（二）海洋油气

1. 面临的主要挑战

（1）印尼石油产量持续下降，急需发现新的大油田。如图3所示，印尼石油产量近年来滑坡严重，与此同时，世界石油价格波动较大，给印尼的财政带来很大困难。2008年印尼甚至一度因产量下降退出石油输出国组织，直到2015年才重新加入。2014～2017年，印尼油气储量替代率一直都在60%上下波动，2018年才开始达到105.6%②。因为产量下降，印尼2015～2018年的炼油能力维持每天116.9万桶的产能③，停滞不前。

（2）东部印尼深海油气开采困难大。随着陆地及浅海油气资源的枯竭，未来印尼油气的勘探生产将从陆地转向海洋、从西部转向东部。印尼东部深海开采油气比较困难，东西部两地地理条件和海洋深度差异很大，钻探技术要求很高，成本昂贵，风险较大。2009～2013年外国油气合作合同商钻探了25个勘探油井，花费19亿美元，未有收获④。2010～2014年，全国共钻探的494口勘探油井，只有153口找到油气，成功率为31%⑤。

---

① ESDM, *Konverter Kit LPG untuk Nelayan Kecil*, esdm. go. id, 2019 – 01 – 07, https：//www. esdm. go. id/assets/media/content/content – konverter – kit – lpg – untuk – nelayan – kecil. pdf.

② Skk Migas, *Laporan Tahunan Skk Migas 2018*, 2019, p. 36, 2019 – 06 – 03, https：//www. skkmigas. go. id/assets/skk – migas_ ar – 2018_ ina_ 190523 – 1563182715. pdf.

③ ESDM, *Laporan Kinerja Tahun* 2018, 2019 – 03 – 22, p. 52, https：//www. esdm. go. id/assets/media/content/content – laporan – kinerja – kementerian – esdm – tahun – 2018. pdf.

④ Skk Migas, *Buletin Bumi Oktober* 2016, 2016, pp. 3 – 4, 2019 – 06 – 03, https：//www. skkmigas. go. id/assets/Bulletin/ccb33082401894467128ab3935a57fe4. pdf.

⑤ ESDM, *Renstra KESDM 2015 – 2019*, 2018 – 04 – 20, p. 95, https：//www. esdm. go. id/assets/media/content/content – renstra – sekretariat – jenderal – kesdm – tahun – 2015 – 2019. pdf.

（3）缺乏资金技术，油气命脉掌于他人之手。由于缺乏必要的资金技术，印尼每年将规划好的油气作业区进行拍卖，通过一定的机制与合同承包商分享成果。2015～2016年，基于成本回收机制的油气作业区方案并未取得成功，2017～2018年开始实行毛利润分享机制，成功拍卖了14个油气作业区①。目前，印尼石油生产主要由外国公司负责，如前所述，两家美国公司已经掌握了55%的印尼石油生产。佐科总统大选的主要竞争对手普拉博沃称，印尼燃料战略储备只够20天之用。此外，全球经济不确定性增加也给印尼油气的投资带来隐忧，进一步影响了印尼油气开发。如图5所示，2016～2017年印尼油气实际投资与政府设定的目标相差很大，其落差分别达到106.2亿美元和138.1亿美元，2018年才缩小至27.3亿美元。印尼的油气投资自2014年开始下降，2018年小幅回升。②

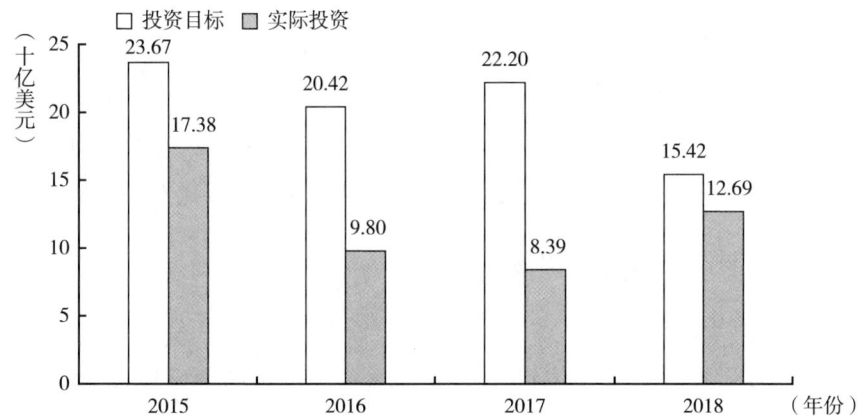

图5 2015～2018年印尼油气领域投资的预期目标和实际数字

资料来源：ESDM。

---

① Skk Migas, *Buletin Bumi Mei 2019*, 2019-06-10, p.8, https://www.skkmigas.go.id/assets/bumi-mei-2019.pdf.

② ESDM, *Laporan Kinerja Tahun 2018*, 2019-03-22, p.96, https://www.esdm.go.id/assets/media/content/content-laporan-kinerja-kementerian-esdm-tahun-2018.pdf.

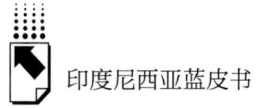

2. 政府采取的应对措施

（1）成立研究机构，力争发现大油田。2019年4月宣布成立印尼油气研究所，由印尼油气部门管辖，负责发布支持油气行业发展的最新数据，同时为油气的储量、生产以及运营成本优化提供长期规划和战略。2018~2025年，印尼将开展19项上游油气重点项目的建设，其中14项为海洋油气项目，总投资约190亿美元，预计每天出产油气约65.1万桶①。印尼能源部还希望印尼海军对海底油气勘探和开采活动提供帮助。

（2）继续简化许可手续，创造良好投资环境。能源部推出一站式在线服务，规定提交完整资料后许可发放必须在10~15天内完成；油气行业作业许可数量由2015年的104项减少至2017年的6项②。世界银行2018年印尼营商便利指数190个国家中排名第73位，比2016年上升了18位③。

（3）促进能源经济一体化发展，增强本地居民的获得感。印尼政府计划在印尼东部和边境地区建立以天然气为基础的新经济增长点。2018年印尼能源部投入3.24万亿印尼卢比用于民生基础设施建设，其中城市天然气网络是重点。2018年，上游油气产业的25082名就业人口中，99%的是印尼本地公民，油气生产所使用的商品和服务中，按金额估算，来自印尼国内的比例为63%，比2017年上升了5个百分点④，政府预期2019年该比例要达到70%。

（三）海洋交通运输和海洋旅游

1. 面临的主要挑战

（1）海运发展滞后，运输类型分布不合理。印尼中央统计局出版的《2018年印尼各省之间的贸易》显示，除了孤悬大岛之外的个别省份以及中

---

① *19 Proyek Hulu Migas Senilai USD 19 Miliar Mampu Penuhi Kebutuhan Nasional*, liputan6.com, 2018-09-25, https://www.liputan6.com/bisnis/read/3652137/19-proyek-hulu-migas-senilai-usd-19-miliar-mampu-penuhi-kebutuhan-nasional.

② *Perizinan pada Kegiatan Usaha Migas*, esdm.go.id, 2018, https://migas.esdm.go.id/uploads/infografis/perizinan-pada-kegiatan-usaha-migas.jpg.

③ World Bank：http://api.worldbank.org/v2/zh/indicator/IC.BUS.EASE.XQ?downloadformat=excel.

④ Skk Migas, *Buletin Bumi Januari 2019*, 2019, p.4, https://www.skkmigas.go.id/assets/bumi-januari-2019.pdf.

东部的几个省份海运比例较大之外，其他各省贸易陆路运输占据绝对主力。爪哇岛上雅加达—泗水海路运输只占9%。国际比较，同期日本和挪威同等地段的海路运输为51%和48%，较为均衡①。

（2）基础设施落后，物流成本高昂。印尼的海港大部分为浅水港，平均水深6米，大型船只无法停靠，使得海上高速公路的设计初衷（从终端到终端）落空②。2019年3月，印尼交通部的官员透露，当前印尼的平均物流成本占据全国GDP总量的25%，远高于越南和马来西亚的13%～15%③。雅加达—棉兰的海运费用超过了广州—棉兰，平均每个集装箱的运输费用高出约200美元④。高昂的物流成本也导致印尼在国际货运中占比很小。

（3）海上高速公路项目设计欠合理，综合利用效率欠佳。印尼东西部发展极不平衡，2018年爪哇和苏门答腊两岛占印尼全国GDP的份额超过80%⑤。这导致两地贸易极不平衡，海上高速公路项目经常是80%的货物运往东部，返程只装载20%的货物回西部，有时甚至空载而回⑥。另据统计，2018年一共只有35个县市437位商人使用了海上高速公路项目⑦，使用率极低，东部地区物价仍然居高不下。

---

① *Indonesia Poros Maritim Dunia*, indonesia. go. id, 2019 – 02 – 25, https：//indonesia. go. id/narasi/indonesia – dalam – angka/ekonomi/indonesia – poros – maritim – dunia.

② *Program Tol Laut Hanya Dinikmati Para Pedagang*, liputan6. com, 2019 – 04 – 27, https：//www. liputan6. com/bisnis/read/3951911/program – tol – laut – hanya – dinikmati – para – pedagang? utm_ expid = . 9Z4i5ypGQeGiS7w9arwTvQ. 0&utm_ referrer = .

③ Rinaldi Mohammad Azka：*Biaya Logistik Indonesia Kalah Efisien di Asia Tenggara*, bisnis. com, 2019 – 03 – 07, https：//ekonomi. bisnis. com/read/20190307/98/897046/biaya – logistik – indonesia – kalah – efisien – di – asia – tenggara.

④ *Program Tol Laut Hanya Dinikmati Para Pedagang*, liputan6. com, 2019 – 04 – 27, https：//www. liputan6. com/bisnis/read/3951911/program – tol – laut – hanya – dinikmati – para – pedagang? utm_ expid = . 9Z4i5ypGQeGiS7w9arwTvQ. 0&utm_ referrer = https% 3A% 2F% 2Fwww. bing. com% 2F.

⑤ Karina Isna Irawan：*Peran Jawa Masih Dominan*, Kompas, 2019.

⑥ Doso Agung：*Tol Laut Tanpa Subsidi*, Kompas, 2019 – 07 – 20, 第6版.

⑦ Dian Kurniawan：*100 Kapal hingga Gerai Maritim Dukung Tol Laut pada 2019*, liputan6. com, 2019 – 02 – 04, https：//www. liputan6. com/bisnis/read/3887516/100 – kapal – hingga – gerai – maritim – dukung – tol – laut – pada – 2019.

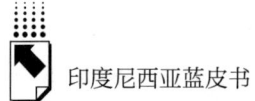

（4）海洋旅游业方面，主要面临巴厘岛之外海洋旅游基础设施开发不够的问题。印尼海洋资源远比马来西亚丰富，但马来西亚海洋旅游外汇收入2016年约80亿美元①，是印尼的6倍多，这说明印尼海洋旅游业还具有很大的开发潜力。

2. 政府采取的针对性措施

（1）发展信息科技，减少物流成本。印尼交通部正在改进和发展信息技术系统，包括在16个港口施行物流运输、电子航行、在线票务等系统，旨在改善港口服务并降低物流成本②。

（2）改进航运、港口、物流系统运行管理机制，提高政府跨部门之间的协同合作。印尼交通部准备推出商品输送链系统来压制成本，在各港口之间增加货物集散船只数量；继续增加航线和开拓船只数量。2019年印尼交通部推出海洋商店计划，并提供100条新船给运营海上高速公路的国企和私人公司；印尼商务部在沿线地区建立9个海洋商店仓储点，支援海上高速公路的建设③。

（3）海洋旅游方面，印尼政府已经将其视为自然资源之后的新经济资源，将其列为优先发展目标，采取了各项措施，如对169个国家实行短期旅游免签，设立4个旅游经济特区，2016年开始斥资290万亿印尼卢比力推10个新巴厘计划，当中7个是海洋旅游目的地④。此外，2018年印尼还将政府预算的0.51%投入旅游和文化领域⑤。

---

① *Kemenpar dan KKP Buat MoU Soal Pengembangan Wisata Bahari*，cnnindonesia.com，2017 – 02 – 07，https：//www.cnnindonesia.com/gaya – hidup/20170207151142 – 269 – 191849/kemenpar – dan – kkp – buat – mou – soal – pengembangan – wisata – bahari.

② *Pengembangan Sistem Informasi Berbasis Digital Kurangi Biaya Logistik*，indovoices.com，2018 – 12 – 10，https：//www.indovoices.com/pemerintahan/menhub – pengembangan – sistem – informasi – berbasis – digital – kurangi – biaya – logistik/.

③ Dian Kurniawan：*100 Kapal hingga Gerai Maritim Dukung Tol Laut pada 2019*，liputan6.com，2019 – 02 – 04，https：//www.liputan6.com/bisnis/read/3887516/100 – kapal – hingga – gerai – maritim – dukung – tol – laut – pada – 2019.

④ *Sektor Pariwisata Ditargetkan Raup Devisa Rp 246 Triliun di 2019*，kompas.com，2019 – 07 – 28，https：//money.kompas.com/read/2019/07/28/172200726/sektor – pariwisata – ditargetkan – raup – devisa – rp – 246 – triliun – di – 2019 – .

⑤ BPS，*Statistik Indonesia dalam Infografis 2018*（BPS：2018），p.12.

四 中印尼海洋经济合作的前景

（一）海洋渔业

2018年，印尼向中国出口渔产品的贸易额为67.63亿美元，占其渔产品出口贸易总额的13.91%，排在美国、日本之后①。双方在海洋渔业一些领域的合作具有互补性质，合作前景十分看好。

1. 海水养殖

根据联合国粮农组织2018年发布的报告，中国自1991年以来水产养殖产量一直高于世界其他地区产量总和，在2002年以后还是世界最大的渔产品出口国。印尼潜在的海水养殖面积利用率很低，只有2.7%，且印尼在渔业加工方面缺乏优势产品，弱于邻国泰国和越南。相比之下，中国技术先进且经验丰富，与印尼开展渔业合作可实现资源与技术的互补。值得注意的是，印尼中央和地方制定的渔业法规政策名目繁多，且各省规定不统一；印尼政府为保护本国渔民利益，有时会颁布临时禁令，增加外资进入的不确定性。

2. 渔船采购

2018年，印尼约有54.4万艘海洋捕捞渔船，有马达的机动渔船、舷外马达渔船和无马达渔船数量分别占32%、33%和35%，还有很大的改善空间。中国的造船业非常发达，双方可就此领域展开合作。

3. 海藻贸易

2018年印尼的海藻出口主要销往中国，占其全部海藻出口的65.12%。海藻具有很高的食用、医药价值，中国在海藻加工领域具有一定的技术优势，在当前中印尼贸易存在明显顺差的情况下，可考虑适当增加进口。

---

① KKP, *Laporan Kinerja KKP 2018*, 2019 – 03 – 11, p.99, https：//kkp.go.id/artikel/9313 – laporan – kinerja – kkp – 2018.

（二）海洋能源

1. 海洋油气

随着陆地和浅海油气资源开发临近枯竭，印尼开始转向深海油气的勘探和开发。中国海上钻井平台"蓝鲸1号"钻井深度突破全球纪录，最大钻井深度达 15250 米，可满足印尼深海勘探和开发要求。深海油气勘探风险较大，印尼以往作业勘探成功率并不高，因此合作需谨慎进行。此外，还需注意印尼对外资项目规定有使用本地商品和服务的要求。2001 年印尼《油气法》、2004 年《油气上游活动政府条例》及 2013 年《能源部国内产品使用参考条例》对此做了相关法律规定，具体实施细则需参考每年印尼能源部发布的《国内产品推荐》。2017 年油气领域的当地商品和服务使用比例要求是 57.83%，2018 年升至 63%，2019 年将其定为 70%。①

2. 海洋新能源

印尼拥有漫长的海岸线，它的潮汐发电、海洋风能等前景广阔，但限于资金和技术，目前很少利用。中国潮汐电站总装机容量已有 10000 多千瓦，2018 年中国已成为世界第三大海上风力发电国家，在这方面双方合作前景十分看好。

（三）海盐业

2018 年印尼盐的产量 270 万吨，比 2017 年增长了 144.14%②。印尼每年都要进口以海盐为主的工业盐，2014 年进口 227 万吨，2018 年上升到 284 万吨。其中，从澳大利亚的进口占据绝大部分，2018 年其份额达 92%。中国的份额从 2014 年的 24472 吨上升到 2015 年的 37404 吨，随后一路下滑

---

① Dewi Aminatuz Zuhriyah：*Penggunaan TKDN Usaha Migas Ditargetkan 70%*，bisnis.com，2019 – 03 – 03，https：//ekonomi.bisnis.com/read/20190303/44/895509/penggunaan – tkdn – usaha – migas – ditargetkan – 70.

② KKP，*Laporan Kinerja KKP 2018*，2019 – 03 – 11，p. 95，https：//kkp.go.id/artikel/9313 – laporan – kinerja – kkp – 2018.

到 2018 年的 899.7 吨。① 而事实上中国是世界第二大产盐国，其中海盐产量居世界首位，因而两国在该领域还有很大的合作空间。

（四）海洋交通运输

1. 港口建设

印尼的海港大部分是浅水港，且东部海港基础设施较差，亟须改善，尤其是海上高速公路途经的区域。中国港口建设的综合实力世界领先，亿吨大港数量已达 34 个，已建成长三角等 5 大港口群。中国的经验和成就可以助力印尼的港口建设。

2. 船只采购

随着佐科总统的成功连任，印尼的海上高速公路项目还将继续推进，开辟的航线和船只需求只会越来越多，双方在此领域可加深交流与合作。

---

① BPS, *Statistik Indonesia 2019*（BPS：2019），p. 615.

B.6 印度尼西亚营商环境发展动态分析

谭娜 郑雨筝 常亮*

摘　要： 鉴于制度软环境对经济发展的重要性，本文使用世界银行发布的2017~2019年《营商环境报告》数据，对印尼的营商环境进行系统分析。研究发现，近年来印尼在电力供应能力方面有明显改善，在获得信贷、保护少数投资者等方面也有了相应改善，营商环境综合排名上升；但仍存在合同执行、企业开办和跨境贸易等方面所需手续较为烦琐且成本较高等不足。本文认为在印尼当前的营商环境下，我国企业对印尼投资时，投资者需要进一步了解政策差异、正确识别投资机会，以及做好风险防范。

关键词： 营商环境　跨境贸易　印度尼西亚

印度尼西亚作为世界上最大的群岛国家，世界第4人口大国，东盟最大经济体，G20集团成员国之一，加上自然资源丰沛和地理位置优越，拥有巨大市场和消费需求，有着良好的投资吸引力。印尼目前是"一带一路"沿线具有重要影响力的国家，而中国是印尼非油气贸易最大的出口市场，也是最大的进口来源国。作为印尼最大的贸易伙伴，印尼对中国的出口产品主要为资源型，而中国对印尼的出口产品主要为工业制成品，双方的贸易在一定

---

* 谭娜，广东外语外贸大学讲师；郑雨筝，广东外语外贸大学会计学院研究生；常亮，广东外语外贸大学副教授，印尼研究中心研究员。

程度上具有互补性。中国在印尼的直接投资虽然有较快的发展，但投资总量仍然偏少。近几年，中国政府提出的"一带一路"倡议为中国企业在印尼的投资提供了十分良好的机会，印尼政府对中国投资者也十分欢迎。那么，中国企业在对印尼直接投资的过程中可能会面临营商环境约束以及应采取的投资策略将是本文探讨的主要问题。

营商环境是国家私营部门企业经营的总体环境。世界银行在2001年成立了Doing Business小组，专门负责对各国营商环境进行连续跟踪评价。营商环境评价的指标主要分为十大项，包含开办企业、办理施工许可证、获得电力、登记财产、获得信贷、保护少数投资者、纳税、跨境贸易、执行合同以及办理破产。这些指标不仅仅体现了一个国家经济发展的软实力，更反映微观经济活力和创新创业环境。[①]

一 印尼营商环境总体发展趋势

通过2017～2019年《世界营商报告》公布的数据可以看出，印尼在这三年中，营商环境综合排名有了很大的提升。在155个国家中的综合排名从2017年的第91名上升至2019年的第73名，营商环境便利度指数从2017年的61.52分上升至2019年的67.96分（见图1）。

营商环境的改善，得益于印尼当局多方位的努力，其中最重要的是法律和政策环境的改善。近年来，印尼当局为吸引外国投资者，在国内进行大刀阔斧的改革。首先，印尼通过立法鼓励外商投资。例如，出台了新的《投资法》，它是由原来的《外国投资法》和《国内投资法》合并改编而成。新《投资法》明确规定"要公正无差别地对待外来投资"，使印尼的外国投资者与国内投资者享有同等的法律地位。政府放宽了外商投资领域的限制，对投资额度、用工规模、进出口产品占比等方面都放宽了条件。其次，对投资

---

① 董志强、魏下海、汤灿晴：《制度软环境与经济发展——基于30个大城市营商环境的经验研究》，《管理世界》2012年第4期，第9～20页。

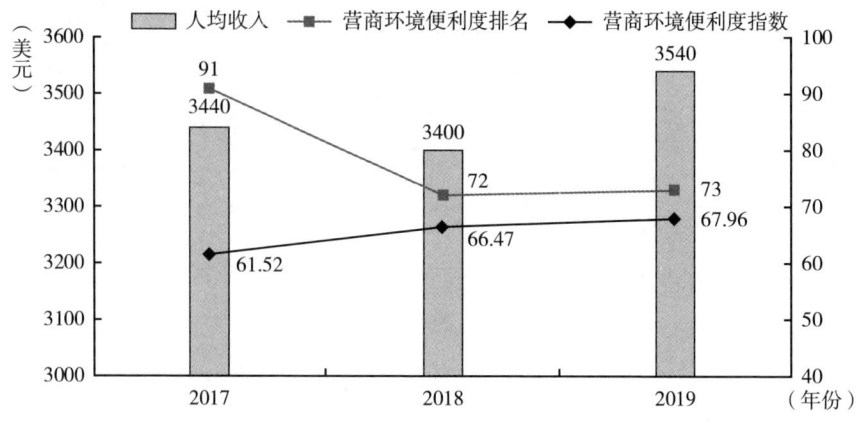

图1　印尼2017～2019年营商环境综合指标

资料来源：2017～2019年《世界营商报告》。

许可办理程序进行了简化，并推行网上办理营业执照和商业许可申请的方式，在全境范围内实行一站式投资许可发放制度。另外，加强对外国投资者的投资辅助服务。印尼投资协调委员会为吸引更多的中国投资者，特意设立了中国投资服务小组（China Desk），该窗口的工作人员均能够熟练使用中文进行对话，协助中国投资者更便捷地处理投资中所遇到的问题。

二　取得的主要进步

（一）电力基础设施改善

印尼通过各种措施来减少获得电力所需的成本，等待时间及办理手续的数量也得到了显著改善。但是由于印尼国家地理环境的问题，获得电力的成本一直居高不下，因此获得电力指数和世界排名并没有明显提升（见表1）。印尼应尽快加强电力设备的基础设施建设，有效降低企业获得电力的成本以及居民支付电力所需的成本。

在印尼电力系统中，印尼国家电力公司（PLN）包揽了全国84%的电力供应和输送，剩余16%则由独立发电企业（IPP）完成。在电力来源方面，

表1 印尼的电力获得数据评价

年份	项目	得分
2017	供电可靠性和电费透明度指数(0~8)	6
	企业接通电力的费用水平(相当于人均收入百分比)	357
	企业接通电力需要的时间(天数)	57.7
	手续(数量)	4.8
	获得电力指数(0~100)	80.92
	获得电力世界排名	49
2018	供电可靠性和电费透明度指数(0~8)	5
	企业接通电力的费用水平(相当于人均收入百分比)	276.1
	企业接通电力需要的时间(天数)	34
	手续(数量)	4
	获得电力分数(0~100)	83.87
	获得电力世界排名	38
2019	供电可靠性和电费透明度指数(0~8)	5.8
	企业接通电力的费用水平(相当于人均收入百分比)	252.8
	企业接通电力需要的时间(天数)	34
	手续(数量)	4
	获得电力分数(0~100)	86.38
	获得电力世界排名	33

资料来源：2017~2019年《世界营商报告》。

燃煤发电是主要来源，占总装机容量的40%，其次是石油（占比29%）和天然气（占比21%）。随着电力基础设施的改善，PLN计划从2019年3月开始向500伏安级的家庭用电客户给予电价优惠。

除印尼的爪哇岛和巴厘岛之外，印尼的其他地区常常会受到停电的困扰。为改善这一问题，印尼近几年建立了包括中爪哇发电厂、中—西爪哇电网、南苏门答腊坑口煤电厂、南安由燃煤电厂、垃圾燃烧发电厂和18省联合循环发电厂等主要电力基础设施。以中爪哇发电厂为例，该厂的发电能力能够为中爪哇1300万人供电，是东南亚同类发电厂中规模最大的项目之一，也是印尼电网35000兆瓦电力计划的一部分。中爪哇发电厂主要由日本公司J-Power、伊藤忠商事公司与印尼Adaro Power公司共同组建的PT Bhimasena电力公司进行日常的企业运营，并将发电厂所产生的电力出售给PLN。该项

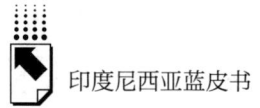

目计划投资32亿美元,由日本国际合作银行(JBIC)和几家亚洲银行提供资金。中爪哇发电厂原计划于2012年开始动工,并于2016年进行商业运营,但由于印尼环保组织的抗议,项目建设推迟,直到2016年底才开始投产第一台1000兆瓦机组,2017年投产第二台1000兆瓦机组;截至2018年12月,项目建设完成63%;预计在2020年该项目可全面投入运营,项目计划投资额度将增加到40亿美元。

印尼电力基础设施的建设和完善也有中国企业的贡献,中国电力企业具有较丰富的项目开发经验。截至2017年,中国水电装机容量和发电量分别达到33211万千瓦和10518.40亿千瓦时,稳居世界第一。在世界排名前20的水电站中,"中国制造"占11席。2018年,印尼政府引进中国投资者对即将建立的四座水电站项目进行投资,总投资金额为350亿美元,该项目位于婆罗洲岛的北加里曼丹省。

(二)信贷环境改善

印尼信贷环境的改善主要表现为征信覆盖率的提高。随着印尼经济的快速发展,信用在市场经济中的作用日益凸显,市场的征信需求也逐年增长。银行所垄断的征信业务正在逐步放开,征信市场化趋势日渐显著。印尼银行在2013年启动了为中小微企业开发通用评级矩阵的试点项目,4家评级机构——ICRA Indonesia、PT PEFINDO、MICRA Indonesia 和 Dun & Bradstreet 参与了本项目。这些评级机构与包括 Mandiri 银行在内的印尼银行进行合作,将信用评级与金融机构的内部信用审批机制进行衔接,为私营信用机构的兴起奠定了基础。这4家评级机构中的 PEFINDO 企业,是印尼历史最久的独立信用评级机构,成立于1993年,PEFINDO 企业与印尼中央银行合作拟定了印尼私人征信公司的监管规定,目前已经为印尼众多公司、地方政府以及在印尼股票交易所挂牌交易的债务工具进行了信用评级。征信市场规模明显扩大,信息来源除银行信贷信息外,公用事业单位也成为征信的信息来源,征信覆盖率提升,达到38.1%。从2017年至2019年的评估数据来看,印尼在获得信贷指数及世界排名均有较为显著的提升(见表2)。

表 2 印尼的信贷数据评价

年份	项目	得分
2017	信贷登记覆盖率(成年人百分比)	51.8
	信用机构覆盖率(成年人百分比)	0
	信贷信息深度指数(0~8)	6
	征信对象合法权利保护力度指数(0~12)	6
	获得信贷指数(0~100)	60
	获得信贷世界排名	62
2018	信贷登记覆盖率(成年人百分比)	55.3
	信用机构覆盖率(成年人百分比)	18.3
	信贷信息深度指数(0~8)	7
	征信对象合法权利保护力度指数(0~12)	6
	获得信贷分数(0~100)	65
	获得信贷世界排名	55
2019	信贷登记覆盖率(成年人百分比)	58.2
	信用机构覆盖率(成年人百分比)	38.1
	信贷信息深度指数(0~8)	8
	征信对象合法权利保护力度指数(0~12)	6
	获得信贷分数(0~100)	70
	获得信贷世界排名	44

资料来源：2017~2019年《世界营商报告》。

但在目前印尼的征信体系中，征信成本仍然较高，需要进一步完善。印尼目前主要实行公共信贷登记部门与私营信用机构相结合的方式进行公众信贷数据的管控，但是由于居民处于第一代身份证向第二代身份证过渡的阶段，居民身份证信息较为混乱，无法进行在线比对核验，人工核对成本较高。此外，印尼在2017年10月才开始实行手机实名制，在进行身份核对时，能够借鉴的数据太少，且银行卡、信用卡普及率过低，由此造成个人身份信息无法进行实时在线比对，这些因素对印尼的征信系统构成了巨大挑战。对于中国投资者而言，上述问题既是挑战又是机遇。目前已经有同盾科技等中国企业开始关注印尼的征信行业，在印尼开展大数据业务。

（三）少数股东权益保护增强

在保护少数股东权益方面，印尼通过增加股东权利、要求公司提高信息透明度等措施，使其在保护少数股东权益指数和世界排名上有所上升。但是董事责任程度指数以及股东诉讼便利度指数没有显著改善，得分并没有显著提升（见表3）。

表3　印尼的保护少数股东权益数据评价

年份	项目	得分
2017	公司透明度指数(0~10)	5
	所有权和管理控制指数(0~10)	6
	股东权利指数(0~10)	6
	股东诉讼便利度指数(0~10)	2
	董事责任程度指数(0~10)	5
	披露程度指数(0~10)	10
	保护少数股东权益指数(0~100)	56.67
	保护少数股东权益世界排名	70
2018	公司透明度指数(0~10)	7
	所有权和管理控制指数(0~10)	7
	股东权利指数(0~10)	7
	股东诉讼便利度指数(0~10)	2
	董事责任程度指数(0~10)	5
	披露程度指数(0~10)	10
	保护少数股东权益指数(0~100)	63.33
	保护少数股东权益世界排名	43
2019	公司透明度指数(0~10)	7
	所有权和管理控制指数(0~10)	7
	股东权利指数(0~10)	7
	股东诉讼便利度指数(0~10)	2
	董事责任程度指数(0~10)	5
	披露程度指数(0~10)	10
	保护少数股东权益指数(0~100)	63.33
	保护少数股东权益世界排名	51

资料来源：2017~2019年《世界营商报告》。

在印尼当前所实行的《公司法》中规定，印尼企业监事会成员如果因为自身失误和疏忽未履行职责导致了公司的损失，则应对此承担责任；若监事会有2名以上成员，则各监事会成员承担连带责任，对监事会进行了较为有效的约束。《公司法》还对企业的盈余公积金进行了明确规定，印尼企业须在每个会计年度从净利润中留存一定的金额（数值由股东大会决定）作为储备金，直到储备金总额达到总认缴股本的20%为止，这在一定意义上保障了股东的权益。印尼《公司法》对董事会及监事会解散公司赋予了极大地权利，其中规定印尼企业在没有发生重大事项的情况下，企业董事会、监事会或者代表1/10以上投票权的股东可以向股东会提出解散公司的提议。如果企业有发生以下情况：（1）检察机关有理由认为公司违反了公共利益或者法律法规；（2）相关方发现公司的成立协议存在缺陷；（3）股东、董事会、监事会认为公司已无法运营，相关人员可直接向地方法院请求解散公司。这些条款加强了股东的所有权，使得股东能够更好地控制公司。

（四）破产保护效率提高

印尼在破产保护方面的改进较为明显。破产时债务清偿率有效提升，处理成本和时间得到有效降低，在2019年世界排名位置有所前移（见表4）。

总体上印尼解决破产问题较往年更为便捷，主要体现在两个方面，即法律框架的完善和破产处理效率的提高。在法律框架方面，近年来印尼政府所做的改进包括：最高法院于2016年2月2日发布文件规定，选择或任命破产处理人员要获得债权人的批准，并且债权人有权从破产处理人员处获得必要的相关信息，这些举措提高了印尼处理破产案件的效率和透明度。2017年第2号法律和人权事务部条例的规定降低了债务管理人的服务收费，从而减少债务人的负担和损失，提高了破产的整体回收率，节约了成本。在破产处理的效率方面，近年来印尼政府允许有救助可能性的企业进行重组。以印尼Mirage公司破产处理为例，在Mirage拖欠付款后，银行启动止赎程序。根据印尼2004年第37号法律关于破产和暂停偿还债务的第六部分，Mirage向商业法院申请暂停偿还债务。其后，止赎程序转换为重组。暂停付款的案

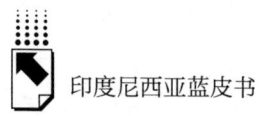

表 4 印尼破产保护项目的评价

年份	项目	得分
2017	破产框架力度指数(0~16)	9.5
	债权清偿率(百分比)	31.2
	破产成本(资产价值百分比)	21.6
	时间(年数)	1.9
	办理破产指数(0~100)	46.46
	办理破产保护世界排名	76
2018	破产框架力度指数(0~16)	10.5
	债权清偿率(百分比)	64.7
	破产成本(资产价值百分比)	21.6
	时间(年数)	1.1
	办理破产指数(0~100)	67.61
	办理破产保护世界排名	38
2019	破产框架力度指数(0~16)	10.5
	债权清偿率(百分比)	65.2
	破产成本(资产价值百分比)	21.6
	时间(年数)	1.1
	办理破产指数(0~100)	67.89
	办理破产保护世界排名	36

资料来源：2017~2019年《世界营商报告》。

件在商业法院审理，从立案到第一次开庭大约需要两个月。商业法院批准临时延期偿付后，任命一名监督法官和一名管理人或接管人协助债务人管理其财产。临时暂停期一般为90天，但可以延期到270天（从临时暂停决定算起）。在此期间，债务人可以提出一项和解计划，债权人将决定是否接受该计划。在Mirage案例中，从出现支付困难到申请破产，再到重组计划通过共耗时13个月，相比以往破产处理的时间显著缩短，效率得到了很大的提升。

（五）降低财产转让税率，促进财产登记

在产权登记保护方面，印尼通过减少登记转让税费使登记房产变得更容易（见表5）。印尼的土地税包括土地和建筑物购置税（BPHTB）、所得税

（PPh）、土地和建筑税（PBB）。根据印尼《地方税收和处罚条例》的规定，BPHTB是地方性税收的一部分，由地方省级政府按相关的地方政府条例（PERDA）来征收。BPHTB征税对象即土地和建筑物产权转让，包括买卖、折价贴换交易、继承、捐献、股权分立导致的资产分割、指定买方拍卖、执行具有法律效力的法院裁决、企业兼并、合并及扩张。土地和建筑物购置税征收标准为交易价格或应税对象市场价格的5%，以较高者为准，由买方支付。土地或建筑物出租的，所得税税率按租金10%征收；土地或建筑物转让的，所得税税率按交易价格的5%征收。如果纳税人从事房地产开发行业，则其转让基本房屋和基本公寓时的税率为1%。该税款必须在卖方将土地或建筑物产权转让至受让人时缴纳。此外，2018年印尼通过修订《2017年第35号财务部部长条例》给予房地产业税收激励，将收取奢侈品税的资产价值从200亿印尼卢比（约合960万人民币）提升到300亿印尼卢比（约合1430万人民币），将奢侈品售卖所得税税率从5%下调到1%，有利于售价高于200亿印尼卢比的住房的销售。

目前，印尼在土地管理上仍然存在一些较突出的问题，例如，审批土地投标、交易、建设等方面的相关证件和行政流程都是一场持久的"拉锯战"。与中国不同，印尼是一个土地私有制的国家，对于中国投资商而言，与印尼土地所有权人之间的协调是一个非常耗时费力的过程，坐地起价的情况十分普遍。著名的雅万高铁项目就因为征地问题进展缓慢，至今仍未完成所有征地。政府主推的工程尚且如此，企业征地难度可想而知。

表5 印尼的登记财产便利性评价

年份	项目	得分
2017	土地管理质量指数(0~30)	12.3
	登记财产成本(财产价值百分比)	10.8
	登记财产时间(天数)	27.4
	登记财产手续(数量)	5
	登记财产分数(0~100)	55.72
	登记财产世界排名	118

续表

年份	项目	得分
2018	土地管理质量指数(0~30)	11.3
	登记财产成本(财产价值百分比)	8.3
	登记财产时间(天数)	27.6
	登记财产手续(数量)	5
	登记财产分数(0~100)	59.01
	登记财产世界排名	106
2019	土地管理质量指数(0~30)	14.5
	登记财产成本(财产价值百分比)	8.3
	登记财产时间(天数)	27.6
	登记财产手续(数量)	5
	登记财产分数(0~100)	61.67
	登记财产世界排名	100

资料来源：2017~2019年《世界营商报告》。

三 存在的主要问题

（一）开办企业和办理施工证所需手续较多且成本较高

印尼在2017~2019年开办企业指数和世界排名均有所上升，2019年相较2017年提升了4.79分，排名提升了17名。究其原因，印尼政府主要通过将不同的社会保障登记结合起来，使开办企业变得更容易；并且通过降低公司的资本要求，降低了开办企业的手续、时间与成本。

但是从国际比较来看，在所有营商环境评分项排名中，开办企业便利性得分的世界排名一直处于130位以后，2017年排名第151位，2019年排名第134位（见表6），存在明显的劣势，是印尼当局需要重点改革完善的领域。

从办理施工许可证项目来看，印尼在2017~2019年的世界排名尚未进入世界前100名，各项指标表现十分有限，其中最为突出的问题是获得施工许可的时间较长，平均超过200天；手续较多，平均为17项，成本达到施工合同价值的4%以上（见表7）。

表6 印尼开办企业便利性评价

年份	项目	得分
2017	开办企业成本(相当于人均收入的百分比)	19.4
	开办企业所需时间(天数)	24.9
	开办企业所需手续数	11.2
	开办企业指数	76.43
	开办企业世界排名	151
2018	开办企业成本(相当于人均收入的百分比)	10.9
	开办企业所需时间(天数)	23.1
	开办企业所需手续数	11.2
	开办企业指数	77.93
	开办企业世界排名	144
2019	开办企业成本(相当于人均收入的百分比)	6.1
	开办企业所需时间(天数)	19.6
	开办企业所需手续数	10
	开办企业指数	81.22
	开办企业世界排名	134

资料来源：2017~2019年《世界营商报告》。

表7 印尼的建筑施工便利性评价

年份	项目	得分
2017	建筑质量控制指数(0~15)	13
	获得施工许可的成本(价值百分比)	5.1
	获得施工许可的时间(天数)	200.2
	获得施工许可的手续数	17
	办理施工许可证指数(0~100)	65.73
	办理施工许可证世界排名	116
2018	建筑质量控制指数(0~15)	13
	获得施工许可的成本(价值百分比)	4.8
	获得施工许可的时间(天数)	200.2
	获得施工许可的手续数	17
	办理施工许可证指数(0~100)	66.08
	办理施工许可证世界排名	108
2019	建筑质量控制指数(0~15)	13
	获得施工许可的成本(价值百分比)	4.4
	获得施工许可的时间(天数)	200.1
	获得施工许可的手续数	17
	办理施工许可证指数(0~100)	66.57
	办理施工许可证世界排名	112

资料来源：2017~2019年《世界营商报告》。

在印尼开办企业和获得施工许可效率低的主要原因在于：（1）印尼各省、区、市享有很高的自治权，中央政府的许多政策在地方上无法得到有效执行。再加上印尼复杂的行政审批程序、议会批准程序，导致流程冗长。（2）印尼的多党制度使得政党之间的争斗消耗了相当一部分的政治资源，间接导致行政效率下降。（3）腐败问题严重。尽管佐科政府近年来大力反腐倡廉，取得了显著成效，但许多问题的解决还有待时日。

（二）纳税环境没有明显改善

纳税环境对企业经营具有极其重要的影响，是营商环境评价中标的重要组成部分。① 2016年，印尼通过促进在线纳税，并将资本利得税法定税率从5%降至2.5%，使得其总税率有所下降，但总体来说，印尼纳税环境评价指标略有改善，但排名不升反降（见表8）。

印尼纳税环境存在的主要问题，一是征税体系复杂，手续烦冗；二是税务监管体系不严，税务机关执法不严，偷税漏税情况较多。实际上，印尼政府已为改善纳税环境做出了巨大努力。2016年，印尼政府实施税务特赦计划并进行税制改革，扩大纳税基础，并着力简化审批手续，加大投资牌照颁发力度，还在网上开通了牌照申请通道，提出了"三小时审批，三小时回复"的服务原则，精简了税收征管流程。2016年1月1日，印尼税务总署开始提供线上纳税服务，以取代传统的通过银行及邮局纳税的形式。2019年，印尼政府与印尼电商巨头Tokopedia合作推进在线纳税，帮助政府简化纳税流程，以此希望能够提高印尼的税收遵从率和国家税收收入。Tokopedia提供在线的国内税收、关税和非税收入三类国家收入的支付服务，用户可以通过该渠道缴纳所得税、增值税、关税等多种税费。此外，政府还出台新规，鼓励纳税人进行电子报税。财政部为简化上市公司年度纳税申报

---

① 李林木、宛江、潘颖：《我国税务营商环境的国际比较与优化对策》，《税务研究》2018年第4期，第3~9页；罗秦：《税务营商环境的国际经验比较与借鉴》，《税务研究》2017年第11期，第26~31页；王绍乐、刘中虎：《中国税务营商环境测度研究》，《广东财经大学学报》2014年第3期，第33~39页。

表8 印尼的纳税环境评价

年份	项目	得分
2017	报税后流程指数(0~100)	76.49
	总税负率(占利润百分比)	30.6
	纳税耗时(小时数/每年)	221
	缴税次数(每年)	43
	纳税环境指数(0~100)	69.25
	纳税环境世界排名	104
2018	报税后流程指数(0~100)	68.82
	总税负率(占利润百分比)	30
	纳税耗时(小时数/每年)	207.5
	缴税次数(每年)	43
	纳税环境指数(0~100)	68.04
	纳税环境世界排名	114
2019	报税后流程指数(0~100)	68.82
	总税负率(占利润百分比)	30.1
	纳税耗时(小时数/每年)	207.5
	缴税次数(每年)	43
	纳税环境指数(0~100)	68.03
	纳税环境世界排名	112

资料来源：2017~2019年《世界营商报告》。

流程，于2019年1月25日签署了关于33家国有上市公司财务信息交换的谅解备忘录，使税务局通过访问交易所XBRL系统的上市公司财务报表，上市公司不再需要向税务局提交财务报表的复件，简化了上市公司年度纳税申报的归档程序，该系统还会继续推广到更多的公司中。但是从效果来看，印尼所做出的一系列改善措施并没有使纳税环境取得显著性的改善，印尼政府在该方面依旧需要以减少办事手续及时间成本为主，出台更多有效政策，以此改善国家的纳税环境。

（三）港口处理跨境贸易业务时间过长且成本高

在跨境贸易环境方面，印尼通过引入电子单一计费系统，加快了清关速度。印尼贸易部将业务系统接入"国家单一窗口"（National Single Window）

系统，企业可在线处理海关文件、许可证申请及关税支付，简化了管理程序。但在跨境贸易环境评价项目中，除处理时间有所缩短之外，其余项目均没有得到有效改善，由此其排名有所下降（见表9）。

表9　印尼的跨境贸易便利性评价

年份	项目	得分
2017	进口成本	547
	进口时间	232.3
	出口成本	392.5
	出口时间	114.6
	跨境贸易指数	65.87
	跨境贸易世界排名	108
2018	进口成本	547
	进口时间	218.6
	出口成本	392.5
	出口时间	114.6
	跨境贸易指数	66.59
	跨境贸易世界排名	112
2019	进口成本	547
	进口时间	205.6
	出口成本	392.5
	出口时间	114.6
	跨境贸易指数	67.27
	跨境贸易世界排名	116

资料来源：2017~2019年《世界营商报告》。

印尼现有141个国际贸易港，其中89个处于全面运营状态，为增强国际市场竞争力，印尼将新开放8个国际贸易港。这8个港口分别位于占碑、万丹、北苏拉威西、邦加勿里洞、西巴布亚等省份，投入运营后将大幅削减印尼偏远或落后地区进行国际贸易的物流成本。

印尼港口的主要竞争对手是新加坡和马来西亚。港口之间竞争主要体现在港口所处地理位置、港口自然条件、科技水平、服务水平、劳动力素质和成本、通关速度及其他软环境方面。由于印尼港口条件不及新加坡和马来西亚，且印尼劳动力素质在上述三国中也最低，通关速度最慢且程序不规范，因此，印尼在港口竞争中处于劣势。

随着中国"一带一路"倡议的实施推进,中国与印尼基础设施建设的合作不断增加。例如,2016年河北港口集团在印尼首都雅加达正式注册成立印尼秦海港口有限公司,标志着河北港口集团投资的首个境外港口项目——印尼占碑钢铁工业园综合性国际港口项目进入全面实质性推进阶段。随着相关基础设施建设的不断推进,印尼跨境贸易环境将不断改善,其独特的地理位置优势将不断得到发挥。

(四)合同执行的司法效率还有待提高

印尼在合同执行的司法效率评价方面一直处于较低的水平。近三年,除了合同执行的司法成本和在耗时方面有所下降外,其他指标没有得到有效的改进,合同执行司法效率指数在2018年还有明显下降,世界排名也有所下降(见表10)。虽然在印尼执行合同的司法成本与时间有所改善,但仍然处于较高水平。

表10 印尼有关合同执行的司法效率评价

年份	项目	得分
2017	司法程序质量指数(0~18)	7.8
	执行合同的司法成本(占索赔额的百分比)	115.7
	通过司法执行合的耗时(天数)	471
	合同执行司法效率指数(0~100)	38.15
	世界排名	116
2018	司法程序质量指数(0~18)	7.9
	执行合同的司法成本(占索赔额的百分比)	70.3
	通过司法执行合的耗时(天数)	403
	合同执行司法效率指数(0~100)	47.23
	世界排名	145
2019	司法程序质量指数(0~18)	7.9
	执行合同的司法成本(占索赔额的百分比)	70.3
	通过司法执行合的耗时(天数)	403.2
	合同执行司法效率指数(0~100)	47.23
	世界排名	146

资料来源:2017~2019年《世界营商报告》。

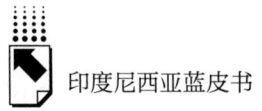
印度尼西亚蓝皮书

四 结语

　　印尼政府对营商环境的改善做出了巨大努力，在一些方面取得了明显进步，这对中国与印尼共同推进"一带一路"建设意义重大。中国企业应该把握机会，积极走向印尼市场。与此同时，从上述分析可以看出，印尼政府虽然在国家层面积极推行"投资亲善型"引资策略，对外国投资者的准入政策有了一定的放松，但在地方层面，受地方保护主义政策影响，依旧会使得外资优惠政策落地受到阻挠。因此，中国投资者在对印尼市场进行投资的同时，也应注意印尼复杂的监管环境、用地环境、税务环境、基础设施不足和技术人才的缺乏等风险因素。

B.7 印度尼西亚伊斯兰金融发展报告

王勇辉 刘德军*

摘 要： 印度尼西亚作为世界上最大的伊斯兰国家，其社会经济发展深受伊斯兰教法的影响。随着国际伊斯兰金融的发展，以及印尼政府的支持，印尼伊斯兰金融近年得到较快发展，主要包括伊斯兰银行、伊斯兰资本市场、伊斯兰保险以及天课等内容，并已成为印尼金融体系的重要组成部分。相对于传统金融业规模，伊斯兰金融仍然只能作为一种补充存在。本文介绍、分析了印尼伊斯兰金融的运行规则和各部分的发展动态。

关键词： 印度尼西亚 伊斯兰教法 伊斯兰金融 规则与体系

一 引言

印度尼西亚是东南亚最大经济体，根据中国外交部2019年1月发布的数据，印尼约有2.62亿人口，其中大约有87%的人口信奉伊斯兰教，是世界上穆斯林最多的国家，大多数穆斯林属于逊尼派。为保障庞大的穆斯林群体在经济金融方面所需要的产品和服务与其伊斯兰信仰不相冲突，在20世纪六七十年代，国际上出现了伊斯兰复兴运动，其中就包括建立具有伊斯兰特质的金融体系。印尼正是受全球伊斯兰复兴运动的影响，逐渐产生了一些

---

* 王勇辉，华中师范大学政治与国际关系学院副教授，中印尼人文交流研究中心研究员；刘德军，华中师范大学政治与国际关系学院硕士研究生。

具有伊斯兰特质的金融活动。

20世纪80年代末,苏哈托对伊斯兰和穆斯林团体态度逐渐宽容,对印尼的伊斯兰经济运动持积极支持的态度,伊斯兰金融机构开始在印尼产生。1991年,印尼建立了第一家伊斯兰金融机构——印尼穆阿马拉特银行(Bank Muamalat Indonesia,BMI),此后印尼伊斯兰金融产业得到持续发展,伊斯兰金融体系日渐成型。1997年,亚洲金融风暴重创了印尼经济,后苏哈托时期的印尼政府非常重视本国伊斯兰金融业的发展。哈比比政府时期,印尼开始为伊斯兰金融发展制定相应的法律制度,此后的历届印尼政府不断推动和完善有关伊斯兰金融业的法律和制度。在苏西洛政府时期,印尼出现了针对伊斯兰金融发展的专门法律,并于2013年成立金融服务管理局(Otoritas Jasa Keuangan,OJK),设有专门的伊斯兰金融部门。

印尼作为我国"一带一路"重要合作伙伴,双方在政治、经贸和人文交流等方面的合作日益紧密,在金融领域也保持良好合作,目前在印尼具有营业场所或合作关系的中资金融企业不断增加,包括中国银行、中国工商银行、国家开发银行、中国建设银行、中国太平洋保险、江泰保险和中国人寿保险等。为推进我国"21世纪海上丝绸之路"与印尼"全球海洋支点"战略对接,深化两国在经贸、金融等领域的合作,促进中国倡导建立的亚投行、丝路基金等金融公共产品在印尼更好地发挥作用,有必要对印尼伊斯兰金融发展状况进行深入研究。

二 印尼伊斯兰金融运行基本规则

与世俗社会的常规金融业相比,伊斯兰金融是依据《古兰经》和《圣训》中有关社会经济问题的言论,以及历史上伊斯兰经济活动的实践和伊斯兰学者对经济理论的解释及补充而产生的经济现象。[①] 因此,伊斯兰金融有其特有的属性和原则,伊斯兰金融机构被视为遵循伊斯兰教义理想的实体。

---

① 吴云贵:《战后伊斯兰经济理论和实践》,《世界经济与政治》1991年第7期,第18页。

在伊斯兰教法的指导下，印尼伊斯兰金融业务的开展遵行三项价值基础：(1) 严格执行伊斯兰教法规定；(2) 金融部门和企业客户之间通过损益分担的方式分担风险；(3) 强调包括穷人在内的所有人都可享受公平的金融资源分配。[①]

具体的交易中，印尼伊斯兰金融业务开展有如下几种运行机制。

(1) 盈亏分摊制（Mudarabah），即银行或其他机构提供资金并承担经营风险，企业或个人投入人力与技术负责经营，获利后，按照此前双方达成的合同中规定的比例分红；如出现亏损，除非经营方的经营失误或违反合同，资金损失全部由出资方承担。

(2) 股份参与制（Musharakah），即银行除提供资金外，也参与到企业的经营活动中，此时银行既是出资方，也扮演一定的经营者角色，盈利则按合同分红，亏损则由银行和企业按投入的股份比重分担。

(3) 成本加价制（Murabahah），即是一种加价转售式的合同，当客户需要资金购买物品时，可与银行协商，先由银行出资购买获得该物品的所有权之后，客户通过分期付款或者延迟付款的方式，支付给银行一个双方商定好的高于银行购买价的价格，付清后客户方可拥有物品的所有权。成本加价制不同于世俗银行的利息，伊斯兰银行在此充当的是中间商的角色，而非传统银行所扮演的贷款方。

(4) 租赁制（Ijarah），与传统的融资租赁类似，即银行与客户达成协议，由银行按客户的需求出资购买某物品的所有权，按照合同规定的期限和租金将该物品租赁给客户，期满后，产权则按照此前的合同决定是否转移给客户。

除以上4种主要机制外，伊斯兰金融还通过代理安排（wakalah）、借贷（qard）等途径展开业务活动。总体来说，印尼伊斯兰金融在开展业务时，既要与伊斯兰教义一致，同时又要满足投融资双方的经营需求。

---

① Permata Wulandari, Niken Iwani Surya Putri, Salina Kassim, Liyu Adikasari Sulung, "Contract agreement model for murabahah financing in Indonesia Islamic banking", *International Journal of Islamic and Middle Eastern Finance and Management*, Vol. 9, No. 2（July 2016）, p. 191.

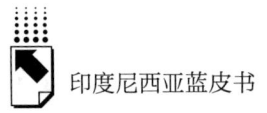

三 印尼伊斯兰金融业发展态势

伊斯兰金融的产生和发展既需要市场基础，也离不开世俗政权的支持。2014年佐科就任印尼总统以来，继续完善伊斯兰金融相关的法律，如2016年通过第9号法律，将向伊斯兰银行提供短期融资作为预防和处理金融危机的措施之一，并以法律形式固定下来，同时不断完善管理体制。2016年，佐科签署第91号总统令，正式成立国家伊斯兰金融委员会（Komite Nasional Keuangan Syariah，KNKS），该委员会由印尼总统担任主席，由印尼央行、经济统筹部、财政部、宗教部等部门共同组成，以协调和监管伊斯兰金融业的发展，使伊斯兰金融成为印尼金融业不可或缺的一部分。此外，将伊斯兰金融发展正式列入印尼国家发展战略规划，并先后针对伊斯兰银行、伊斯兰保险和伊斯兰资本市场制定了2015～2019年的五年发展规划。2015年6月，佐科在印尼开展"热爱伊斯兰金融制度"的运动中明确表示要挖掘印尼伊斯兰金融发展潜力，将印尼打造成全球伊斯兰金融中心。2017年6月6日，印尼中央银行发布了伊斯兰经济与金融发展蓝图，其中包括三大支柱：第一，加强伊斯兰经济发展；第二，深化伊斯兰金融市场；第三，加强研发、评估和教育工作。① 在政府制度支撑下，印尼伊斯兰金融发展取得了重大成就，截至2018年底，印尼是世界上唯一一个拥有超过5000个伊斯兰金融机构的国家，主要机构包括58个伊斯兰保险公司、7个伊斯兰教创业基金、163个伊斯兰农村银行和一批伊斯兰典当行等。② 伊斯兰金融资产达到1265.97万亿印尼卢比，约合900亿美元，占GDP之比约为8.58%。③

伊斯兰金融各细分领域的分展情况分述如下。

---

① 资料来源：印尼中央银行。
② 资料来源：印尼经济统筹部。
③ 《印尼清真经济资产1265.97万亿盾》，印尼《国际日报》2018年12月17日，第A3版。

（一）伊斯兰银行业

印尼伊斯兰金融业的发展以银行业为主。尽管到1991年，印尼才出现真正意义上的伊斯兰银行，但印尼伊斯兰银行业务可以追溯到20世纪80年代。1983年，为了给本国经济发展创造更有成效和更便利的银行融资环境，印尼政府放宽对银行的管制，并计划实施信贷"利润分享制"，这是印尼伊斯兰银行业务的雏形。1990年，印尼乌里玛委员会（MUI）成立伊斯兰银行筹备工作组，1991年，印尼第一个伊斯兰银行——印尼穆阿马拉特银行成立，并于1992年5月1日正式运营。在其运营初期，伊斯兰银行体系并没有以法律的形式固定下来，到哈比比政府时期，印尼颁布1998年第10号法律，明确规定印尼伊斯兰银行业需遵循两种系统监管，即传统银行系统和伊斯兰银行系统的监管。与传统银行相比，印尼伊斯兰银行在利率、银行与客户关系以及银行监督机构上有很大区别。利率上，传统银行往往采取固定利率，而伊斯兰银行则通过利润分享额获得利率，其份额取决于业务表现；与客户关系上，传统银行的主要业务是存款和贷款，因此，与客户的关系是债务人与债权人的关系，而伊斯兰银行与客户之间关系较为复杂，根据业务内容和交易形式差异，伊斯兰银行与客户关系主要包括：（1）伙伴关系（musyarakah和mudharabah）；（2）买卖关系（murabahah、salam和istishna）；（3）租赁关系（ijarah）；（4）债务人与债权人关系（qard）等。此外，印尼伊斯兰银行要设置伊斯兰教法监督委员会，对伊斯兰银行的各个业务进行监督。因此，与基于利息的传统银行相比，伊斯兰银行具有业务活动灵活、注重公平交易和社会福利、有效解决微小企业融资困难等优点。[1] 总之，传统银行与伊斯兰银行并存的双重银行体系不仅为印尼穆斯林提供更多元的金融服务，也有利于分散国家金融风险。[2]

---

[1] Zainul Arifin, *Dasar-Dasar Manajemen Bank Syariah*, Jakarta: Azkia Publisher, 2009, pp. 38 – 41.
[2] Abdul Ghofur Anshori, *Perbankan Syariah di Indonesia*, Jogja: Gadjah Mada University Press, 2018, pp. 33 – 36.

表 1 列举了印尼伊斯兰银行各类业务开展情况，其中股份参与制（Musharakah）和成本加价制（Murabahah）在伊斯兰银行诸多交易形式中资金相对较多。实际上，伊斯兰银行业务在机制上虽与传统银行业务有较大区别，但其形式仍有相通之处。例如，股份参与制业务与传统银行的投资业务相通，而成本加价制与传统银行的贷款业务相近。表面上看，印尼的伊斯兰银行业务是无息的，但实际上是"有息"的，这种利息是作为一种成本加价而存在。在传统银行中，收益主要来源是贷款产生的利息，而这一概念在伊斯兰银行中被称为"加价"，成本加价制是伊斯兰银行收益的主要来源之一。

表1 2015～2018年印尼伊斯兰商业银行主要业务情况

单位：万亿印尼卢比

年份	2015	2016	2017	2018
盈亏分摊制	15.7	16.2	18.1	16.9
股份参与制	60.8	78.5	101.6	129.7
成本加价制	122.1	139.6	150.4	154.9
租赁制	10.6	9.2	9.2	10.6

资料来源：金融服务局（OJK）。

为推动本国伊斯兰银行的发展，印尼中央银行在指导全国银行业方面充分考虑伊斯兰银行发展的需求，[①] 积极支持伊斯兰银行业务发展。2008年6月，印尼国会通过《伊斯兰银行法案》，该法案允许外国资本和国内私人资本合作成立伊斯兰银行，并允许传统商业银行按照一定程序转为伊斯兰银行或者设置特殊窗口为客户提供伊斯兰银行业务等。自1991年印尼穆阿马拉特银行成立以来，印尼伊斯兰银行在政府支持下得到了较好发展。截至2018年底，印尼共有14家伊斯兰银行，1869个开展伊斯兰银行业务的营业

---

① Syaiful Arif, *Islam, Pancasila, dan Deradikalisasi*, Jakarta: Kelompok Gramedia, 2018, pp. 132-143.

厅。① 同时还有22家传统银行的327个营业厅提供伊斯兰金融服务，另有161家伊斯兰农村银行分布在印尼各个乡村，共设有433个营业厅。② 从资产规模上看，伊斯兰银行呈现良好发展势头，近年来资产年增长率在9%~10%。2017年，印尼伊斯兰银行总资产占印尼全部银行业的7%。③ 如表2所示，在2014~2018年，印尼伊斯兰银行业规模有所增长，2018年，印尼在原有12家私营伊斯兰银行基础上，新成立两家国有伊斯兰银行，在全国设有178所国有伊斯兰银行营业厅。在业务方面，2018年印尼伊斯兰银行总存款达371.8万亿卢比，占2018年印尼银行业总存款额的6.6%，较2017年的334.9万亿卢比增长了11%。

表2 2014~2018年印尼伊斯兰银行业发展

单位：万亿卢比

年份	2014	2015	2016	2017	2018
伊斯兰商业银行(家)	12	12	12	12	14
伊斯兰商业银行营业厅(个)	1946	1780	1731	1678	1869
总存款额	217.9	231.2	279.3	334.9	371.8
外汇存款	13.5	14.2	15.0	15.9	16.5

资料来源：Statistical Yearbook of Indonesia 2019，BPS。

印尼政府除制定和完善相关法律外，还为伊斯兰银行分阶段发展制定发展规划。同时，印尼政府也十分重视将伊斯兰银行与实体经济结合起来，印尼伊斯兰相关经济实体主要有清真食品、清真医药、伊斯兰时尚服装业以及伊斯兰旅游业等。为加强伊斯兰银行与伊斯兰实体经济部门合作，印尼央行自2014年至2017年连续四年举办伊斯兰教法经济论坛（Indonesia Sharia Economic Festival，ISEF），在2017年举办的第4届伊斯兰教法经济论坛上提出了伊斯兰金融发展蓝图，主要内容有：加强研究、教育和沟通，促进印尼

---

① 资料来源：Statistical Yearbook of Indonesia 2019。
② 资料来源：印尼中央银行。
③ Heru Purwanto, "Trend of sharia economy is good: BI", 2018-7-8, https://en.antaranews.com/news/115549/trend-of-sharia-economy-is-good-bi.

农业、食品及清真服装、清真旅游业等实体经济与伊斯兰金融的合作与协调等。

总的来说,基于利润分享原则运作的伊斯兰银行系统为印尼民众提供了一种替代选择,丰富了银行产品,促进了金融深化。由于伊斯兰银行业务强调交易的公平性、道德性,禁止投机活动,伊斯兰银行的发展也减少了印尼金融行业的投机交易,有利于印尼金融体系的整体稳定。例如在1998年亚洲金融危机中,印尼的传统银行几乎瘫痪,38家银行的资产被冻结、7家银行被政府接管、4家国有银行面临整改,但穆阿马拉特银行在危机中安然无事。①

需要指出的是,伊斯兰银行虽具有稳健性优势,但在信用扩张能力方面却存在明显不足,因此在扩张速度、服务经济增长方面存在一定劣势。目前,印尼伊斯兰银行在整个印尼银行业中的比重相对较小,远低于传统银行,在地位上更多是作为传统银行的补充。如图1所示,2018年印尼伊斯兰银行市场交易额为47.186万亿卢比,仅占印尼货币市场交易总额的16.2%。

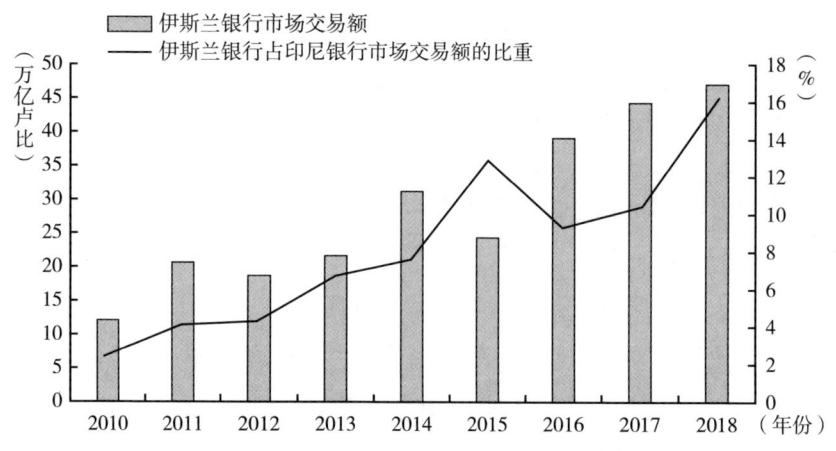

图1 2010~2018年印尼伊斯兰银行交易额在印尼银行业的比重

资料来源:印尼中央银行。

---

① Andrew Shandy Utama, "Policy Directions on Construction of Sharia Banking in National Banking System in Indonesia", *Batusangkar International Conference Ⅱ*, October 14-15 2017, pp. 79-86.

(二) 伊斯兰资本市场

伊斯兰资本市场，即在伊斯兰教法原则指导下的资本市场活动。在印尼，伊斯兰资本市场活动秉承原则是：服从真主（Ibadah）和自由地开展活动（Muamalah），但不能服务于被禁止的活动，如赌博、冒险、高利贷等15项内容。在印尼，伊斯兰资本市场活动参与者不仅仅是穆斯林，任何种族、宗教背景的人都可以参与伊斯兰资本市场活动。

与伊斯兰银行相比，印尼伊斯兰资本市场产生较晚，2000年7月3日，印尼雅加达证券交易所发行第一支伊斯兰股票，伊斯兰资本市场开始在印尼出现。① 近年来，印尼对伊斯兰资本市场越来越重视。为推动本国伊斯兰金融进一步发展，2015年5月15日，印尼金融服务管理局发布了《2015~2019伊斯兰资本市场发展规划》，规定此期间伊斯兰资本市场的战略任务为加强监管、增加供需、开发人力资源和信息技术、促进相关方的政策协同等。在政府的支持下，伊斯兰资本市场在印尼得到较快发展，成为印尼资本市场的重要组成部分。印尼伊斯兰资本市场业务包括伊斯兰债券、伊斯兰基金市场、伊斯兰股票以及伊斯兰房地产投资基金等。

1. 伊斯兰债券的发展情况

伊斯兰债券（Sukuk）是印尼伊斯兰金融发展的重要领域。印尼中央银行重视通过发展伊斯兰债券市场和宗教基金等方式，如发行国家伊斯兰教债券（Surat Berharga Syariah Negara，SBSN），增强伊斯兰金融在基础设施方面的作用。如图2所示，根据印尼中央银行统计，在2010~2018年，印尼发行的SBSN债券金额持续快速增长，至2018年已达433.6万亿卢比，所筹资金广泛用于交通运输、宗教事务、公共工程和公共住房等基础设施领域。2018年2月23日，印尼政府向社会发行高达12.5亿美元的伊斯兰债券，资金用于印尼环保项目投资，印尼因此成为世界上首个以环保名义发行绿色伊

---

① Abdul Manan, *Aspek Hukum Dalam Penyelenggeaan Investasi di Pasar Modal Syariah Indonesia*, Jakarta: Prenada Media, 2015, pp. 77-80.

斯兰债券的国家;① 2019年上半年,印尼伊斯兰债券共发行127次,发行价值达24.95万亿卢比。② 近年来,通过伊斯兰债券融资,已经为苏门答腊、爪哇、西努沙登加拉省、加里曼丹、苏拉威西、马鲁古和巴布亚地区的道路和桥梁等众多基础设施建设项目提供了资金支持。

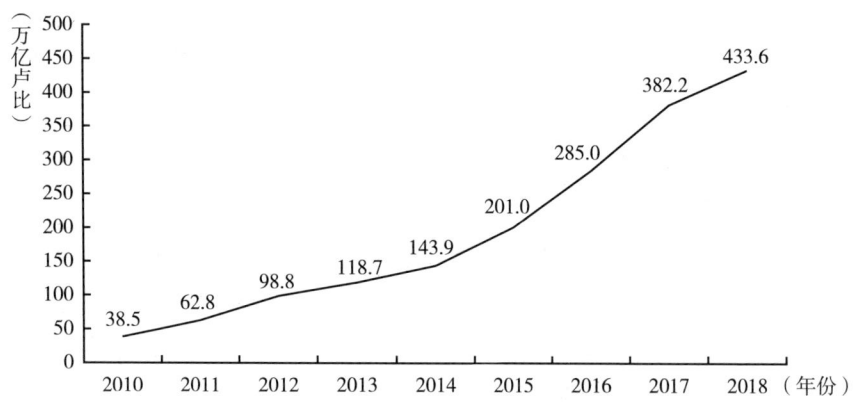

图2　印尼中央银行2010~2018年发行SBSN债券金额

资料来源:印尼中央银行。

2. 伊斯兰基金的发展情况

伊斯兰基金是指进行伊斯兰股票、伊斯兰债券或其他伊斯兰文书形式的金融产品的伊斯兰证券投资基金。近年来,随着经济的发展和印尼穆斯林对伊斯兰金融产品需求的增长,印尼伊斯兰基金市场得到快速发展。如表3所示,2013~2018年,印尼伊斯兰基金规模不断增长,2018年,伊斯兰基金交易量达到224次,比2017年增加42次;交易额达344.91万亿卢比,比2017年增长21.8%。与印尼整个基金市场相比,伊斯兰基金市场仍然份额较小。2018年,伊斯兰基金交易量占整个印尼基金市场的10.67%,交易额占6.82%,这与印尼庞大的穆斯林人群并不相符,未来仍有较大发展空间。

---

① 《我国发行12.5亿美元绿色清真债券》,载印尼《国际日报》2018年2月24日,第A3版。
② 资料来源:金融服务局(OJK)。

表3　2013~2018年印尼伊斯兰共同基金发展

单位：次，万亿卢比

年份	2013	2014	2015	2016	2017	2018
伊斯兰基金交易量	65	74	93	136	182	224
伊斯兰基金交易额	94.32	111.58	110.19	149.15	283.11	344.91

资料来源：金融服务局（OJK）。

3. 伊斯兰股票的发展情况

一般来说，股票意味着风险和赌博，而这些恰恰是伊斯兰教法所反对的。与传统股票不同的是，伊斯兰股票持股人的获利亏损取决于企业经营利润，并不用于投机炒作。发行该股票的逻辑如同盈亏分摊制融资，这种发行股票融资方式与伊斯兰教法并不冲突，因此，教法允许该类股票发行。[①] 在印尼，金融服务管理局规定：股票形式的伊斯兰证券是基于资本参与和利润共享原则下展开的活动，在这里，股票是投资者向公司参与资本的证明，投资者根据股价获得股息。与传统的股票相比，伊斯兰股票受到严格的监督和审查，要求投资者获得股票成为持股人后，禁止赌博，禁止将所持股份随意买卖等。庞大的穆斯林人群为印尼伊斯兰股票市场发展奠定了基础，2018年，印尼雅加达股票交易市场中的伊斯兰股票市值达2239.5万亿卢比，印尼全部伊斯兰股票市值达3666.7万亿卢比。[②] 伊斯兰股票市场的发展，既丰富了印尼资本市场的多样性，同时又能广泛地动员印尼穆斯林，积聚社会闲散资金，为印尼经济发展服务。

（三）伊斯兰保险业

印尼伊斯兰金融还包括非银行金融业务（Industri Keuangan Non-Bank，IKNB），根据印尼金融服务管理局2011年第21号条例，印尼伊斯兰非银行

---

① 李文君：《伊斯兰资本市场研究——以马来西亚为例》，《区域金融研究》2018年第1期，第55页。
② 资料来源：金融服务局（OJK）。

金融业务主要包括伊斯兰保险、伊斯兰财务公司、伊斯兰风险投资公司和伊斯兰微型金融机构等。印尼伊斯兰非银行金融业务与传统的非银行金融业务在业务提供方面大同小异，只是前者是基于伊斯兰教法原则下开展业务活动。自20世纪90年代以来，伊斯兰非银行金融业务已经成为伊斯兰金融业的重要组成部分，是印尼伊斯兰经济发展的重要推动力。

印尼伊斯兰非银行金融业务以伊斯兰保险为主，伊斯兰保险业是近代新生产物，在《古兰经》和《圣训》等伊斯兰教法中并未提及有关保险的概念。保险的主要思想是防患于未然，伊斯兰教的基本信仰指信安拉、信经典、信使者、信后世、信前定，既然生活都是真主安排的，参与保险等业务就意味着要对命中注定的际遇进行防范，对真主安排的命运有所抗争。因此，长期以来，许多伊斯兰教学者认为保险业违反了伊斯兰教法原则。随着社会经济的发展，不可预见的风险日益增多，保险成为应对风险的有效途径，再加上近代以来一些伊斯兰经济学家将西方经济学重保险等合理要素引入伊斯兰经济思想中，保险逐渐得到穆斯林的认可和接受，① 但在伊斯兰教法指导下的伊斯兰保险与传统保险有很大的区别，在传统概念下，保险是双方或者多方签订协议后，被保险人通过协议向保险公司索赔，被保险人和保险公司是客户与企业之间的关系。而伊斯兰保险，是由一群互相帮助的人通过自愿捐赠等方式进行募集资金，用以帮助需要帮助的人。②

印尼的伊斯兰保险业与伊斯兰银行一样是20世纪80年代印尼伊斯兰经济运动之后产生的。1994年2月，在马来西亚伊斯兰保险公司和伊斯兰发展银行共同投资下，印尼成立首家伊斯兰保险公司——印尼伊斯兰保险公司（PT Asuransi Takaful Indonesia）。与伊斯兰银行在印尼的发展一样，政府通过制定相应的法律和制度框架来规范和促进其发展。2010年，印尼财政部发布2010年第10号财政部长条例，对伊斯兰教法原则下的保险业务和再保险业务的基本模式及原则做出具体规定。该条例的第一部分第1条规定：印

---

① 曹庆峰：《伊斯兰保险理论与实践》，《中国穆斯林》2013年第1期，第21页。
② Ahmad Ajib Ridlwan, "Asuransi Perspektif Hukum Islam", *Jurnal Hukum dan Ekonomi Syariah*, Vol. 4, No. 1, 2016, pp. 75 – 87.

尼的伊斯兰保险主要基于自愿捐赠（Tabarru）和相互合作（Ta'awuni）原则展开业务，其中自愿捐赠没有回馈，包括一种资助形式的赠款合同（Akad Tabarru）和直接向人们捐赠资金（Dana Tabarru）；而赠款合同和相互合作等伊斯兰保险业务主要通过交易（Tijarah）、代理安排（Wakalah）以及盈利分享（Mudharabah）和合资（Musytarakah）等具有伊斯兰教法特质的模式开展。印尼2010年第10号财政部长条例等法律法规为本国的伊斯兰保险和再保险行业的发展奠定了制度基础。

与伊斯兰银行一样，印尼政府也为本国伊斯兰保险业的发展制定了专门的发展规划，2015年印尼金融管理服务局发布的《伊斯兰非银行金融业发展路线图（2015~2019）》("*Roadmap IKNB Syariah, 2015-2019*")中，印尼政府对伊斯兰保险发展做出的规划是：第一，业务方面，加强业务拓展和业务能力，尤其是大力支持伊斯兰再保险业务的发展；第二，加强和完善伊斯兰保险公司管理体系，一方面学习优秀伊斯兰保险公司的先进经验，另一方面对伊斯兰保险公司的业务活动加强监督；第三，加强对伊斯兰保险业务的风险控制，制定并实施伊斯兰保险业的预警系统，同时评估和完善相关风险管理手册；第四，建立支持预警系统的应用报告和监测系统，建设伊斯兰保险产品的数据库等。

随着印尼大量的穆斯林及其他民众对伊斯兰保险接受程度的加深，再加上伊斯兰保险在业务模式上日渐成熟，印尼伊斯兰保险业近年来显著发展。印尼伊斯兰保险主要涉及人寿保险和财产保险两大类业务，以及对保险公司的再保险业务。在机构数量上，如表4所示，根据印尼金融服务管理局统计，2018年印尼拥有的伊斯兰保险单位共62家，而在2002年仅有5家。其中伊斯兰保险公司数量在2010~2014年只有5家，2017年则达到12家。再保险业务则是由一般保险公司通过开设专门业务窗口承担。

在资产规模方面，如表4所示，2010~2018年，印尼伊斯兰保险资产规模总体上保持高速增长态势。2010年，印尼伊斯兰保险总资产为6.97万亿卢比，至2018年，伊斯兰保险总资产达41.96万亿卢比，是2010年的6倍。其中，伊斯兰人寿保险是印尼伊斯兰保险业的主要业务，2018年，伊斯

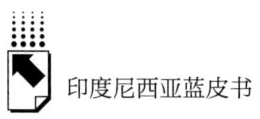

表4 2010~2018年印尼伊斯兰保险业发展情况

单位：万亿卢比

年份		2010	2011	2012	2013	2014	2015	2016	2017	2018
保险单位	人寿保险公司(家)	3	3	3	3	3	5	6	7	7
	财产保险公司(家)	2	2	2	2	2	3	4	5	5
	人寿保险营业窗口(个)	17	17	17	17	18	19	21	23	23
	财产保险营业窗口(个)	20	18	20	24	23	23	24	25	24
	再保险公司营业窗口(个)	3	3	3	3	3	3	3	3	3
	总计	45	43	45	49	49	53	58	63	62
资产	人寿保险	5.63	7.27	10.02	12.81	18.05	21.61	27.08	33.48	34.47
	财产保险和再保险	1.34	1.93	3.22	3.84	4.32	4.91	6.16	7.04	7.49
	总资产	6.97	9.20	13.24	16.65	22.37	26.52	33.24	40.52	41.96
	年增长率(%)		45.2	31.95	43.87	25.75	34.34	18.55	25.34	21.90	3.55

资料来源：金融服务局。

兰人寿保险资产达34.47万亿卢比，占印尼伊斯兰保险业总额的82.15%。伊斯兰财产保险和再保险方面规模虽小，但增速较快，2018年伊斯兰财产保险和再保险资产达7.49万亿卢比，比2010年增长6.15万亿卢比。尽管印尼的伊斯兰保险业持续增长，但目前来看，与传统保险业相比其规模仍然很小，在印尼整个保险市场只占约5%的比重，[1] 这与印尼庞大的伊斯兰市场并不相符，意味着未来伊斯兰保险业在印尼仍有很大的发展空间。

除上述伊斯兰金融业务外，印尼伊斯兰金融还涉及典当行等领域。典当行是为中小企业获取融资的方便渠道，2018年，印尼伊斯兰典当行未偿还贷款总额达6.946万亿卢比，同比增长43.63%。[2]

伊斯兰金融业在风险分担和利润分享等原则基础上，通过为穆斯林和社区提供适当的金融产品和金融服务来增加业务收入，并增进社会福利，印尼

---

[1] 资料来源：金融服务局。
[2] Ichsan Emrald Alamsyah, "Pegadaian Syariah Targetkan Pertumbuhan Bisnis 29 Persen", 印尼《共和国日报》, 2019-1-2, https://republika.co.id/berita/ekonomi/syariah-ekonomi/19/01/02/pkpj1k349-pegadaian-syariah-targetkan-pertumbuhan-bisnis-29-persen。

伊斯兰金融业正在向一个伊斯兰教法主导下的成熟产业发展,① 它与实体经济相结合,为基础设施建设、教育和农业等领域发展提供融资支持;它动员国内储蓄为国家项目提供资金,为政府和企业部门提供多元化的融资渠道;它还有利于控制金融风险,营造稳定的投资环境;它推动金融深化,使金融服务尽可能覆盖社会各阶层,尤其是低收入群体。

四 结语

自20世纪80年代印尼伊斯兰经济运动以来,庞大穆斯林群体产生的现实需求和政府的有效支持,使印尼伊斯兰金融业得到显著发展,伊斯兰金融服务被越来越多的印尼民众所接受,尤其在伊斯兰银行、债券、股票、保险等领域的发展,使印尼的伊斯兰金融体系日渐成熟。尽管当前传统金融部门仍然占据绝大份额,伊斯兰金融只是作为一种补充而存在,但庞大的穆斯林群体需求意味着印尼在伊斯兰金融发展上还有很大的潜力。2019年的总统大选中,佐科携手印尼伊斯兰宗教领袖——马鲁夫·阿敏以55.5%的得票率赢得选举,其发布的竞选施政纲领中包含支持印尼伊斯兰金融发展的倡议。② 可以预计,在政府的支持下,印尼伊斯兰金融业将会得到进一步发展。

随着中国和印尼共建"一带一路"倡议的不断推进,以及经贸合作的不断深入,我国金融业在与印尼合作时必须注重其伊斯兰宗教因素。值得借鉴的是,美国、英国和日本等非伊斯兰国家都通过发展伊斯兰金融业来加强与阿拉伯世界的金融合作。印尼作为世界上最大的伊斯兰国家,我国金融业等产业在进入印尼时应对印尼伊斯兰金融体系进行深入了解,应注意以下两

---

① Budi Sukardi, Taufiq Wijaya, Marita Kusuma Wardani, "Inklusivisme Maqâṣid Syarī'ah Menuju Pembangunan Berkelanjutan Bank Syariah di Indonesia", Jurnal Tsaqafah, Vol. 12, No. 1, 2016, pp. 209–230.

② Devina Heriyanto, "Here are Jokowi-Ma'ryf's nine 'missions' for 2019's presidential poll", The Jakarta Post, 2018–12–05, https://www.thejakartapost.com/news/2018/12/04/here-are-jokowi-marufs-nine-missions-for-2019s-presidential-poll.html.

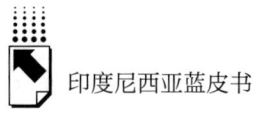

方面。

首先,我国金融业进入印尼开展海外业务时应尊重印尼人民的宗教信仰。印尼作为一个全民信教的国家,尽管其政权是世俗政权,但是宗教在印尼社会生活中占据着非常重要的地位。因此,我国银行、保险等金融企业在印尼提供业务服务、进行金融合作,不仅要遵守印尼相关法律,同时应深入了解伊斯兰教等印尼社会的主要宗教信仰,保证业务活动与其宗教教义不相冲突。

其次,中国和印尼进行金融合作时应拓宽思路。中资金融企业一方面可借鉴印尼传统金融机构开设伊斯兰金融服务窗口的方法扩大业务范围。另一方面还可建立中印尼合资金融机构,通过第三方金融公司扩大在印尼的业务范围。以银行业为例,我国银行业在印尼主要通过设立代表处、建立分行、签订合作备忘录等形式开展业务活动,在合资银行方面仍属空白。印尼对外资银行在印尼设立分行设定了三大条件:第一,被世界顶尖评级机构评定为A级及以上;第二,总资产在世界排名前200家之内;第三,分行营运资金最低为3万亿卢比。而对合资银行的业务范围没有特别的限制,合资银行注册资本与国内商业银行一样为3万亿卢比以上,外资持股最高可达99%。通过构建合资银行,有利于中资金融业扩大业务范围,通过合资的形式让印尼相关人士参与银行管理,还有利于增进中印尼金融机构的相互了解和深入合作。

B.8
印尼的中国劳工问题被"安全化"的原因与对策分析[*]

潘玥[**]

摘　要： 在"一带一路"倡议下，中国对印尼投资日益增多，在此背景下，印尼的中国劳工问题成为印尼社会争议的焦点，被上升为公共问题甚至国家安全问题，即劳工问题"安全化"。本文分析了该问题被"安全化"的路径，即印尼一些权威阶层通过"言语—行为"宣称中国劳工威胁印尼国家安全，从而启动安全化动议；媒体跟进并不断扩大舆论影响，促使公众认同安全化动议；进而公众以"言语"和"行动"回应。印尼的中国劳工问题"安全化"的基础是印尼社会长期存在的对华文化隔阂。印尼方将中国劳工问题"安全化"，既不利于印尼国内的社会和谐，也打击了中国企业对印尼的投资信心，本文最后就印尼方如何对该问题"去安全化"提出建议。

关键词： "一带一路"倡议　中国劳工　"安全化"　印度尼西亚

"一带一路"倡议在印度尼西亚逐步推进，在取得成绩的同时，也开始显露出问题，中国对印尼投资问题的"安全化"已成为普遍现象。其中，

---

[*] 2016年度教育部人文社会科学重点研究基地重大项目"华侨华人与我国'一带一路'战略的实施"（项目批准号：16JJD810006）。

[**] 潘玥，博士，暨南大学国际关系学院华侨华人研究院副研究员。

印尼的中国劳工问题"安全化"是最标准、最典型的"安全化"案例,是一个"下层积极回应"的安全化案例,民众的回应更为积极,甚至激进。它所带来的影响犹如"芬太尼事件"一样,深刻影响着"高级政治",两国政府都不得不正视这一安全化问题,共同研究"去安全化"对策。要研究如何"去安全化",首先就需要研究印尼的中国劳工问题是如何从一个非公共问题在短时间内完成"安全化"进程的?此过程经历了哪些主要阶段,谁是其中的重要"推手"?本文将根据哥本哈根学派的安全理论,以印尼的中国劳工问题为对象,研究其"安全化"生成过程,并提出"去安全化"方案。

一 印尼的中国劳工问题由来

早在 2014 年印尼总统大选时,就已出现"中国劳工潮"新闻。当时,这一说法被认为是普拉博沃·苏比安托(Prabowo Subianto)支持者对佐科的抹黑,并未引起印尼社会广泛关注。印尼社会对"中国劳工潮"问题热议的出现,可追溯到 2015 年 8 月底,当时中国和日本竞标雅加达万隆高铁项目正处于白热化阶段,印尼《时代》(Tempo)杂志称大量中国劳工涌入印尼。多个工会和伊斯兰极端组织反应强烈,要求禁止低技能中国劳工在印尼务工,随后雅加达、万隆和三宝垄等地出现工人游行示威。2016 年 4 月,印尼军方在哈利姆·珀达纳库苏马(Halim Perdanakusuma)空军基地逮捕 5 名身穿迷彩服的中国工人后,印尼社会再次爆发"中国劳工威胁印尼国家安全"的论调。这一争议愈演愈烈,媒体出现了不少涉及中国在印尼劳工问题的假新闻。

面对不断加剧的事态,佐科总统不得不出面辟谣,明确在印尼的合法中国劳工数量仅为 21000 人左右;[①] "中国劳工的工资远低于本地工人"的说

[①] "Tenaga Kerja Tiongkok Hanya 21 Ribu, Jokowi: Ributnya Kayak Ada Puting Beliung", *IPJI*, 2016 - 12 - 24, https://ipji.org/2016/12/24/tenaga - kerja - tiongkok - hanya - 21 - ribu - jokowi - ributnya - kayak - ada - puting - beliung.

法系无稽之谈。① 海洋事务统筹部部长卢胡特（Luhut Binsar Panjaitan）也驳斥"中国劳工潮"的说法。② 然而，一些民众仍然持怀疑态度。为尽快平息事件，2016年底印尼各地的移民局针对在印尼工作的中国人进行大规模的执法行动，逮捕了数百名中国人，工会等组织也于2017年初在全国各地组织多次大规模的游行示威，向政府施压，呼吁保护印尼人民的就业权及国家的安全。基于此，印尼移民局和劳工部再次收紧外劳的工作签证条件，并频繁搜查外籍人士的证件，加强监管力度，这增加了中资企业从国内派遣技术工人和管理人员到印尼的困难和费用，打击了中国企业的投资积极性。

将中国劳工问题"安全化"对中企在印尼的投资产生了显著的负面影响。印尼当地工人的工作节奏较慢，缺乏熟练技能，导致工作效率低，这些都严重影响了工程进度。印尼劳工与移民局一再收紧外国劳工的工作签证政策，导致中资企业在印尼用工出现两个突出问题：中国式的工作速度与印尼雇员工作节奏的不匹配；由于印尼收紧签证政策，印尼缺少熟练技术工人与中国技术工人难以获得工作签证的矛盾。③ 中国劳工的"安全化"问题，使得各种中国投资项目的负面新闻层出不穷，中方在用工问题上处处谨小慎微，极大地阻碍了项目正常的建设进度。

二 印尼的中国劳工问题"安全化"生成路径分析

哥本哈根学派的奥利·维夫认为，不存在预先既定的安全问题，很大程

---

① "Tenaga Kerja Tiongkok Hanya 21 Ribu, Jokowi: Ributnya Kayak Ada Puting Beliung", *IPJI*, 2016 - 12 - 24, https: //ipji.org/2016/12/24/tenaga - kerja - tiongkok - hanya - 21 - ribu - jokowi - ributnya - kayak - ada - puting - beliung.
② "Minister Luhut: Only 800 Chinese Illegal Workers in Indonesia", *Tempo*, 2016 - 12 - 23, https: //en.tempo.co/read/news/2016/12/23/055830159/Minister - Luhut - Only - 800 - Chinese - Illegal - Workers - in - Indonesia.
③ 潘玥：《"一带一路"背景下印尼的中国劳工问题》，《东南亚研究》2017年第3期，第127页。

度上是经过建构而被认定的，这种过程就是安全化的过程。① 对此，巴里·布赞的阐述更为深入，安全化的本质是把公共问题通过政治化途径上升为国家的安全问题，并作为最高优先权被提出来，这样一来将它贴上安全标签，施动者便可主张一种权利，以便通过非常措施应对威胁。② 基于此，如果从"安全化"的路径来分析印尼的中国劳工问题，可以看出，印尼的部分政治精英和极端宗教组织作为主张"安全化"的主体，通过"言语—行为"宣称印尼的国家安全受到"大量"涌入印尼的中国劳工的威胁，从而启动安全化动议。媒体作为安全化动议的传播者，通过议程设置和框架构建不断扩大舆论影响，提高公众的认同感。公众最终接受了这一安全化动议，并予以积极回应。印尼的中国劳工问题，是一次"安全化"的典型案例，且"安全化"程度很高。

印尼的中国劳工问题从公共问题（社会问题）上升为安全问题，主要经历了以下三个阶段。

（一）部分权威阶层启动安全化

印尼的权威阶层不仅仅指政府官员和学界精英，也包括宗教领袖等，因为印尼近90%的民众信奉伊斯兰教，宗教领袖和团体在印尼社会中拥有较高的话语权和公信力。所以此处的权威阶层指权力精英、宗教精英、资本精英和知识精英。这些阶层特别是权力精英对于安全决策有着重大的影响力，但也常常有着不同于国家利益的阶层甚至个人利益。

自2014年出现"中国劳工潮"争议以来，权威人士或团体不断就此问题发声，他们的"言语"主要分为三大类。

第一类以核心权利圈的部分政府官员为代表，如议会第四委员会议长德德·优素福（Dede Yusuf）认为，中国的失业率高达50%，约4000万人失

---

① Ole Wsever, "Politics, Security, Theory", Security Diafogue, Vol. 42, No. 4/5, 2011, p. 469.
② 〔英〕巴瑞·布赞、奥利·维夫等：《新安全论》，朱宁译，浙江人民出版社，2003，第36页。

业,由此借"一带一路"大兴基础设施建设,让大量失业者去外国工作。①连印尼科学院(LIPI)劳工移民研究员卢多福·宇尼亚尔拓(Rudolf Yuniarto)也认为:"由于中国国内就业人口膨胀,而就业机会有限,所以派遣中国劳工出国就业,肯定是中国政府的政策,对外投资也必须配合为中国劳工创造就业机会的政策。"②

第二类以极端宗教组织为代表,如伊斯兰捍卫者阵线、伊斯兰解放阵线和伊斯兰传播委员会(DDI)等认为,涌入印尼的中国工人实际上是解放军,意图伺机占领印尼;③呼吁印尼政府拒绝与中国开展任何形式的合作。④持有类似观点的还包括伊斯兰党派的政要,如星月党(Partai Bulan Bintang)总主席尤斯利尔·伊扎·马亨德拉(Yusril Ihza Mahendra)曾在2018年5月的印尼律师俱乐部上表示:"中国强制18~23岁的公民义务服兵役,所以,在印尼的所有中国公民都有军人背景,有的甚至是现役军人。"⑤

第三类以学界精英为代表,他们认为"中国劳工潮"有"新殖民主义"之嫌,大肆鼓吹"对华不信任",尤其是鼓吹"朝贡体系复活论",简单将中国古代的天下观狭隘理解为中国中心论。⑥

---

① "Ini Penyebab Ekspansi Tenaga Kerja Cina ke Indonesia", *Berita Jatim*, 2016 - 12 - 24, http://m.beritajatim.com/politik_pemerintahan/285753/ini_penyebab_ekspansi_tenaga_kerja_cina_ke_indonesia.html.

② Wilfridus Setu Embu, "Terbongkar, Alasan Indonesia Dibanjiri Tenaga Kerja Asing Terutama Asal China", *Merdeka*, 2018 - 5 - 8, https://www.merdeka.com/uang/terbongkar-alasan-indonesia-dibanjiri-tenaga-kerja-asing-terutama-asal-china.html.

③ "Komunis China Kirim Banyak Pekerja Ke Tibet", *Front Pembela Islam*, 2016 - 12 - 13, http://www.fpi.or.id/2016/12/komunis-china-kirim-banyak-pekerja-ke.html.

④ "Dewan Dakwah Kota Bandung: Ganyang PKI, Turunkan Jokowi", *Dewan Dakwah Islamiyah Indonesia Kota Bandung*, 2015 - 8 - 31, http://dewandakwahbandung.com/dewan-dakwah-kota-bandung-ganyang-pkiturun kan-jokowi.

⑤ De Mulyana, "Yusril: Tenaga Kerja China Semuanya Tentara Atau Mantan Tentara", *Rmol*, 2018 - 5 - 1, https://politik.rmol.co/read/2018/05/01/337997/Yusril:-Tenaga-Kerja-China-Semuanya-Tentara-Atau-Mantan-Tentara-.

⑥ 〔印尼〕沙菲雅·F.穆希芭:《印尼海洋主张如何对接"一带一路"?》,《社会观察》2015年第12期,第15页。

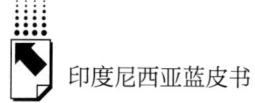

上述关于安全化动议"言语",实际上就是一种"行动"。印尼的权威人士或组织,通过不断公开发声,构建所谓的"存在性威胁",指出中国劳工威胁了印尼公民的就业权,甚至威胁了印尼的国防和军事安全,并且将中国劳工问题与2016年底的省长大选相联系。借时任雅加达首都特区省长钟万学(Basuki Tjahaja Purnama)的华裔身份,强化他与中国"不可分割"的联系,建构"反华情结"的说辞,丑化其"双重少数"的身份认同问题。在如火如荼的省长大选中,中国劳工问题已完全"政治化"。①

(二)媒体渲染安全化动议

印尼媒体是催化或推动上述安全化动议的重要载体。道琼斯旗下Factiva全球新闻数据库中收录的印尼媒体中有关印尼的中国劳工问题新闻,在2013年10月至2017年12月,《罗盘报》(Kompas)、《时代》(Temp)、印尼安塔拉国家通讯社(Antara)和点滴网(Detik)4家印尼语主流媒体上共有约1086条新闻;在《雅加达邮报》和《外交官》(The Diplomat)2家印尼主要的英语媒体上,约有376条新闻。

分析媒体报道的内容,其导向承袭了权威阶层的话语体系,认为"中国劳工潮"危害印尼的国家安全,挑起对华不信任。以1086条印尼语新闻为例,其中约648条包含关键词"安全"和"危害",占59.7%;而提及对华不信任的新闻达298条,占总数的27.44%。由此可见,媒体的报道并未跳出权威阶层设置的认知框架,大部分媒体都信服于这套逻辑,并以此为"官方说辞"广而告之。除常规的报道外,部分媒体(尤其是社交媒体)为了博读者眼球,采用"标题党"和"移花接木"的方式夸大事实,加强这一安全化动议的紧迫性和重要性。例如,将佐科总统在《印尼-中国合作备忘录》中提到的"吸引1000万中国游客赴印尼观光"的说法"移接"到

---

① Eveline Danubrata, Gayatri Suroyo, "In Indonesia, Labor Friction and Politics Fan Anti-Chinese Sentiment", *Reuters*, 2017-04-18 https://www.reuters.com/article/us-israel-palestinians-settlement/israel-legalizes-west-bank-outpost-after-settler-killed-idUSKBN1FO0F3.

中国劳工问题上,称已有1000万~2000万名中国劳工涌入印尼,他们的工资比印尼人低。①

(三) 公众接受回应安全化

受爪哇文化中尊卑等级的价值观影响,绝大多数印尼民众对权威阶层非常信任,因此对权威阶层提出的安全化动议深以为然。加之各大媒体铺天盖地的密集报道,且这些报道囿于权威阶层既定的认知框架,大大提高了印尼民众对"中国劳工威胁印尼安全"的说法的认知,因而,印尼民众理所当然地接受了此安全化动议的逻辑,并积极予以回应。

首先,在"言语"即舆论上,印尼民众在社交媒体上频频发表要求政府解决中国劳工问题的言论。在互联网时代,网络媒体是最迅速的信息传播手段,也是可信度很低的舆论形成渠道,随时可能颠覆事实。印尼互联网发展迅猛,网络受众超过1.43亿,② 社交媒体成为印尼最重要的传播媒介,2016年有超过0.88亿印尼人使用社交媒体,约占总人口的1/3。③ 其中,约75%的印尼网民使用Facebook,约94%的社交媒体使用者使用Facebook。④ 个人用户2016年在Facebook上发布的印尼语和英语有关"印尼的中国劳工"的原创消息分别达8731条和2341条,转发量和评论量不计其数。⑤

其次,在"行动"上,印尼民众参与了多次抗议中国劳工、保护印尼劳工的游行示威活动。2016年底,苏门答腊省150余名大学生,以"怀疑

---

① Isyana Artharini, "Berapa Sebenarnya Jumlah Tenaga Kerja Asal Cina yang Masuk ke Indonesia?", *BBC Indonesia*, 2016 - 12 - 23, http://www.bbc.com/indonesia/indonesia - 38407825.

② Fatimah Kartini Bohang, "Berapa Jumlah Pengguna Internet Indonesia", *Kompas*, 2018 - 02 - 22, https://tekno.kompas.com/read/2018/02/22/16453177/berapa - jumlah - pengguna - internet - indonesia.

③ Judith Balea, "The Latest Stats in Web and Mobile in Indonesia", *Tech in Asia*, 2016 - 01 - 28, https://www.techinasia.com/indonesia - web - mobile - statistics - we - are - social.

④ Sophie Loras, "Social Media in Indonesia: Big Numbers with Plenty of Room to Grow", *Clickz*, 2016 - 02 - 22 https://www.clickz.com/social - media - in - indonesia - big - numbers - with - plenty - of - room - to - grow/94062/.

⑤ 薛松、许利平:《印尼"海洋强国战略"与对华海洋合作》,《国际问题研究》2016年第3期,第82页。

向中方投资的熔炼厂大量输送非法中国劳工"为由,在路上拦截搜查"看起来属于中国企业"的货车。① 2017年1月5日,印尼工会大联盟(Konfederasi Serikat Pekerja Indonesia)总主席萨义德·伊克巴尔(Said Iqbal)表示,将于2月6日在雅加达组织10万名工人参与示威游行活动,抗议中国工人以游客名义来印尼工作。随后将在印尼22个省继续组织工人游行抗议。② 虽然最后上街游行示威的人数只有万人,但其影响十分恶劣。2017年"印尼全国民意调查"(INSP)③的结果显示,有26.6%的印尼民众认为应禁止中国劳工在印尼就业,50.2%的受访者认为需要限制在印尼的中国劳工数量。④ 由此可见,受"安全化"的影响,印尼民众对中国劳工的接受程度明显下降⑤。在民众和工会的一再施压下,佐科政府也不得不做出反应,签发了《2018年第20号关于雇佣外籍劳工的总统条例》,责令移民局和劳工部加强对外劳工的审核与管理力度。

三 印尼的中国劳工问题被"安全化"的实质

由于基础设施建设、能源合作开发和冶金项目是中国企业对印尼投资的主要领域,这些项目往往需要较多人力资本,雇员需求较多。同时由于工程

---

① Eveline Danubrata, Gayatri Suroyo, "In Indonesia, Labor Friction and Politics Fan Anti-Chinese Sentiment", *Reuters*, 2017 - 04 - 18, https://www.reuters.com/article/us - israel - palestinians - settlement/israel - legalizes - west - bank - outpost - after - settler - killed - idUSKBN1FO0F3.

② "TKA China Meresahkan Masyarakat, KSPI Berencana Ajukan Citizen Lawsuit", *Koran Perdjoeangan*, 2017 - 01 - 05, http://www.koranperdjoeangan.com/tka - china - meresahkan - masyarakat - kspi - berencana - ajukan - citi zen - lawsuit/.

③ 新加坡尤索夫伊萨东南亚研究院(ISEAS-Yusof Ishak Institute)委托印尼调查局(LSI)于2017年5月进行"印尼全国民意调查",对34个省或特区的1620名17岁以上的成年人进行深度访谈。

④ Diego Fossati, Hui Yew-Foong and Siwage Dharma Negara, "The Indonesia National Survey Project: Economy, Society and Politics", *Trends in Southeast Asia*, No. 10, 2017, p. 44.

⑤ Johannes Herlijanto, "Public Perceptions of China in Indonesia: The Indonesia National Survey", *ISEAS Perspective*, No. 89 2017, pp. 6 - 7.

项目往往时间紧、任务重，印尼本地技术工人较少、工作节奏略慢，一部分中国企业在印尼聘请中国籍员工工作，这本是一个单纯的企业生产经营问题，并不具备任何意义的公共属性，但经过人为的社会化，变成公共问题，再经过政治化，转变成政治问题，最后变为安全问题，这个过程，仅仅用了不到三年时间。

实质上，印尼的中国劳工问题对印尼的国家安全不构成任何威胁，这一问题被"安全化"是印尼一些权威阶层"制造安全"的过程。印尼反假新闻社团（Mafindo）称，印尼民众担心中国人与当地人争夺工作机会，但事实上根据2019年印尼劳工部的最新数据，印尼全部外籍劳工在印尼全国劳动力市场中占比不足0.1%，在1.24亿人的印尼劳动力市场中，只有3.2万人为中国籍。这充分说明，"安全化"表达违背客观事实，所谓"威胁"是一种社会建构，是一部分人基于私利有意将其政治化、"安全化"的结果。① 安全本质上是一种普通政治之上的特殊类型政治，"安全化"是从"低政治"上升为"高政治"的过程，它使问题进入国家安全战略视野，超越一般的政治结构。

对华文化隔阂是导致劳工问题被"安全化"的关键内在因素。由前文对"安全化"生成路径的分析可知，民众之所以接受少数权威阶层关于中国劳工问题的"安全化"动议，根本原因在于印尼社会存在已久的对中国不了解的文化隔阂问题，由于文化隔阂，民众就容易产生不信任情绪，容易被负面消息引导。

四 印尼当局可采取的"去安全化"措施

在印尼的中国劳工问题引起印尼公众广泛的舆论和行动回应后，政府已采取了一定的应对措施，但问题并未得到根本解决，劳工问题依然成为影响

---

① 〔英〕巴瑞·布赞、奥利·维夫等：《新安全论》，朱宁译，浙江人民出版社，2003，第35页。

中国对印尼投资的显著因素之一。要从根本上解决该问题，印尼当局应当采取"去安全化"策略，从以下三个方面进行治理。

（一）还原问题本质，坚持以经济视角看待外籍雇员问题

佐科政府致力于引进外资，推动印尼基础设施建设和经济发展，因而实际上也成为中国劳工问题"安全化"的受害者。促使中国劳工问题"安全化"的主体主要是"反佐科"势力。佐科成功连任后，推动中国劳工问题乃至中国投资问题"去安全化"，关键主体还是要依赖佐科政府。佐科在新一届任期内会继续坚持以经济发展为重点，会持续努力吸引中国、日本和新加坡等外国投资，尤其当前印尼经济面临较大下行压力，亟待加强对外部技术和资金的引进。2018年，印尼经济增长率为5.17%，[1] 未达到5.2%的预期，与佐科总统2014年提出的"2019年实现7%经济增长"[2] 的竞选口号相距甚远。中印尼两国经济具有相当大的互补性，中国的"一带一路"倡议迎合了印尼当下加强基础设施建设的需求。基于现实利益的需求，佐科政府具备推动中国劳工问题"去安全化"的动力。

佐科政府推动中国劳工问题"去安全化"，关键政策是要将中国劳工问题还原成经济问题，从经济视角考量外籍雇员的影响和管控措施，在动议上以印尼经济发展需要中国投资和中方企业雇员为逻辑起点，在政策设计上以经济标准评估外籍雇员的市场影响，以技术经济标准制定外籍雇员的准入条件和管理措施，最终通过提高民众获得感，感受中国投资给印尼经济社会带来的现实利益，逐渐打破印尼社会长期以来对中国的刻板印象。

---

[1] "Ekonomi Indonesia 2018 Tumbuh 5, 17 Persen", Badan Pusat Statistik, 2019 – 02 – 06, https://www.bps.go.id/pressrelease/2019/02/06/1619/ekonomi – indonesia – 2018 – tumbuh – 5 – 17 – persen.html.

[2] Iris Gera, "Pemerintahan Jokowi Targetkan Pertumbuhan Ekonomi 7 Persen", *VOA Indonesia*, 2014 – 10 – 28, https://www.voaindonesia.com/a/pemerintahan – jokowi – targetkan – 7 – persen – pertumbuhan – ekonomi/2498284.html.

(二）打击极端势力，将伊斯兰政治化维持在较低水平

极端势力是炒作中国劳工问题的重要推手，因此，为实现中国劳工问题"去安全化"，印尼当局应当加大对极端组织的打击力度，削弱"安全化"主体力量，即"反佐科"势力的影响。

另外，当前伊斯兰政治化趋势是导致印尼社会撕裂、极端情绪滋生的重要因素。从根本上讲，要实现中国劳工问题"去安全化"，还需要努力将伊斯兰政治化程度维持在较低水平，使"反佐科"势力利用宗教工具炒作中国劳工问题变得困难，减少"安全化"主体随意抛出"中国牌"的可能性。

伊斯兰政治化是指政治的宗教化和宗教的政治化，即以伊斯兰教为工具或载体来表达政治诉求。近年来，出现所谓"钟万学亵渎宗教案"，伊斯兰解放阵线和伊斯兰捍卫者阵线等伊斯兰极端组织高度活跃，印尼伊斯兰极端主义有所抬头等都是伊斯兰政治化的表现，伊斯兰宗教屡屡被当作政治斗争的工具。对此，佐科政府已做出了巨大努力，打击伊斯兰极端主义，坚决维护印尼的世俗政体和多元价值取向，坚决维护"潘查希拉"立国精神。

(三）阻断传播纽带，大力打击虚假新闻和极端言论

中国劳工问题"安全化"的重要一环是媒体的推波助澜，虚假新闻、极端言论左右舆论。佐科政府需要在打击不实消息和极端言论方面做出更大努力，以阻断安全化主体和受众间的传播纽带，这对于互联网产生发展迅猛的印尼来说，尤为重要。

印尼媒体私营化程度高，自律性又较低，且印尼拥有约1.32亿互联网用户，网络是舆论生成的重要渠道，洁净媒体宣传任重道远。印尼当局已意识到打击谣言的重要性，成立了打击假新闻的专门机构，该机构直属于印尼警察总局，负责辨别网络新闻的真伪，过滤假新闻，对民众滥用社交平台传播虚假消息的行为进行治理，一旦发现意图制造分裂和散播种族仇恨的假消息，将关停有关网站和用户的短信服务、手机应用、在线游戏和社交媒体账

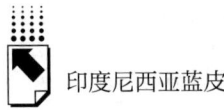

号,清除视频文件。印尼信息与通信部还与美国互联网公司谷歌(Google)合作,清理YouTube上播放的"伊斯兰国"(ISIS)视频,以及有关种族歧视、黄色和暴力的内容。当局虽然从2016年才开始规范社交媒体,但已取得一些成效,在新一届政府任期内,如果当局加大对网络舆论的治理,中国劳工问题被政治化、"安全化"的现象就会逐步减少,中印尼的经贸合作就能不断走向深入。

B.9 印尼数字经济及中国投资情况分析报告

林梅 周漱瑜*

摘　要： 随着中国"一带一路"倡议的不断推进，中国对外投资开启了一轮数字经济下南洋的热潮，印尼成为投资首选之地。印尼数字经济起步晚，但具备人口红利和政策红利，发展势头较快，在东南亚国家中市场规模最大。中国企业对印尼数字经济的投资目前主要集中在电子商务和互联网金融领域，投资面临的主要问题是印尼数字基础设施、产业生态、公共服务和配套科研等发展滞后所带来的限制，以及无序竞争的困局。本文认为，中国企业在印尼数字经济领域的投资应注重合规经营、协同作战和本地化发展。

关键词： 印度尼西亚　数字经济　中国投资

随着中国的"一带一路"倡议不断推进和实施，中国对外投资开启了一轮数字经济下南洋的热潮，印尼成为中国新一轮下南洋投资首选国家。作为东南亚地区最大的经济体，印尼提出在2020年前成为东南亚地区最大的数字经济体，并使数字经济成为国家经济的新增长点。印尼数字经济起步晚，但发展势头较快，在东南亚国家中市场规模最大。印尼数字经济

---

* 林梅，厦门大学国际关系学院暨南洋研究院，经济学博士，副教授；周漱瑜，厦门大学国际关系学院暨南洋研究院世界经济专业研究生。

市场的主要领域包括在线零售、在线旅游、在线娱乐、网络金融等，中国企业对印尼数字经济的投资目前主要集中在在线零售和网络金融领域。2019年9月23日在中国南宁举办的第16届中国—东盟博览会上，以互联网、大数据、人工智能为代表的新一代信息技术和应用成为展览的重要内容，并把2020年定为"中国—东盟数字经济合作年"，积极拓展电子商务、数字贸易、5G网络等领域合作，[①] 因而研究印尼数字经济发展动态意义重大。

数字经济是指使用数字化的知识和信息作为关键生产要素、以现代信息网络作为重要载体、以信息通信技术的有效使用作为效率提升和经济结构优化的重要推动力的一系列经济活动。[②] 数字经济包括数字产业化和产业数字化两大部分。数字产业化可以理解为数字经济基础部分，即信息产业，产业数字化可以理解为数字经济融合部分，即信息通信技术与其他产业融合渗透带来的产出增加与效率提升。

一 印尼数字经济的发展状况

（一）市场规模与增长情况

1. 总体规模

印尼作为东南亚地区最大的经济体，提出在2020年前成为东南亚地区最大的数字经济体，并使数字经济成为国家的主要经济领域。谷歌和淡马锡发布的《东南亚数字经济报告2018》显示，2018年印尼的数字经济总体规模达到270亿美元（见图1），占东南亚六国数字经济市场规模的38.0%，其中数字经济在线交易总额占印尼GDP的2.9%（见图2），高于东南亚国

[①] 《中国东盟开启数字经济合作新局》，中国东盟博览会，2019年9月30日，http://www.caexpo.org/index.php? m = content&c = index&a = show&catid = 119&id = 238079。

[②] 《二十国集团数字经济发展与合作倡议》，G20官网，2016年9月20日，http://www.g20chn.org/hywj/dncgwj/201609/t20160920_ 3474.html。

家平均水平,并且预计到 2025 年,印尼数字经济规模将增至 1000 亿美元,占整个东南亚数字经济市场份额的 41.7%。①

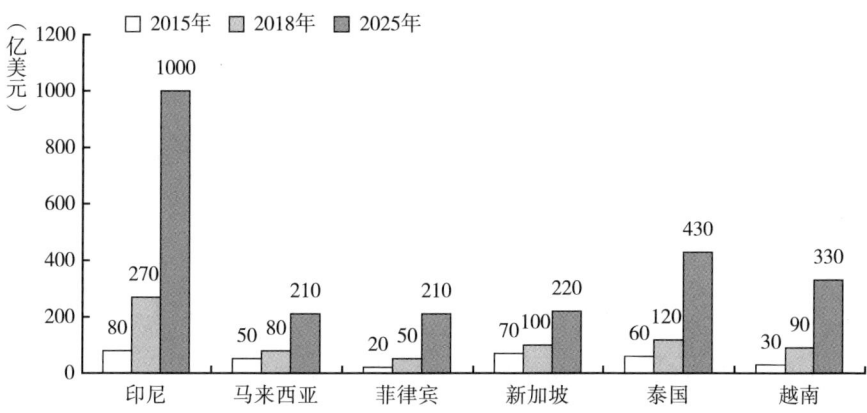

图 1　东南亚六国数字经济市场规模对比

资料来源:谷歌和淡马锡。

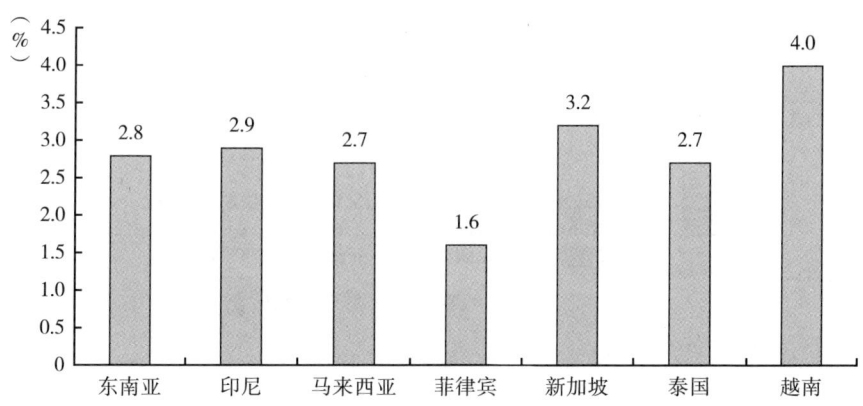

图 2　东南亚六国在线交易总额占 GDP 比重

资料来源:谷歌和淡马锡。

印尼数字经济规模 2016 年和 2017 年在 G20 国家中排名第 19 位,仅高于末位的南非,但从增长速度来看,印尼数字经济发展速度非常快,居 G20

---

① Google &Temasek, *Report e-Conomy SEA* 2018, 2018, http://www.doc88.com/p - 9975014746843.html。

国家的第3位，表明印尼数字经济处于发展初期的快速增长阶段。① 目前，印尼数字经济市场的主要领域为在线零售、在线旅游、在线媒体、互联网金融、应用和游戏市场、在线广告等，其中在线零售和互联网金融是目前印尼市场上最吸引投资者目光的两个领域。

2. 在线零售

在线零售业是印尼数字经济领域增长最快，也是市场规模最大的数字经济板块。2018年印尼在线零售金额为122亿美元，占印尼全部数字经济规模的45.19%，是东南亚最大的在线零售市场，占整个东南亚在线零售市场规模的52.36%。据谷歌和淡马锡的报告，预计到2025年，印尼在线零售的市场规模将达到530亿美元，占东南亚电商市场的一半以上（见图3）。②

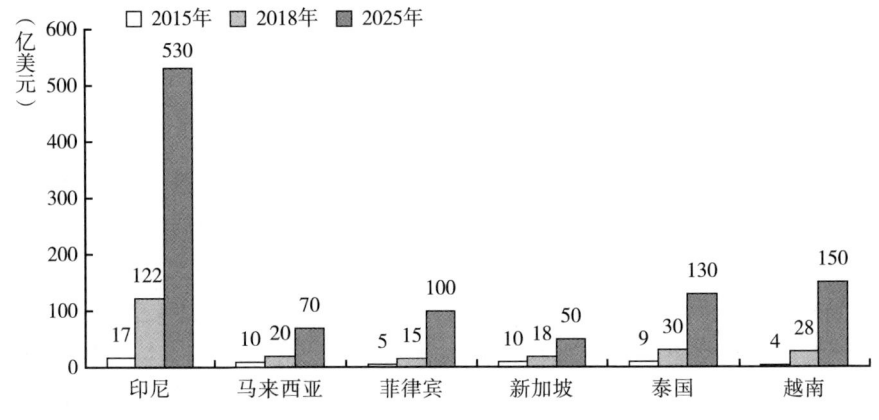

图3 东南亚六国在线零售市场规模对比

资料来源：谷歌和淡马锡。

2018年，印尼前四大在线零售电商平台分别是Tokopedia、Bukalapak、Lazada和Shopee，其中Tokopedia和Bukalapak只在印尼运营，另外两家的业务范围涉及整个东南亚市场。主要平台的经营情况如表1所示。

---

① 中国信息通信研究院：《G20国家数字经济发展研究报告（2018）》，2018年12月25日，http：//www.cbdio.com/BigData/2018-12/25/content_5965326.htm。
② Google & Temasek，*Report e-Conomy SEA* 2018，2018，http：//www.doc88.com/p-9975014746843.html。

表1　印尼主要在线零售平台概况

名称	概况
Tokopedia	月访问量1.11亿,印尼本土成长起来的在线零售电商平台,经营稳定,名列前茅,阿里已经投资了11亿美元
Bukalapak	月访问量0.85亿,本地在线零售电商平台,增长势头迅猛
Lazada	月访问量0.50亿,东南亚最早的在线零售电商平台,已被阿里收购,占股约83%
Shopee	月访问量0.31亿,母公司是东南亚互联网巨头,近年成长很快,2018年在纳斯达克上市,腾讯战略入股
Blibli	月访问量0.29亿,印尼本土的在线零售电商平台,由印尼著名烟草财团Djarum控股,增长势头迅猛,重视中国卖家和中国投资人
京东印尼	月访问量0.11亿,京东印尼是合资公司,本地投资人是印尼著名投资公司Provident Capital。目前京东物流已经有2000人左右的团队,年底仓库要扩展到8万平方米

资料来源:新国大CBC中国商务研究中心。

从在线零销的品类来看,2018年时尚类产品销售为23.07亿美元,电子设备类达26.43亿美元,食品/个人护理类有14.52亿美元,家具类有16.74亿美元,玩具/创意类有14.6亿美元。[①] 目前,印尼在线销售业务主要是个人消费,B2C和C2C是目前的主要商业模式,但随着市场的细分,B2B业务也在逐渐发展,尚处在兴起阶段。印尼最知名的B2B电商是阿里巴巴,知名本土B2B电商平台主要有Bhinneka Bisnis、Bizzy和Mbiz。

3. 在线旅游

在线旅游是规模仅次于在线零售的数字经济板块。2018年其市场规模为86亿美元,预计到2025年达到250亿美元,是东南亚最大的在线旅游市场,占整个东南亚在线旅行市场规模的28.96%（见图4）[②]。

在印尼有四大科技创业企业独角兽,其中之一的Traveloka就属于在线旅游平台。消费者主要通过这些在线旅游平台进行车票、机票和酒店预定。

---

① CAMIA出海:《2019年数字东南亚之印尼》,2019年2月13日,http://www.camia.cn/content/971.html。

② Google & Temasek, *Report e-Conomy SEA 2018*, 2018, http://www.doc88.com/p-9975014746843.html。

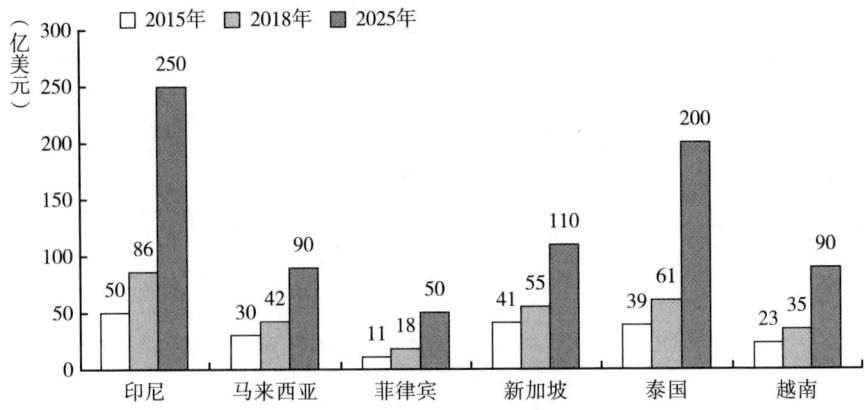

图4 东南亚六国在线旅游市场规模对比

资料来源：谷歌和淡马锡。

根据 Dailysocial 在线旅行使用行为调查，Traveloka 和 Tiket.com 为印尼最常用的线上旅游服务平台，无论是机票、火车票还是酒店预定，Traveloka 和 Tiket.com 皆排名前两位，其他相关的平台还有 Pegipegi、agoda，以及 JD.ID 等电商平台（见图5）。

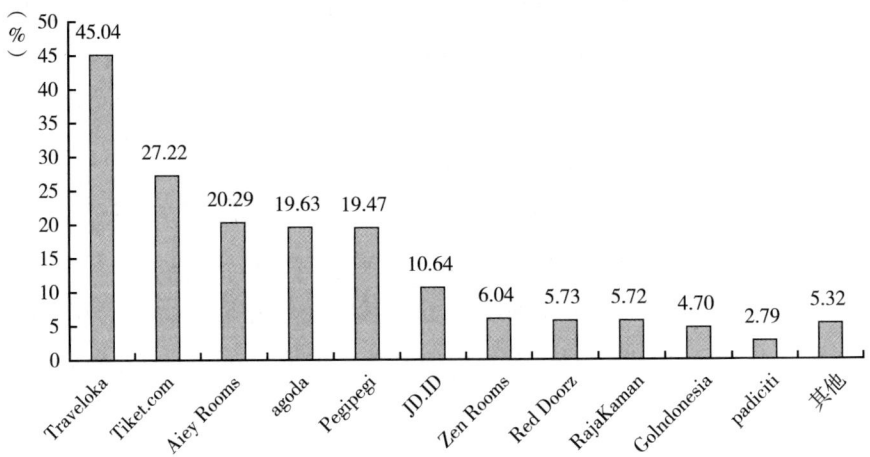

图5 印尼主要在线旅游平台使用率（2017）

资料来源：DailySocial。

4. 在线媒体和娱乐

2018年，印尼社交媒体、在线音乐、视频等领域的活跃用户大量增长。在线娱乐业的市场规模为27亿美元，预计在2025年达到80亿美元的市场规模（见图6）。印尼在线娱乐市场是东南亚国家中规模最大和增长最快的，2015~2025年的复合年均增长率为30%，① 这主要得益于印尼拥有该地区最多的互联网用户。

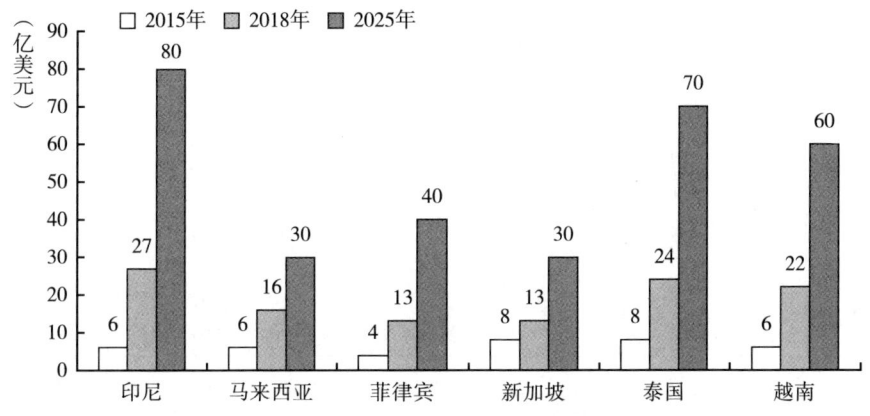

图6 东南亚六国在线娱乐市场规模对比

资料来源：谷歌和淡马锡。

社交媒体方面，根据WeAreSocial发布的调研报告，印尼活跃社交媒体用户达1.5亿人，占总人口的56%；其中移动社交媒体用户达1.3亿人，占总人口的48%。最常用社交媒体平台包括Youtube、Whatsapp、Facebook等。社交媒体每日平均使用时长高达3小时26分钟，平均每个互联网用户拥有11.2个社交媒体账号，其中37%的互联网用户出于工作的目的使用社交媒体。②

---

① Google & Temasek, *Report e-Conomy SEA 2018*, 2018, http://www.doc88.com/p-9975014746843.html.
② CAMIA出海：《2019年数字东南亚之印尼》，2019年2月13日，http://www.camia.cn/content/971.html。

音乐流媒体方面，根据 Dailysocial 的一项市场调查，将近 90% 受访者使用音乐流媒体，音乐流媒体用户平均每日使用时长高达 1 小时 22 分钟，其中超过 51% 的受访者属于付费用户。在印尼的音乐流媒体平台中，拥有付费用户数最多的是 JOOX，占比 70.37%。付费用户数排名前 5 位的还有 Spotify、Langit Musik、SoundCloud、Apple Music 等，分别占比 47.70%、28.51%、19.75%、16.50%（见图 7）。①

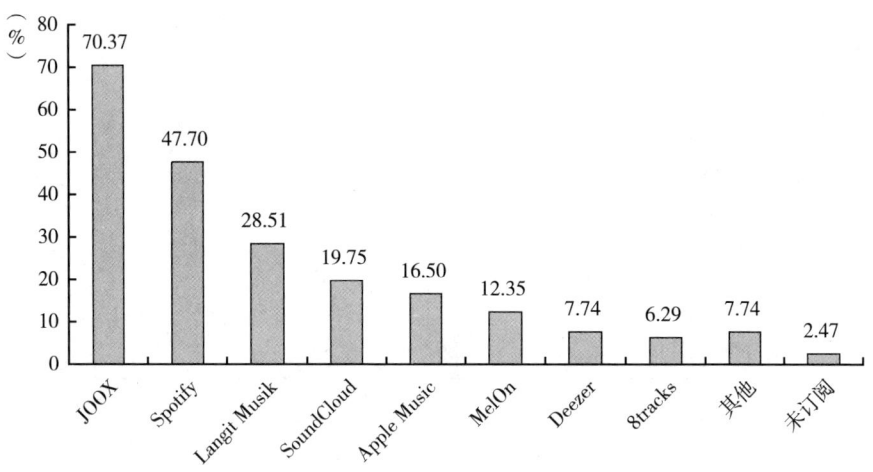

图 7　印尼主要音乐流媒体平台付费用户占比

资料来源：Dailysocial。

数字视频方面，2017 年印尼数字视频渗透率达到 67.4%，数字视频用户高达 6800 万人，该指标在未来几年内将持续增长，至 2021 年印尼将有超过 1 亿数字视频用户。②

5. 互联网金融

近年来，印尼互联网金融发展异常迅猛，仅在 2018 上半年，印尼互联

---

① CAMIA 观察：《2018 年印尼音乐流媒体使用行为调查报告》，2018 年 3 月 20 日，http://www.camia.cn/content/760.html。
② CAMIA 观察：《印尼 2017 年数字总观》，2018 年 3 月 30 日，http://www.camia.cn/content/768.html。

网金融企业融资规模就超过4.86亿美元,与2017年12月底相比增长了173.4%。2018年前5个月,P2P贷款金额达到4.26亿美元,比2017年增加了140.26%,放贷人数达到199539人,同比增加了97.68%,借款人数达到1850632人,增加612.78%。①

从网络金融的业务类型看,网络支付和网贷占据了主要部分。2018年印尼的167家金融科技初创公司中,有73家是P2P贷款机构,有60家注册为支付系统服务商,②分别占比43.71%和35.98%,其余则属于保险、众筹、理财等领域。P2P借贷是近年增长最快的领域,据印尼金融服务管理局(OJK)统计,2018年前三个季度,印尼P2P借贷平台共借出9.51亿美元,2019年规模约为20亿美元。2018年有三家P2P平台获得融资,分别是B轮融资3000万美元的FinAccel(Kredivo)、C轮融资2800万美元的C88,以及C轮融资2400万美元的Moka。③

在移动支付领域,印尼市场研究机构Jakpat曾针对该国消费者数字钱包的使用情况展开调查。数据显示,印尼数字支付市场同时存在十几家服务商,消费者最常使用的是Go-pay、OVO以及Tcash,市场占比分别为59.6%、40.5%和38.6%(见图8)。④总的来说,印尼的移动支付市场目前集中度较低,成为印尼电商发展的一大阻碍。印尼的非现金使用率仍相对较低。

6. 应用和游戏市场

印尼数字经济中的移动应用程序(App)市场不断增长。据调查,2017年移动用户每日App使用时长已经长达4个小时,是全球最活跃的市场之

---

① CAMIA观察:《印尼P2P自己没暴雷,反而被OJK爆了!》,2018年7月27日,http://www.camia.cn/content/847.html。
② 星合金科:《回顾过去 眺望将来:2019年印尼Fintech市场展望》,2018年12月18日,https://mp.weixin.qq.com/s/auJy566rGA0hlg7w–IXgEg。
③ 《印尼创投的2019,我们可以期待这几个变化》,凤凰网科技,2019年1月9日,http://tech.ifeng.com/a/20190109/45285403_0.shtml。
④ CAMIA观察:《2018印尼移动支付趋势调查报告》,2018年11月21日,http://www.camia.cn/content/921.html。

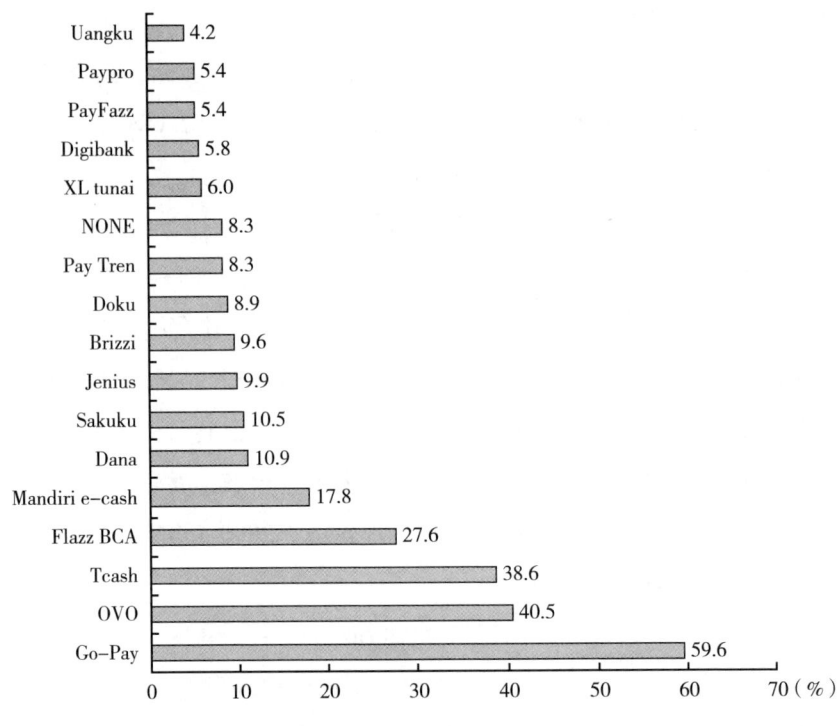

图8　2017年印尼移动支付市场结构

资料来源：Jakpat。

一。2018年共有50.87亿个App被下载，总付费高达3.136亿美元，平均每部智能手机App安装量高达71个。[①] 截至2018年上半年，下载榜单排名前100位的应用程序主要有通信类、购物类、工具类、摄影类和视频播放与编辑类，占比分别为11%、9%、8%、7%和7%。

非本土企业开发的应用程序在印尼市场占有很大份额。在下载榜单排名前100位的应用中，31%是中国企业旗下的应用程序，其中将近一半进入了榜单前50位。根据App Annie的数据，2019年1月，印尼最受欢迎的应用仍是社交软件家族，包括WhatsApp、Facebook、Facebook Messenger 和

[①] CAMIA观察：《印尼2017年数字总观》，2018年3月30日，http://www.camia.cn/content/768.html。

Instagram。在活跃用户量排名前 10 位的应用程序中,只有 Gojek 和 Tokopedia 是来自本土的应用程序。①

在游戏领域,下载量排名前 100 位的游戏主要为动作类、休闲类、体育类、赛车类和街机类游戏。前两类占比分别为 20%、16%,其余三类占比各为 11%。印尼本土游戏并未在印尼市场获得优势,反而是中国游戏受到欢迎,下载量前 100 位的游戏中有 15% 是中国企业开发的游戏;下载量最高的 5 款游戏中,有 3 款来自中国;排名第一的是 2016 年下半年在该市场推出的海外版王者荣耀"Mobile Legends:Bang Bang"。②

7. 在线广告

根据印尼广告监测机构 Adstensity 的数据,截至 2018 年 12 月中旬,印尼在线广告市场营收已经高达 3.4257 亿美元(4.97 万亿印尼卢比),主要客户为电商和向线上转型的零售企业,包括 Bukalapak、Shopee、Traveloka、Transmart、IKEA Alam Sutera、Matahari、Depo Bangunan 等。在线广告支出最多的是印尼本土电商 Bukalapak,2018 年,其在线广告投入达 8137.8 亿卢比(约合 5593 万美元)。③

表 2 2018 年印尼在线广告市场主要客户情况

单位:万美元

广告客户	行业	支出	广告客户	行业	支出
Bukalapak	电商	5593	IKEA Alam Sutera	零售	930
Shopee	电商	5250	Matahari	零售	560
Traveloka	在线旅游	2710	Depo Bangunan	零售	200
Transmart	零售	1590			

资料来源:Adstensity。

---

① CAMIA 观察:《东南亚应用 & 游戏 Q1 TOP100 下载榜之印尼》,2018 年 5 月 25 日,http://www.camia.cn/content/768.html。
② CAMIA 观察:《东南亚应用 & 游戏 Q1 TOP100 下载榜之印尼》,2018 年 5 月 25 日,http://www.camia.cn/content/768.html。
③ CAMIA 观察:《2018 年印尼在线广告市场支出高达 3.4257 亿美元》,2018 年 12 月 26 日,http://www.camia.cn/content/945.html。

8. 网约车和网上外卖

谷歌和淡马锡对东盟数字经济的研究报告指出，2018年印尼网约车和网上外卖营业额达到了37亿美元，预计到2025年，将达到140亿美元（见图9），是东南亚网约车和网上外卖规模最大和增长最快的市场，2015～2025年的复合年均增长率为31%。

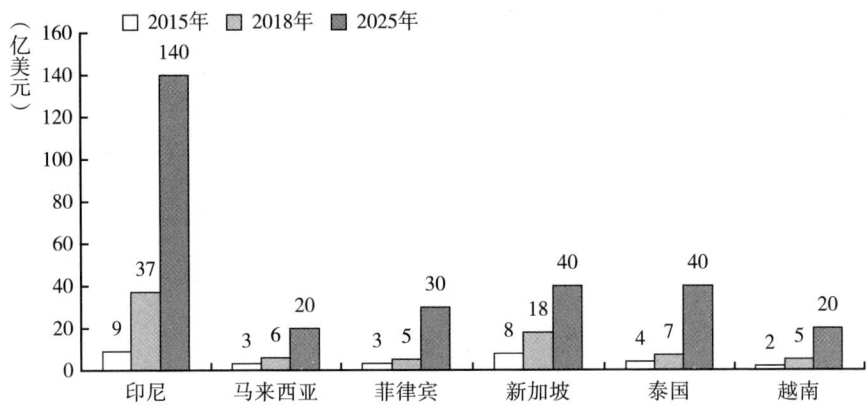

图9 东南亚六国网约车与网上外卖市场规模对比

资料来源：谷歌和淡马锡。

（二）发展特点

1. 初创企业发展迅猛

截至2018年11月，印尼初创企业数量达1939家，远高于同地区的新加坡（654家）和马来西亚（198家），[1] 这些初创企业主要分布在在线零售和网络金融领域。根据DailySocial的统计，2018年印尼新增初创企业数量最多的前5个行业为SaaS、金融科技、教育科技、在线旅游和定制服务。[2] 印尼目前共有四家独角兽企业，分别是Go-jek、Traveloka、Tokopedia与Bukalapak，其基本情况见表3。

---

[1] 王素：《数字印尼：跑出下一个"独角兽"》，《进出口经理人》2019年第4期，第54页。
[2] CAMIA观察：《2019年印尼创企报告》，2019年3月11日，http://www.camia.cn/content/989.html。

表3　印尼四大独角兽企业概况

单位：亿美元

独角兽	领域	最新融资	估值
Go-jek	网约车	2019年一季度F轮融资	95
Traveloka	在线旅行	从新加坡G轮融资4亿美元	40
Tokopedia	在线零售	2018年从软银和阿里融资11亿美元	70
Bukalapak	在线零售	2019年第一季度，从Mirae Asset-Naver亚洲增长基金融资5000万美元	未披露

资料来源：DailySocial。

2. 享有巨大人口和政策"红利"

（1）庞大的数字消费群体

印尼数字经济发展的最大有利因素是存在巨大的人口"红利"，拥有庞大的数字消费群体。印尼人口数量基数大、中产阶级规模持续扩大、人口年龄结构较年轻。2017年印尼总人口为2.64亿人，为全球第四大人口国，2017年印尼中产阶级人口已达4500万~7500万人，其巨大的消费潜力在数年内会不断释放，15~60岁人口占总人口比例超过60%，人口年龄结构非常年轻。庞大的人口数量、年轻的人口结构以及不断增长的中产阶级数量，为数字经济的增长提供了庞大的需求支撑。年轻人的消费习惯较容易改变，随着其进入主力消费年龄，逐渐进入中产阶级群体，数字化生活能够迅速在该群体普及。

在阿里研究院《2018年全球数字经济发展指数》报告中，印尼数字消费群体规模的世界排名为第25位。在工业经济时代，如果一国拥有数量庞大的年轻劳动力以及较低的劳动力成本，就具备了劳动力红利，是一国竞争力，尤其是制造业竞争力的重要来源。在数字经济时代，数字消费群体的数量以及成熟度则成为核心竞争力，消费习惯和人口结构是影响消费者数字化发展的重要因素。虽然发达国家数字基础设施较为完善，移动终端的普及率较高，但因其原有的商业基础设施较完善，数字化的新渠道、解决方案对于消费者体验提升有限，数字应用的发展速度反而落后于一些发展中国家。

印尼的智能手机渗透率和网络覆盖率正在不断提高，驱动潜在的数字消费者成为现实的数字消费者。印尼的互联网起步较晚，基本上是从PC端直接跨越到移动端。根据 WeAreSocial 发布的全球数字互联网使用情况调查报告，2018 年印尼互联网用户达到 1.5 亿人，占总人口的 56%；拥有智能手机的用户为 1.14 亿人，占人口总数的 43%，智能手机用户年增速达到 14.8%，移动设备使用率达 61%。预计到 2022 年，印尼智能手机用户将达到 2.1 亿人，占总人口的 75%。[1] 同时，印尼政府还在大力加速提高网络覆盖率。

（2）稳健的经济增长

根据毕马威和阿里研究院发布的报告，数字经济发展水平与人均 GDP 高度相关。印尼是东南亚最大的经济体，近年来经济长期保持 5% 左右的增速，普华永道公司预测，到 2030 年印尼国民生产总值将达到整个东盟的 1/4。根据世界银行公布的《2019 年营商环境报告》（Doing Business 2019），印尼营商环境位列全球第 73 名，虽然较去年下降 1 名，但与 2015 年第 106 位的排名相比仍得到很大的改善。印尼政治、经济、社会各方面正处于过去 10 年来最稳定时期，惠誉、穆迪等国际知名评级机构近期先后调高印尼主权债务的信用评级至投资级。

（3）政府十分重视数字经济发展，陆续出台相关支持政策

从 2001 年开始，政府陆续颁布了一系列推动电子政务的法规和政策，包括 2001 年的第 6/2001 号总统令、2003 年的第 3/2003 号总统令、2004 年制定的 MCIT 电子政务蓝图、2008 年的《电子信息和电子交易法》《公共信息披露法》等。[2] 2006 年依据第 20/2006 号总统令，印尼政府成立了国家信息通信技术委员会，其主要任务是制定关于信息和通信技术的公共政策和国家战略。印尼总统佐科一直是数字创新的支持者。佐科总统在 2017 年 8 月签署了该国历史上第一份《电子商务路线图》，在资金支持、税收、消费者保护、教育、人力资源、电信基础设施、物流、网络安全和管理实施路线图等八个方面全面支持电商发展，为印尼发展数字经济指明了新方向。印尼政府同时还开展"2019 年前 1000 家初创企业成长计划"，积极构建数字经济

---

[1] 星合金科：《最新数字互联网使用调研报告》，2018 年 2 月 23 日，https://mp.weixin.qq.com/s/aOTZk8wW35NCfarGvUePEg。

[2] 〔印尼〕Sukirno：《印尼制造 4.0 与数字技术应用》，载《印尼经济社会发展报告（2018）》，社会科学文献出版社，2018。

生态系统，协助对接国内外资本、技术和人才资源，帮助初创企业实现跨越式发展，拟从这些企业中至少发展出 5 家国际知名的互联网独角兽企业。

3. 面临基础条件的众多制约

（1）数字基础设施落后

在工业经济时代，经济活动架构在物理基础设施之上，如铁路、公路、机场，而在数字经济时代，经济活动则架构在以计算机、互联网为代表的数字基础设施之上。随着数字经济的深入发展，全球数字基础设施也迎来了下一场"云—网—端"的变革。印尼的数字基础设施尚不完善，且不说"云—网—端"等新一代数字基础设施建设，单就网络的覆盖率、网速等方面而言，就存在明显不足。在 3G、4G 移动网络发展方面，根据全球移动网络质量评测机构 OpenSignal 发布的《印尼移动网络状态 2017》，印尼五大运营商中，没有一家公司的 4G 平均下载速度高于全球平均值 16.6Mbps，[①] 2018 年，印尼移动互联网的平均连接速度为 10.53Mbps，较上年提高了 7.2%，PC 互联网的连接速度为 15.52Mbps，较上年提高了 13 个百分点。[②] 3G 网络也同样没有一家运营商达到国际标准，信号覆盖率、网络服务质量和数据处理能力更是落后于国际水平。和同地区其他国家相比，印尼的网络渗透率较马来西亚和泰国仍有很大差距。

（2）数字产业生态和公共服务体系远未成熟

数字产业生态涉及信息产业的发展程度和数字技术对传统产业的渗透情况，以及配套的公共服务体系问题。目前，印尼数字产业生态尚不成熟，表现在信息产业不发达，企业对信息技术的应用相对滞后。政府应用信息技术即政务数字化水平还不高。印尼政府已经意识到政府数字化的重要性。2005年以前，印尼政府机构基本都是按传统方式运作，随着数字技术的发展，印尼政府开始推进电子政务。目前，大多数中央政府部门和地方政府都已将电

[①] 白鲸出海：《OpenSignal：印尼 3G&4G 移动网络发展现状》，http://www.baijingapp.com/article/14277。

[②] CAMIA 出海：《2019 年数字东南亚之印尼》，2019 年 2 月 13 日，http://www.camia.cn/content/971.html。

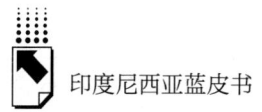

子政务作为改进公共服务的目标。① 每次重大技术革命，都需要法律、政府政策等制度性支持，面对全新的数字经济发展形态，政府自身的数字化服务能力，对数字经济的制度支持能力都在不断摸索改革之中。

(3) 相关研发和人才培养严重滞后

数字经济是知识型经济，信息技术基础及应用研究是数字经济可持续发展的重要保障。科研和人才是印尼发展数字经济的重要短板。印尼的高等教育入学率仅为27.94%，且印尼的大学在培养学生的信息技术能力方面并未给予足够重视。目前印尼主要以引进技术和人才为主，例如引进阿里巴巴、百度等中国知名网企，希望借鉴中方经验和技术来帮助印尼克服发展数字经济所遇到的现实困难。

二 中国企业投资印尼数字经济的情况

我国在数字经济方面具有较强的产业优势，拥有全球规模最大、最完善的信息产业集群，形成涵盖系统制造、应用软件、终端、芯片、关键器件等多个环节的产业支撑能力。华为、中兴是世界领先的通信设备制造企业，联想是全球最大的计算机制造企业，华为、小米、OPPO、VIVO的智能手机出货量进入全球前6位，腾讯、阿里巴巴、百度、京东位列全球互联网企业市值前10名，移动、电信、联通位列全球电信运营商营收前15名。

近年来，国内经济增速放缓，市场竞争日益激烈，拓展海外市场成为中国互联网企业的一个重要选择。随着2017年下半年开始的一股"下南洋"热潮，流入东南亚市场的风投和私募股权投资已飙升至历史最高水平。虽然东南亚市场数字经济发展尚处于较低水平，但国内资本已敏锐地觉察出东南亚数字经济的商机，频繁布局东南亚数字经济市场，印尼作为东南亚最大市场，自然成为投资的主要目的地之一。相比国内市场，印尼市场进入门槛较低，竞争相对宽松，投资项目估值也相对较低。

---

① 〔印尼〕Sukirno：《印尼制造4.0与数字技术应用》，载《印尼经济社会发展报告（2018）》，社会科学文献出版社，2018。

（一）中国企业在印尼数字经济领域的投资情况

目前，中国企业对印尼数字经济的投资主要集中于在线零售和互联网金融领域。2018年印尼电商领域前6家企业中，有3家即Tokopedia、Bukalapak和Lazada得到了阿里巴巴的投资，排名第4的Shopee得到了腾讯集团的投资，而排名第6的JD.ID则由京东集团成立（见表4）。进入印尼的中国网络金融公司数量众多，主要分布于P2P网贷领域（见表5）。

表4 中国企业在印尼电子商务领域的部分投资案例

中国企业	投资情况
腾讯集团	2017年，对印尼的初创公司Go-Jek投资12亿美元，Go-Jek公司集订餐、网约车、生活服务等多种服务于一身；此外还开发了自有的移动支付产品Go-Pay；投资Shopee，该企业为印尼四大电商平台之一
阿里巴巴	2017年8月，作为领投者，参与印尼C2C电商平台Tokopedia高达11亿美元的融资；2018年3月，阿里云智能印尼大区首个可用区正式开放服务运营
蚂蚁金服	2019年，作为战略投资方参与了印尼消费信贷公司Akulaku规模1亿美元的D轮融资；与印尼领先的媒体集团Emtek合资成立支付企业Dana，占股61%
京东集团	2015年成立的JD.ID（京东印尼）已经成为印尼TOP 5的独角兽公司；2017年对Traveloka投资5亿美元
Wecash（闪银）	2017年，与印尼本土投资机构PT Kresna Usaha Kreatif以及基础设施服务商PT JAS Kapital成立合资公司，正式进入印尼市场

资料来源：根据网络资料整理。

表5 中国企业对印尼网络金融的投资案例

企业名称	主要产品	企业名称	主要产品
印飞科技（InFin Technology）	白领贷	Wecash闪银奇异	现金贷
RupiahPlus	蓝领贷	前隆科技	现金贷
唐牛分期	消费分期	Advance.Ai	大数据风控
岩心科技（AKULAKU）	消费分期	global commodity marketplace	供应链金融
TunaiKita	现金贷	掌众金服	现金贷
Pendanaan	现金贷	魔蝎科技	大数据征信
Angel Cash	现金贷	同盾科技	大数据征信
找饭金融	现金贷	星合金融科技	服务供应商

资料来源：《蓝船出海：2017年中国金融科技出海数据报告》，中文互联网数据资讯网，2018年3月29日，http://www.199it.com/archives/704670.html。

中国企业还在印尼的应用与游戏市场占有很大份额。在印尼应用市场下载量前100位的应用中,有31%是中国开发商旗下的应用。其中,在占比最高的工具类应用中,超过一半的应用是中国开发商旗下产品;在占比第二大的视频播放应用中,有一半为中国开发商旗下产品。有4款输入法应用进入了下载量前100位,它们全为中国开发商旗下产品。在游戏市场下载量前100位的游戏中,中国游戏发行商旗下游戏占15%。其中,在占比最大的动作类游戏中,超过1/4是中国游戏发行商旗下游戏。①

(二)中国企业投资印尼数字经济面临的主要问题

1. 通信和信息基础设施不足是最大瓶颈

印尼群岛国家的地理特点,造成通信和信息基础设施发展滞后。尽管印尼总统佐科上任后加大基建投资,但仍满足不了数字经济发展的需要。和同地区其他国家相比,印尼的网络渗透率较马来西亚和泰国仍有很大差距,信号覆盖率、网络服务质量和大数据处理能力更是落后于国际水平。例如,印尼有各类学校近23万所,但仍有9万多所没有互联网;印尼有超过1万所乡村医院,有4000多所没有互联网。②

2. 数字人才缺乏,科技公司面临人才缺口

缺乏工程师、程序员和平台开发技术人员成为Go-Jek等印尼互联网企业面临的主要问题。按照谷歌和淡马锡报告的预测,在接下来数年,印尼数字经济将快速发展,数字人才需求将会大幅增长,将出现更大人才缺口。印尼国内整体科学技术水平偏低,科技投入比例占GDP比重较小,2016年印尼政府研究开发预算支出25.81万亿卢比(约合人民币126.52亿元),占GDP比重仅为0.21%,全社会研究开发支出30.78万亿卢比(约合人民币

---

① CAMIA观察:《东南亚应用&游戏Q1 TOP100下载榜之印尼》,2018年5月25日,http://www.camia.cn/content/809.html。
② 《中国与印尼数字经济合作前景光明——访印尼通信和信息技术部部长鲁迪安达拉》,中华人民共和国中央人民政府网,2018年5月4日,http://www.gov.cn/xinwen/2018-05/04/content_5288299.htm。

150.78亿元），研发投入强度仅为0.25%，人均信息通信技术（ICT）支出以及ICT支出占GDP比重均明显落后于区域内的新加坡、马来西亚、泰国等。① 印尼国内缺乏数字人才，导致印尼本地一些大公司在中国、印度设立研发公司。

3. 物流网络效率低且费用高

由于电商的普及，印尼每日包裹递送数量大幅上涨。根据2018年的《全球物流绩效指数报告》，印尼的物流绩效指数得分为3.15，世界排名第46位，在同地区的东南亚国家中仅排第5位。相比之下，泰国物流绩效指数排名由2016年第45位上升至2018年的第32位，越南的物流绩效指数由2016年的第64位上升至2018年的第39位。印尼的自然环境与地理特征使印尼物流发展面临诸多问题与挑战，货物的跨海、跨区、跨岛交付并不容易。据估计，目前印尼的物流成本占GDP的比重高达24%。② 物流成本高一直是制约印尼社会经济发展的重要问题。除了与第三方合作外，部分科技公司只能投资建立自己的物流网络如京东印尼，但是大多物流公司都面临竞争对手过多、毛利太低的无序竞争难题。

4. 网上支付覆盖度较低、支付市场割裂

据第三方支付平台的研究，印尼网上交易最常用的支付渠道是银行转账，约占70%，其次是到付现金。据谷歌统计的数据，印尼的互联网用户中，只有不到一半使用网上支付服务。网上支付不普及，就会严重阻碍电子商务的发展。对于电商个人消费者而言，有相当数量的用户仍然倾向使用"现金到付"这一模式，这种线上购物、线下支付的方式增加了运营成本，同时也导致更高的取消订单比例。现在，众多科技公司都在开发自己的无现金支付平台和移动钱包，然而这些网上支付方式之间彼此不兼容，大部分电子钱包的商家接受度不高。例如，浙江义乌市跨境电商协会副会长游俊在2015年进入东南亚市场时，货物退款率达到了25%。在货到付款模式下，

---

① 谢成锁、刘磊：《〈印尼工业4.0路线图〉综述》，《全球科技经济瞭望》2018年第4期，第7页。
② 王素：《数字印尼：跑出下一个"独角兽"》，《进出口经理人》2019年第4期，第54页。

跨境电商卖家要垫付货款,支付关税、物流费用,客户以"没钱了"这种理由申请退货后,卖家还要支付回程运费。游俊只坚持了3个月,就在亏损压力下黯然退出了。①

5. 征信体系不健全

目前印尼的征信体系仍然完全独立于银行,市场上尚缺乏真正实用的第三方征信机构。一般而言,征信发展初期,其数据主要来源于银行。目前的现实是,印尼银行的主要客户是企业,主要积累了企业方面的征信数据,在个人征信方面相对薄弱,而在线借贷的客户多数是无法从银行获得贷款的无记录顾客。② 因此征信机构对网络金融的支持非常有限。征信体系的不健全对中国赴印尼投资的网络金融公司的风控水平提出了更高要求,不但需要大量投入,更需要与当地政府等相关部门密切配合。一些中国网络金融企业不得不通过试错的方式建立"黑白名单数据库",作为风控依据。③

6. 网络金融业务的监管程序复杂且不协调

印尼对网络金融的监管政策和中国国内有较大差别。金融科技公司在印尼的业务主要受到两个部门监管,即印尼中央银行(BI)和金融服务管理局(OJK),并不享受印尼政府推出的外商投资"一站式"服务。执照办理过程复杂,导致印尼金融科技公司经常出现"先运营后注册"的情况。金融科技公司除了要在印尼央行和金融服务管理局办理手续外,还需要到14个不同部门或单位办理相应的行政手续,给企业带来了诸多困扰。④ 随着近年来监管趋严,很多没有取得牌照的P2P产品被要求下架。

---

① 杨霞:《一个跨境电商卖家的东南亚"物流之痛"》,界面新闻,2019年8月19日,https://mp.weixin.qq.com/s/TuLsPskUlhF6L2p13a6bUQ。
② APUS研究院:《印尼P2P在线借贷行业分析报告》,2018年7月3日,https://mp.weixin.qq.com/s/3FdfLvyrIr0Lu08H4luRyw。
③ 李晓蕾:《小米金融关闭印尼金融部门后,新金融出海之困》,Tech星球,2019年8月28日,https://mp.weixin.qq.com/s/BkPnwffZzsZPBEtO2AOTeA。
④ 《政策不一成投资印尼金融科技"痛点"》,中国贸易新闻网,2018年6月26日,http://www.ccpit.org/Contents/Channel_4126/2018/0626/1022406/content_1022406.htm。

（三）中国企业投资印尼数字经济的策略建议

鉴于印尼数字经济发展的现状以及中国企业投资印尼数字经济面临的问题，本文认为，中国企业投资印尼数字经济领域，应使用以下策略。

第一，在进入之初，建议通过并购方式切入印尼市场，而不是直接单独建立业务。因为印尼数字经济的法律法规、市场状况、文化和宗教等方面都与中国大陆不同，为了顺利进入印尼市场，与本土企业合作是最常见做法，可利用本土企业对当地用户与政策监管的理解更稳妥地切入市场。可借鉴的案例有：阿里投资印尼电商平台 Tokopedia，Wecash 闪银与印尼本土投资机构 PT Kresna Usaha Kreatif，以及电信服务商 PT JAS Kapital 成立合资公司等。

第二，投资印尼网络金融时要充分厘清监管规则，合规经营。国内 P2P 贷款从野蛮生长到有序发展，经历了市场"洗牌"和调整。在 2017 年底之后，一大批 P2P 贷款企业涌进印尼，印尼一度被视为中国 P2P 企业的"救生筏"，但印尼政府对互联网金融的监管力度也在不断加大。2016 年 12 月 18 日，印尼金融监管局颁布了第一部针对 P2P 在线借贷的监管条例（OJK Regulation No. 77/POJK. 01/2016），2018 年又对该条例进行了修改，要求所有现金贷款将日利率控制在千分之八之内；牌照申请也变得困难；加大了对非法 P2P 贷款的打击力度。① 目前印尼 P2P 贷款市场存在一些乱象，一些公司擅自获取客户私人信息，对客户及其联系人进行骚扰、暴力催收。2019 年初，一名印尼出租车司机因无法还清网贷而自杀，随后 OJK 就宣布将封杀 231 家非法 P2P 借贷平台；印尼的 P2P 企业大部分来自中国，P2P 企业的频繁"暴雷"引起印尼当局关注，监管趋紧。②

第三，与华为等科技企业合作，以应对印尼数字基础设施落后的问题。

---

① APUS 研究院：《2018 年印尼 P2P 在线借贷行业分析报告》，2018 年 6 月 28 日，http://www.apusapps.com/cn/report/yin-ni-p2p-zai-xian-jie-dai-xing-ye-fen-xi-bao-gao? from = report。

② 墨腾创投：《人走，茶凉：在印尼做现金贷这一年的血泪教训》，2018 年 10 月 31 日，https://mp.weixin.qq.com/s/8OZixu9j5KT-Q8oMOQ800g。

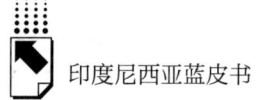

在通信领域，华为、中兴通讯等中国大型通信企业已经参与到印尼通信基础设施建设中，印尼通信和信息部、旅游部等职能部门也纷纷引入阿里巴巴、百度等中国知名网企作为合作伙伴，中国赴印尼投资的电商企业可以争取与这些企业合作，形成合力，共同开拓印尼数字经济领域的投资机会。

此外，企业要树立长远的价值投资理念，要实现本地化经营，以谋求可持续发展。例如，京东印尼的本地化战略，有效地助力京东模式在印尼的快速复制。2015年，京东开始在印尼独立建站并搭建物流基础设施，2016年正式运营。截至目前，京东印尼已经在印尼的雅加达、泗水、坤甸、棉兰和望加锡建立了自己的仓库，京东印尼的配送服务已经覆盖了印尼七大岛屿、483个城市和6500个区县，85%的订单能在印尼全境实现24小时之内送达，在雅加达地区98%的订单能实现24小时之内送达。①

---

① 《京东印尼诠释中国电商出海新模式》，新华网，2019年4月25日，http：//www.xinhuanet.com/tech/2019-04/25/c_1124413366.htm。

B.10
中印尼文化互信现状与粤港澳地区在促进互信中的作用研究

陈永华　肖莉娴*

摘　要： 本文评析了当前中印尼文化互信的现状，指出在两国经贸合作不断扩大的同时，人文交流也不断推进，但由于政治、经济、社会文化等方面的差异，两国文化互信仍然存在明显不足。粤港澳地区在地理上相对靠近印尼，在历史和文化上与印尼有不少渊源，因而在促进两国文化互信方面可以发挥"排头兵"作用。本文分析了粤港澳地区与印尼具有的地理和文化邻近性优势，并从民间组织合作交流、旅游产业协作等方面提出发挥粤港澳地区优势，促进两国人文互信的具体措施建议。

关键词： 中国与印尼　文化互信　粤港澳地区

近年来，中印尼经贸合作不断推进，各个层面的交往日益增多，对增进两国互信产生了积极作用。2015年，两国建立了副总理级人文交流机制，直接推动两国人文交流和互信建设，取得了显著成效，但近期一系列事件表明，消除印尼社会中对华不信任因素仍然任重而道远。本文研究了中印尼文化互信建设的成就和存在的问题，并基于粤港澳地区的邻近性，探讨了发挥粤港澳地区优势，推动两国人文交流和文化互信的相关问题。

---

* 陈永华，中国香港印尼研究学社研究员；肖莉娴，广东外语外贸大学印尼语系主任，印尼研究中心研究员。

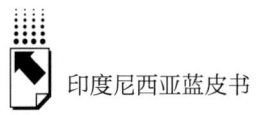

一 两国人文交流进展及存在的不足

(一) 近年两国人文交流的主要进展

近年,中印尼两国人文交流发展主要体现在两个层面,一是由两国副总理级人文交流机制主导的官方人文交流;二是两国社会组织推动的民间人文交流。

1. 高层互动及副总理级人文交流机制的进展

2015年,中印尼副总理级人文交流机制在雅加达举行首次会议,双方决意加强人文交流,并为未来人文交流的发展提供了总体规划,涵盖科技、文化、教育、传媒、体育、卫生、青年交流和旅游等方面。第二次年会于2016年在中国贵阳举行,会上决议将推动印尼人文交流作为中国—东盟合作的典范。第三次年会于2017年在印尼梭罗进行,两国同意进一步将人文交流机制与政治安全对话、高层经济对话一道成为统筹和推动中印尼关系发展的重要支柱。总的来说,三次人文交流机制会议的成绩令人鼓舞,三年内双方政府签署了关于教育、科技、文化、林业等方面共20多项合作文件。这奠定了更积极的社会舆论基础,也为中印尼人文交流指明了重点与方向①。

除副总理级人文交流机制外,中国官方机构也多方位参与两国人文交流活动。例如,2015年7月,中国文化部应印尼教育与文化部邀请访问印尼,出席印尼中国经济社会与文化合作协会举办的"中印尼文化产业交流与合作"座谈会。2015年、2016年,中国文化部连续组派艺术团赴泗水、巴厘岛、日惹、三宝垄和雅加达参加"欢乐春节"活动。2015年,中国驻印尼大使馆与印尼伊斯兰教士联合会(Nahdlatul Ulama)合作,组织了"郑和与

---

① 王勇辉:《当前中印尼人文交流的机遇、问题与政策思考》,《印尼焦点》2018年第57期,第2~3页。

印尼穆斯林文化传播"巡回讲座。2019年6月,中国全国人大常委会副委员长吉炳轩出席"丝路一家亲"行动印尼站系列活动启动仪式,活动之一是两国近50家社会组织交流对接,达成了多项人文交流合作意向。中国驻印尼大使馆和3个总领事馆在日常事务中也大力推动文化交流,各类文化活动不断,并为印尼外交部高级外交官培训班授课,组织印尼外交部高级外交官访问中国。

此外,两国近年来还在中国—东盟多边框架下推动人文交流。2017年,李克强总理在参加中国—东盟领导人会议时,提出中国—东盟战略伙伴关系2030年愿景,以政治安全、经贸、人文交流作为三大支柱,开展多领域合作的新框架。2019年1月,中国驻东盟使团在雅加达与印尼联合主办中国—东盟大型人文纪录片《丹行线—印尼篇》发布会①。

2. 民间人文交流的进展

近年来,两国民间人文交流活动频繁,取得了显著成果。例如,2016年9月,印尼阿拉扎大学"中国馆"揭幕,其核心项目是"中国·印尼数字文化空间",数字空间中的内容非常丰富,包括中国—印尼文化交流、中—印尼印象、文化百科、基本国情、经济贸易、人文艺术、民俗风情等41个栏目。栏目下设86个子栏目,如人文艺术,包括文学、戏剧、美术、音乐、舞蹈②。2016年先后有三个大型文艺项目走向印尼,包括:大型歌舞剧《丝海梦寻》、中国爱乐乐团"2016海上丝绸之路"巡演、中央芭蕾舞团《大红灯笼高高挂》。2018年6月,中国太极集团安排49名印尼药商参加到重庆的"中医药文化之旅",参观中药生产流程,到中药博物馆了解中医药发展历史和现状③。2018年11月,首届中国医疗保健产品展在印尼雅加达

---

① 梁辉:《中国东盟大型人文纪录片发布仪式在雅加达举行》(一带一路·人民交流版),国务院新闻办公室网站,2019年1月15日,http://www.scio.gov.cn/31773/35507/35514/35522/Document/1645454/1645454.htm。
② 顾时宏:《印尼阿拉扎大学举行"中国馆"揭幕仪式》,中国新闻网,2016年9月28日,http://www.chinaqw.com/m/hwjy/2016/09-28/105674.shtml。
③ 林永传:《中医药文化之旅》,中国新闻网,http://finance.sina.com.cn/roll/2018-07-04/doc-ihevauxk3926054.shtml。

举行，展览内容涵盖中国传统医药保健品、医疗产品和家庭护理产品等，展期内还同时举办了医疗健康论坛、医疗案例分享等交流活动①。2018年4月，四川省人民对外友好协会在印尼万隆举办主题为"2018友好四川走进印尼"的摄影作品展，引起当地印尼人到四川旅游的热潮②。2018年10月，印尼三宝垄瓦希德大学、中国驻泗水总领事馆和印尼外交部共同举办"一带一路"及印尼"全球海洋支点"外交政策研讨会③。2019年8月，印尼巴厘、东努沙登加拉（简称"东努"）、西努沙登加拉（简称"西努"）三省的媒体代表团到北京探访中国公共外交协会和中国外文出版公司，加强了沟通。巴厘以及东努、西努三省目前每年吸引了大批中国游客到访④。近年来两国在旅游领域的合作成果丰硕，中国从2016年起已经连续两年成为印尼最大的外国游客来源地。

（二）在文化互信方面仍然存在的不足

1. 仍然不时出现影响两国关系和谐的事件

印尼一是个高度多元化的国家，宗教、种族、政治、经济的内部差异较大。这种差异性也导致中印尼文化互信建设面临更多挑战。近年，两国政府虽然大力推进人文交流，增进互信，但印尼社会仍然不时发生影响两国关系和谐的事件。典型事件包括：2016年针对前雅加达华裔省长钟万学（Basuki Tjahaja Purnama）的政治事件，2017年9月示威者围攻印尼人权组织事件，以及近年在印尼媒体出现大量反对中国工人进入印尼虚假新闻和过激言辞，2019年的总统竞选中，候选人普拉博沃（Prabowo Subianto）甚至以佐科支

---

① 许世波：《中国医疗健康（印尼）品牌展促进两国医疗行业合作》，新华网，2018年11月28日，http：//www.xinhuanet.com/world/2018-11/29/c_1123781445.htm。
② 《四川省友好代表团成功访问菲律宾、印度尼西亚和马来西亚 - 交流合作》，www.sifa.org.cn/article-612-1。
③ 《中国驻泗水总领事馆举办"2018年访华归来联谊会"》，中华人民共和国驻泗水总领事馆经济商务室，http：//surabaya.mofcom.gov.cn/article/todayheader/201812/20181202814423.shtml。
④ 《第四届中印媒体高峰论坛在北京举行》，中国公共外交协会，http：//www.chinapda.org.cn。

持与中国基建合作为由进行攻击①。也有一些国会议员对中国提出的"一带一路"倡议持反对意见,反对的主要原因是对中国的不信任。

2. 文化互信不足的内在原因

文化互信受众多因素影响,其内在根源与两国政治差异、经济差异、文化宗教差异有关。首先,是两国政治制度和意识形态的差异,尤其是苏哈托时期针对华人族群所造成的伤害,以及长期的反共宣传形成的对华不利的舆论环境,是造成互信不足的关键原因,也是深层次的敏感性问题。其次,经济差异也是影响文化互信的因素之一,两国经济发展水平相差较大,2018年中国 GDP 为 131187 亿美元,印尼为 10921 亿美元,两国贸易印尼处于逆差位置,2018 年两国进出口贸易逆差上升至 211 亿美元②,贸易逆差状态引发了印尼国内的一些担心,也易被反对派作为攻击当局的"借口"。两国在纳土纳群岛周边的海事争议也是影响两国文化互信的敏感问题。最后,是宗教文化差异,印尼信仰神道,伊斯兰教是其最大宗教,穆斯林约占总人口的87%,与中国的宗教文化差异较大。

二 粤港澳地区在促进中印尼文化互信中的有利条件分析

(一)文化邻近因素

文化邻近因素是指某些文化元素能引起共鸣,能够产生亲近感,引起交流兴趣,有利于构建友谊,加强互信。粤港澳大湾区地理上包括香港、澳门两个特别行政区和广东省,它们各自都拥有与印尼的一些文化渊源。

---

① 高江进:《印尼大选关注经济民生 中国劳工问题再次引发争议》,多维新闻网经济版,2019 年 4 月 14 日,http://economics.dwnews.com/news/2019-04-14/60128838.html.
② 《2018 年 1~12 月中印尼贸易情况概述》,中华人民共和国商务部网,http://www.mofcom.gov.cn/article/tongjiziliao/fuwzn/ckqita/201901/20190102828158.shtml.

1. 历史渊源与侨乡文化

中国、印尼古籍记载汉唐到明清期间两地均有海上货物运输、人员往来，以及派遣使节。印尼岛屿上聚居着不少来自阿拉伯、印度、东南亚及中国的商人进行商业和物品交易。印尼古文化也充分反映了它们的本土文化长时期受到上述四大外来文化的影响，其中，体现与中国的历史渊源的典型佐证有：在三宝垄和泗水兴建有纪念郑和的清真寺；随郑和下西洋之后侨居印尼北马鲁古的华人，以及侨居万丹省丹格朗、雅加达和西爪哇省的文登华人。2018年，一些古迹考证表明，印尼北苏拉威西的米娜哈萨部族（Suku Minahasa）的祖先来自中国的蜀汉时期①。广州是古代海上丝绸之路的一个重要启航点，唐代的"广州通海夷道"是中国海上丝绸之路的最早叫法。随着全球化浪潮和考古技术的进步，中印尼两国民众对古中印尼交往历史越来越清晰，兴趣也越来越浓。

印尼华裔民众的祖籍不少是广东省，估计占印尼华人人口的35%。印尼广肇（广府、肇庆）总会称其有500万名的乡亲居住在印尼。印尼潮州总会称在印尼的潮州人口有约300万。印尼客家联谊总会称在印尼的客家人有800万，其中祖籍广东的有梅州、蕉岭、大埔、惠州等地，故岭南文化对印尼华人生活习惯有不少影响。

传统岭南文化的中心在广州，佛山是岭南文化的发祥地之一，有陶艺、粤剧、武术、广纱、民间艺术之乡称号，惠州也是岭南名郡之一，是客家历史文化名城。虽然印尼华人绝大部分已入籍印尼，但在他们家中不少仍保留着宗族文化，当他们接触来自中国的同乡时，极易产生同根感。广东有多个华侨农场，众多印尼归侨在这里生活，据估计，广东省内有10.17万名归侨，主要集中在珠江三角洲、潮汕平原和梅州等侨乡地区以及23个华侨农场②。香港也有大量印尼侨民，1995年，印尼佣工开始涌入香港工作，使香

---

① Weliam Boseke：*Penguasa Dinasti Han*，*Leluhur Minahasa*，Penerbit Pohon Cahaya, Yogyakarta, Indonesia, 2018, pp. 7 - 10.
② 《广东是著名侨乡》，广东政府网，2019年2月13日，http：//www.gd.gov.cn/zjgd/sqgk/qxqq/content/post_2222058.html。

港的印尼侨民人口大量增加，目前在港侨民约为20万人①。为印尼侨民服务的商业活动也随之增加，全香港现有400多所出售印尼日用品的小商店，300所印尼佣工中介代理，32个印尼华侨团体，在香港是一种独特的文化力量。相对而言，澳门的印尼侨民则较少。

2. 拥有共同宗教元素

印尼是世界上穆斯林人口最多的国家，印尼民众对有关中国伊斯兰教的历史、发展、文献、古建筑兴趣浓厚。广东省有穆斯林4.5万人，主要分布在广州、肇庆、深圳等地。广州市有4所清真寺：清真先贤古墓建于唐朝贞观三年，怀圣寺建于唐高祖武德年间，小东宫清真寺和濠畔街清真寺皆是建于明朝成化年间。在肇庆有建于明末清初的中国伊斯兰古建筑群，包括西门清真寺、端州区清真寺。香港的穆斯林总数在20万人之上②，主要来自印尼、印度、巴基斯坦、阿拉伯地区、中国内地和香港本土。香港现有5所清真寺，最大的两所在市区内，它们都有120年历史。在香港登记的伊斯兰团体有15个，最大的3家名为中华回教博爱社、香港伊斯兰联会和香港回教信托基金总会。在某种意义上，印尼穆斯林佣工到香港工作起到了重要的"人文交流"功能，因为印尼佣工在香港人家庭居住和工作，文化交流每天都在家庭内发生，一方面带来印尼土著的伊斯兰文化，另一方面也感受中国文化的熏陶，随着她们每年往返印尼，还把两种文化在两国间传递。

3. 对传统医药的共同热爱

印尼对传统医疗和草药非常重视，一方面是因为草药费用比西药便宜，另一方面印尼民众有使用草药的传统习惯。印尼民众也向华人针灸医师求诊治病，针灸已被印尼政府认可，纳入现代医学的一部分，设有针灸协会。中医药则多为华裔使用，中医行医有严苛的规定，设有印尼中医协会和印尼中医师公会履行监管职能。

---

① 郭俭：《香港族裔经济中的印尼华侨与华人》，《东南亚研究》2016年第3期，第61~70页。
② 刘子维：《穆斯林在香港：中港两地面临不同挑战》，BBC中文网，2017年3月1日，https://www.bbc.com/zhongwen/trad/chinese-news-39124578。

广州中医药研究和应用在全国有较高地位，设有多所著名中医药机构，包括：广东省中医院、广州中医药大学、广州市中医中药研究所、梵沅中医研究院、广东中医药博物馆、神农草堂中医药博物馆等。香港则华洋杂处，医疗系统亦是中西医药双轨并行，中医逐渐与西医药一样受到政府和民众重视。在香港有名的中医药机构包括香港浸信会大学中医药学院、香港大学中医药学院、香港中文大学中医药学院和香港中文大学药用植物应用研究国家重点实验室。

4. 体育文化的相似性

印尼民众喜欢羽毛球、武术、龙舟比赛等体育运动，印尼羽毛球水平在世界上处于较高水平，武术比赛在2018年亚运会上也获奖不少。印尼专著有一种搏击技，称为"班卡苏拉"（Pencak Silat），流行于苏门答腊、爪哇等地。印尼也有人喜欢中国民间运动形式，每年中国农历新年也用舞龙舞狮活动助庆，在西苏门答腊设有印尼全国龙狮总会，每年举办全国性舞龙舞狮大赛。赛龙舟也是印尼喜欢的活动之一，2017年在巴厘岛举办了国际龙舟邀请赛。

广东与印尼开展体育文化交流有不少优势。首先，广东竞技运动发展较高，包括乒乓球、羽毛球等项目。其次，佛山是中国南方武术之乡，是李小龙、叶问等著名武术家的故乡。学习"班卡苏拉"的印尼民众不会不认识李小龙。其他民间活动如舞龙、舞狮、赛龙舟在广东更是普遍流行。

（二）经济社会方面的关联性

1. 经济方面的对接优势

粤港澳地区与印尼在经济合作方面具有对接优势，这种优势不仅来自地理上相对靠近，还来自资源与产能的互补。例如，印尼位于热带地区，热带雨林、农业和渔业资源丰富，政府重视农林渔业发展，特别是与农林渔相关的产品加工业。广东在农、林、渔产品加工方面有设备、技术和经验优势，可以更好地与印尼开展产业合作。印尼政府重视中小企业发展，广东则在中小企业孵化方面成绩卓越；印尼的"全球海洋支点"战略提出要加强港口建设和远洋运输业的发展，加强海洋资源开发，粤港澳地区恰是中国沿海经济发展前沿，港口和海运相对发达，对海洋资源的开发利用也有丰富经验，能够较好地对接印尼需求。香港作为国际金融中心、航运中心、贸易中心，在国际化与世界标准接轨方面，可以成为印尼连接国际金融、贸易、航运的一座桥梁。

另外，印尼正在加强城市规划建设和管理，为此积极学习中国的相关经验。2019年8月，印尼政府决定迁都东加里曼丹，更需要学习借鉴他国的城市建设和管理经验。粤港澳地区是中国城市密集地区，香港、澳门、深圳、广州作为国际大都市，都有丰富的城市发展和管理经验，并且各具特色，具有与印尼开展城市管理和文化交流方面的优势资源。

2. 教育合作的有利条件

印尼有4000余所大学，其中约120所为公立大学。总体上，印尼教育的投入不足，存在发展缺口。每年大约有57000名学生出国留学[1]，目前到中国留学的学生总数约为1万余名[2]，有相当一部分的学生在广东留学。印尼科技与高等教育部正在与国外大学合作，落实佐科政府加强人力资源建设的战略规划，包括双学位合作办学、智库合作建设与交流等。粤港澳地区是中国高校资源的高地，广东省内有60多所普通高校，香港有9所普通高校，QS排名中有4所进入全球60强[3]。粤港两地大学在工商管理、金融、信息技术、医学、农业、海洋科学等众多学科有相对优势，对开展与印尼的教育合作有较强的吸引力。双方近年的教育合作除了学生项目取得不错进展外，在智库合作方面也有良好发展。2016年，中印尼高校智库联盟在北京成立，广东外语外贸大学是发起单位之一，借助这些平台，两地高校、研究机构交流频繁。

---

[1] 《印尼当地高等教育现况》，印尼台湾教育中心，http：//idtec.asia.edu.tw/files/15－1103－58310，c6121－1.php? Lang＝zh－tw。

[2] 孙晓萌、高诗源：《"一带一路"框架下的中印尼人文交流》，《国际日报》2019年1月18日，第A2版。

[3] 黎家荣：《世界大学排名 港5校入百强》，晴报网，2019年6月19日，https：//skypost.ulifestyle.com.hk/article/2379814/。

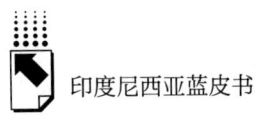

三 发挥粤港澳地区优势，推动中印尼人文互信的措施建议

相较于中国其他地区，粤港澳地区具有对印尼开展合作的地理相对邻近优势、文化邻近优势和经济对接优势，并且在战略定位上，粤港澳地区还是21世纪海上丝绸之路的"桥头堡"，粤港澳大湾区是国际创新中心和产业集聚地，按照规划，肩负有支撑"一带一路"建设和"建设先进人文湾区"的职责，因此要充分发挥粤港澳地区在促进中印尼合作和人文互信方面的"排头兵"作用。

（一）加强教育和智库合作

两地教育合作已有一定基础，近年通过正式渠道来粤留学的印尼学生超过2000名，目前在港的印尼留学生超过500名，中国高校近年也加强了印尼语言和文化相关学科建设工作，每年成批次派出学生赴印尼高校交流或留学，其中留学人数已超过1000人[①]。但相较于印尼每年庞大的出国留学规模，中国高校吸引印尼留学生的数量仍然偏低；相较于两国教育合作的潜力，现有规模明显偏小。为促进两地教育和智库合作，可从以下方面努力。

一是在专业特色上，利用粤港澳地区高校在热带农林、信息技术、加工制造、工商管理、贸易和金融等学科的优势资源，开设特色留学生班，响应印尼当前经济社会发展趋势对人才培养的需求，吸引印尼留学生来粤港澳地区留学。

二是在推广渠道上，利用本地侨校、中印尼高校智库联盟、两地使领馆、两地合作院校，乃至中国—东盟的文化合作基金等渠道，加强对印尼学

---

① 孙晓萌、高诗源：《"一带一路"框架下的中印尼人文交流》，《国际日报》，2019年1月18日，第A2版。

生的宣传力度，并充分利用中国政府提供的奖、助资金支持印尼学生来粤港澳地区留学。

三是争取在印尼设立由在粤港澳地区的高校负责运营的孔子学院或其他具有中国特色的研究机构。孔子学院是中国对外文化交流的重要桥梁，是吸引外国学生学习中国文化的重要窗口。目前印尼已有7家孔子学院，但无一家是由粤港澳地区高校负责运营。除了孔子学院，也可采用设立合作研究机构的形式。目前，印尼高校和相关研究单位对中国发展经验的研究兴趣日益增长，可由粤港澳地区的智库单位与印尼高校合作，设立"中国研究中心"，这类合作智库具有更灵活、更低门槛的文化交流传播作用。

（二）充分发挥民间组织的文化交流促进作用

加强中印尼文化互信，民间人文交流应是主体。只有通过广泛的民间人文交流，才能广泛、深入地增进两国民众之间的好感、信任。近年，两地民间组织推进的交流活动日趋活跃，例如，深圳市归国华侨联合会积极推动海外华文教育，与印尼苏北（棉兰）华联及印尼亚洲国际友好学院缔结为友好社团，促进两市的文化交流；珠海市印尼归侨侨友会大力推动两地文化团体互访，支助印尼三语学校，获印尼驻广州总领事馆颁发"参与宣传印尼文化贡献奖"。2018年，澳门武术总会与澳门体育局联合主办"武林群英会"，吸引了印尼龙狮运动会等团体参加。佛山市侨商会"以侨引侨"，2019年7月在佛山举办印尼贸易和投资交流会。深圳成立了福清商会、福建商会、仙游商会等团体，与印尼福建、福清华商会交流频繁；香港设有印尼商会、香港驻印尼经贸处等；印尼设立的工商会馆、印尼中华总商会、印尼华裔商会等，都是以商会形式推动两地人文交流的重要资源。

为进一步发挥民间组织在促进两地文化互信中的作用，可考虑在政府指导下，在粤港澳地区设立"中印尼文化交流促进会"或"中印尼文化交流促进基金"的民间组织，以便统一协调、充分调动相关民间组织在促进两地人文交流上发挥更积极、主动的作用,也便于组织大型的、持续的民间交流项目。作为民间组织,要充分吸纳相关社会力量参与,并在交流活动的方式上实现多样化,从不同方面去促进中印尼文化互信建设,涵盖的领域除一般文教活动,如美术、音乐、舞蹈、戏曲、电影、传媒出版、体育、旅游、科技等之外,还可加入与印尼专门相关的元素,如伊斯兰宗教研究、传统医药研究、中印尼历史、印尼华族侨乡文化等。

(三)借助旅游和文化产业发挥市场力量在促进人文交流中的作用

国务院总理李克强曾在2016年首届世界旅游发展大会上提出"让旅游成为世界和平发展之舟"[1],充分说明旅游以及相关的文化产业在促进人文交流中的重要作用,它与官方或民间组织推动的人文交流的最大不同在于它是借助市场力量、通过商业性活动发挥人文交流作用。

中印尼两国都是文化、旅游资源大国,文化多样性强,自然风景绚丽,具有进行双向旅游合作的良好条件,尤其是差异较大的两国人文,能够给旅游者带来新奇感受,故市场潜力巨大。同时,粤港澳地区的文化产业发达,如动漫、电影产业,具备向外进行市场拓展的能力。印尼将旅游产业作为支柱产业,旅游合作不仅有利于增加印尼的外汇收入,还有助于解决印尼就业和减贫问题,因为旅游产业关联到110多个其他产业,对餐饮、住宿、民航、铁路客运业的贡献率都超过80%[2]。

针对印尼不同群体,粤港澳地区可开展的特色旅游项目包括:(1)针对印尼土著,可开展中医药文化旅游、中华武术文化旅游、中国伊斯兰文化旅游;(2)针对印尼华人,可开展中医药文化旅游、中华传统赛事如龙狮运动、赛龙舟、武术比赛等旅游项目,以及广东侨乡文化旅游、岭南文化旅游、古海上丝绸之路旅游等,让印尼华侨深切感受到故乡文化。对于中国居

---

[1] 中国网:《李克强在首届世界旅游发展大会开幕式上的致辞》,中国翻译研究院,2016年5月23日,http://www.catl.org.cn/2016-05/23/content_38513489.htm。

[2] 中国网:《李克强在首届世界旅游发展大会开幕式上的致辞》,中国翻译研究院,2016年5月23日,http://www.catl.org.cn/2016-05/23/content_38513489.htm。

民赴印尼旅游，粤港澳地区的旅游企业也可与印尼当地旅游企业合作开发特色项目，既让中国居民感受印尼的特色文化和自然风光，也加强他们与当地居民尤其是侨民的交流。例如，开发印尼的海外岭南文化旅游项目；古海上丝绸之路旅游；郑和下南洋旅游项目；古中国印尼文化遗存旅游；中华南洋文化村旅游等。

Summary

Indonesian Blue book (2019 – 2020) consists of three parts: general report, sub reports and thematic reports. It comprehensively analyzes Indonesia's achievements and challenges from 2018 to 2019 from multiple dimensions of politics, economy, society and hot issues. The main points are as follows:

(1) In international relations, positive multilateral and bilateral diplomatic achievements have been made.

In terms of multilateral relations, Indonesia initiated the "Indo-Pacific Outlook", promoted ASEAN to issue "ASEAN Outlook on the Indo-Pacific", and pursues ASEAN's centrality in the regional affairs. The 34th ASEAN Summit plenary session stressed that ASEAN countries should carry out all-round cooperation on the basis of common interests and strive to finish the negotiation of Regional Comprehensive Economic Partnership Agreement (RCEP) within the year. At the 35th ASEAN Summit and the Third RCEP Leaders' Meeting, the participating leaders issued a joint statement announcing that 15 member states have concluded all text negotiations and virtually all market access negotiations. It will be committed to formally sign the agreement in 2020. Indonesia has contributed in the process. In East Asian multilateral diplomacy, the concept of "Jakarta Channel" has become a new highlight. It was formally proposed by Chinese Foreign Minister Wang Yi when he met with ASEAN representatives in September 2018. It is an East Asian multilateral cooperation platform with the ASEAN Secretariat in Jakarta as its fulcrum, the ASEAN mechanism as its support and the dialogue partnership as its network. In addition, Indonesia's economic development and democratic achievements have also been affirmed by the G20, and the Indonesia-Africa Infrastructure Dialogue (IAID) was successfully held in Bali in 2019.

In terms of bilateral relations, Indonesia's comprehensive strategic partnership with China, has been deepening. On April 2019, during the Second Belt and Road Forum for International Cooperation (BRF), the two countries discussed on infrastructure project cooperation that worth 91.1 billion USD. In September, Song Tao the special envoy of China President Xi and also Minister of International Department of the CPC Central Committee, visited Indonesia President Joko Widodo. In October, vice president Wang Qishan attended the inauguration ceremony of President Joko Widodo. China has become the largest trading partner and important source of foreign direct investment. China's Belt and Road Initiative is highly consistent with Indonesia's "Global Maritime Fulcrum". Sino-Indonesian relations have entered a fast track of mutual benefit and win-win cooperation. Cooperation is rapidly expanding from traditional infrastructure field, to new areas such as industrial manufacturing, finance, e-commerce, artificial intelligence and tourism. The new-level cooperation is landmarked by the regional comprehensive economic corridor project. The year 2020 marks the 70th anniversary of the establishment of diplomatic relations between China and Indonesia. We can look forward to further development of the two countries cooperation.

Indonesia and the United States have a comprehensive partnership. In recent years, security and defense cooperation is more prominent. Since U.S. government began to review Indonesia's eligibility for the "GSP" in 2018, Indonesia has been in a more passive position in the bilateral economy and trade with the United States. Indonesia is Japan's key partner in ASEAN. For the past few years, Japan has adjusted its policy, given more attention to Indonesia's own interests of economic capacity building, and promoted mutual understanding and cooperation between the two countries through education and cultural exchanges. The two countries signed the New MIDEC project in June 2019 under the framework of the Indonesia-Japan Economic Partnership Agreement (IJEPA), through which Indonesia hopes to improve its trade deficit with Japan. Indonesia is the core cooperative country of South Korea's "New Southern Policy". In 2019, the two countries restarted negotiations on "Indonesia-South Korea Comprehensive Economic and Trade Cooperation" and closely cooperated in national defense. In April 2019, Indonesia purchase three submarines from South

Korea at the price of 1.02 billion US dollars.

(2) Domestically, remarkable political achievements have been made, while new challenges emerge.

On April 17, 2019, the simultaneous election of the president, vice president and Parliament at all levels was the first time in Indonesia's history. It is a test to Indonesia's democratic political system. Although there are many strange phenomena in the election campaign, and politics of identity once overwhelmed the actual performance, Joko's re-election not only bodes well for Indonesia's future reform and development prospects, but also affirms the achievements and democratic development in the past five years. Anti-corruption has achieved remarkable results and the government functions have been significantly improved. In 2018, 454 cases of corruption were investigated, involving 1087 suspects, including two provincial governors, 35 district governors and mayors; in 2019, the anti-corruption efforts continued to be strengthened, more important figures were investigated including the former deputy speaker of Congress, the former governor of Aceh province, the Minister of religion, the Minister of youth sports, the general chairman of Partai Persatuan Pembangunan (PPP), and other politicians.

Indonesian politics is facing three new challenges. One of the political challenges in Indonesia is how to maintain and strengthen Pancasila as social values. According to the survey, the number of people supporting Pancasila has decreased from 85.2% in 2005 to 75.3% in 2018, while the number of people supporting the implementation of Islamic Sharia law has increased from 4.6% in 2005 to 13.2% in 2018. The discrimination against religion, tribe, political stands, sexual orientation and other ethnic minorities has become increasingly strong. Secondly, influenced by the politicization of Islam, the national legislation shows the momentum of conservatism. In September 2019, Indonesia's parliament approved the amendments to the criminal law, the land law and the anti-corruption law (KPK), inducing demonstrations by universtiy students in multiple places. The demonstrations are against transforming religious conservatism into national legal restraints, opposing the entry of military personnel into the government for civil service and opposing the weakening of the rights of anti-corruption Committee (KPK). Thirdly, in August 2019, Indonesian MPR made a resolution to amend the 1945 constitution and restore the "General Principles of National Construction" (GBHN), which has caused many disputes. Some observers think that the amendment implicates that MPR is willing to strengthen its constraints on the president and the government.

(3) In foreign trade and economic cooperation, Indonesia is facing enormous pressure with weakness export and its economic and trade cooperation with China has increased.

Due to the influence of unilateralism led by the United States on the international trade, the trade environment deteriorated significantly, and its negative impact was particularly prominent in 2019. In this year, the import of major economies showed negative growth in succession. The deterioration of the trade environment has brought huge pressure on Indonesia's exports. In the first half of 2019, there has been an obvious export weakness. The export of goods is Rp1206.6 trillion (US $79 billion), down 5.8% year on year; the export of services is Rp192.8 trillion (US $13.5 billion), up 2.4% year on year. The overall export trade is declining and the trade deficit is expanding. In the first half of 2019, deficit is $2.51 billion. As a result, the current account deficit expanded. In the first two quarters of 2019, the deficit was US $6.966 billion and US $8.442 billion, respectively, 34% and 6.7% higher than the same period of last year. But the current account deficit is basically offset by capital and financial account surplus. However, the surplus of capital and financial projects also implies potential risks. Firstly, the inflow is mainly short-term securities investment funds. In the fourth quarter of 2018, the net inflow of foreign investors reached US $11.489 billion, the highest level since 1997. In the first two quarters of 2019, there are still net inflows of US $5.277 billion and US $4.517 billion. Secondly, Indonesia's foreign debt balance is relatively high. At the end of 2018, the foreign debt balance accounted for 36.23% of GDP. If only high liquidity liabilities such as US $268.8 billion of foreign securities investment were considered, the proportion would be 25.8%. As of the end of March 2019, Indonesia's foreign debt balance was US $387.592 billion, in an upward state. In 2020, shocked by the covid-19 pandemic, Indonesia's export is expected to see further weaken.

Since 2016, China has become Indonesia's largest export market, and its share of all Indonesian exports has been rising, from about 10% in 2015 to more than 16% in the first half of 2019. In contrast, Indonesia's export share to the United States has remained at about 11% for many years, with no significant increase; its export to the European Union has declined significantly since the second half of 2017, from 11% to 9.7% in 2019; its export share to Japan has also declined slightly. The frequent interaction between China and Indonesia has boosted the confidence of Chinese enterprises to invest in Indonesia. In the first eight months of 2019, Chinese enterprises have invested more than US $2.289 billion in Indonesia, a 25.22% y-o-y increase. The total investment from China, Hong Kong and Taiwan in Indonesia reached 3.665 billion US dollars in 2019, surpassing that of Japan and Singapore, showing a strong momentum of investment.

(4) In domestic economy, the real economy is facing downward pressure, but supported by domestic consumption power and new economic growth.

Since the third quarter of 2018, Indonesia's GDP growth rate has declined, and the trend continues to the first half of 2019. In terms of constant price, the first quarter of 2019 has a growth rate of 1.22% on a month on month basis, the second quarter has a growth rate of 1.26% on a month on month basis, and the year-on-year growth rate is 5.05%, which is lower than the growth rate of the previous two years, showing signs of downward trend. In 2019, the annual economic growth is expected to be reduced to about 5%. The growth rate of power and natural gas production, forestry and manufacturing industry has declined to varying degrees. Among the 15 secondary industries within the manufacturing industry, 8 sectors have seen a year-on-year drop, especially wood processing, rubber and plastic products, leather and footwear products, machinery and equipment manufacturing, and transportation equipment manufacturing, which have declined significantly in 2019.

The growth of Indonesia's domestic consumption and emerging economy has made a significant contribution to stabilizing the economy. In Indonesia's GDP composition, the contribution rate of residents' consumption has been maintained at about 55% for a long time, which means that the consumption is stable and the economic stability is basically guaranteed. From the second half of 2018 to the first half of 2019, Indonesia's consumer confidence index increased significantly, especially in April to May 2019, reaching a high of 128 points. Excluding price factors, Indonesia's real growth rate of consumer spending has remained at about 5% for many years. The annual growth rate in the second quarter of 2019 reached 5.17%, higher than the overall growth rate of GDP. The main reasons for the growth of consumer confidence are low inflation, the growth of disposable income and the improvement of social security for low-income people. The stability of domestic consumption enables the main part of domestic production and sales to be stable. After the decline of overall capacity utilization rate in the fourth quarter of 2018, it has rebounded in the first half of 2019 and recovered to the level of about 77% of its long-term trend. The overall operating performance of the company in 2018 is also better than that in 2017. The overall return on shareholders' equity of the listed company has increased from 10.8% in 2017 to 12.04% in 2018; the asset turnover rate has increased slightly from 0.7 times to 0.71 times.

The emergence of new industry is another important factor to stabilize Indonesia's economy. Due to Indonesia's large population base, young demographics, with the addition of the popularity of smart phones and network improvement, as well as policy dividends, Indonesia's e-commerce and other new economies have developed rapidly. In 2018, Indonesia's total online transactions amounted to US $12.2 billion, accounting for 52.59% of the total Southeast Asian market. Although online sales only account for about 3% of the total retail sales, there is a bright future. Some institutions predict that the proportion will rise to 19% by 2027.

(5) In economic fundamentals, four major economic strategies provide support for long-term prospect.

In terms of business operation, power supply and road traffic conditions have improved, credit access and minority shareholders' rights and interests protection have also meliorated accordingly. The comprehensive ranking of business conditions in 155 countries has risen from 91st in 2017 to 73rd in 2019.

In terms of financial conditions, after a wave of devaluation of Indonesian currency in 2018, the exchange rate has stabilized in 2019. On October 11, 2018, the exchange rate against the U. S. dollar once rose to a historical high of 1∶15253, and now it has fallen to a five-year average of 1∶14000. The exchange rate callback and currency stabilization are the result of the joint action of internal and external factors. Internally speaking, Indonesian authorities have taken measures to stabilize the currency, such as controlling the import to shrink the trade deficit, actively introducing foreign investment, and controlling the capital flight of the country. The inflow of capital account has increased significantly. By the end of June 2019, capital and financial projects still had a surplus of US $7.054 billion, more than twice that of the same period last year. In terms of external factors, with the end of US dollar interest rate hike, the pressure of Indonesia's passive devaluation will be eliminated due to the appreciation of US dollar. Indonesia's credit market also began to loose. In 2018, in order to support currency stability, the Central Bank of Indonesia was forced to raise interest rates. From 2018 to the first half of 2019, it raised the benchmark interest rate six times in a row, with the benchmark interest rate exceeding 6%, and the short-term loan interest rate once reached 10.55%. High interest rates increase the cost of corporate loans and inhibit the development of the real economy. The Bank of Indonesia cut the benchmark interest rate by 25 basis points to 5.75% on July 18, 2019, resulting in downward changes in deposit and loan interest rates. The basic goal of interest rate reduction is to continuously stimulate economy through monetary policy. In March 2020, due the external shocks, Rupiah was Under great pressure again, and the exchang rate against US dollar dropped to a historical low of 1∶16367.

From the perspective of economic prospects, the Indonesian government is implementing four major economic strategies for development and upgrading, including: adhering to the priority development strategy of infrastructure to provide better hardware support for economic development and upgrading; implementing the industrial 4.0 strategy to promote industrial upgrading and increase the added value of economic activities; implementing the regional balance strategy to cultivate new economic growth points in outer islands to give full play to Indonesia's resources and demographic dividend; launching the digital economy strategy to build the largest digital economy in Southeast Asia and strive to integrate into the world's new economic development trend. The four economic strategies will provide support for Indonesia's long-term economic development.

(6) In terms of people's livelihood improvement, remarkable progresses have made, but there are many challenges.

Indonesia faces such outstanding problems as unbalanced development of public utilities and large number of poor people. The government has been committed to reducing the number of poor people, increasing the employment rate and the income of residents, promoting public infrastructure and developing education. The construction of people's livelihood has made remarkable achievements in some aspects, for example, the incidence of poverty and unemployment has continued to decline in five years, the incidence of poverty in Indonesia has dropped to 9.8% in 2018, and the registered unemployment rate surveyed in February 2019 has dropped to 5.01%. Residential power supply and water supply increased by 19% and 20.9% respectively in the three years (up to 2017), and infant mortality rate decreased from 26.2 ‰ in 2012 to 21.1 ‰ in 2018. However, the low quality of education, the digital divide and the chaos of news media are still important problems in Indonesian society. The media's reports on China are vulnerable to the influence of Western values, so it is necessary to strengthen the construction of cultural mutual trust between China and Indonesia.

Contents

Ⅰ General Report

B. 1　General Report on the Dynamics of Indonesia Economic
　　　and Social Development　　*Zuo Zhigang, Zhang Yan, etc.* / 001

Abstract: This report comprehensively analyzes Indonesia's development achievements and challenges from 2018 to 2019 from three aspects of politics, economy and society. (1) In terms of politics, for the first time, both the president and the vice president and the Parliament at all levels have been elected simultaneously. Indonesia's democratic political system has successfully stood the trial, the anti-corruption has achieved remarkable results, and the government's functions have been significantly improved. However, Indonesia still faces challenges in maintaining Pancasila and preventing the influence of Islamic politicization on national governance. (2) In terms of international relations, Indonesia initiated the "Indo-Pacific Outlook" in multilateral relations and continued to keep comprehensively stable partnership and cooperation with China in bilateral relations. The security and defense cooperation with the United States was more prominent, while economic and trade relations fell into a passive position. (3) In terms of foreign trade and economic cooperation, Indonesia is facing huge pressure with weakness export but its economic and trade cooperation with China is increasing. (4) In terms of domestic economy, the real economy sectors faces downward pressure, but is supported by domestic consumption and new economic growth. (5) In terms of economic environment, Doing business conditions have improved, and four economic strategies provide prospect support.

(6) In terms of social development, there is a large gap in education investment, the quality of school teaching still needs to be improved, and the construction of people's livelihood infrastructure has made progress, but there are still many challenges.

Keywords: Political Situation; Economic Dynamic; Social Development; Reform Trend

Ⅱ Topical Reports

B.2 Report on Indonesia's Political Dynamics *Zhang Yan* / 039

Abstract: This chapter is divided into two parts: internal affairs and foreign affairs. It analyzes Indonesia's governance program, political performance and policy tendency in 2018 −2019 from the aspects of political consensus building, national governance measures, bilateral and multilateral diplomatic relations, etc. The research shows that 2019, as a political election year, not only tests the government's performance, reveals policy defects, but also lays the fundamental tone for Indonesia's political development in the next five years. During the first term of the Cabinet of Ministers, Indonesia's economic development model dominated by infrastructure construction showed strong performance, the social welfare system continued to improve, and the poverty rate significantly decreased. Pragmatic diplomacy safeguarded national interests and achieved remarkable results in such diplomatic strategies as economic, marine and power balance. Under this tendency, President Joko Widodo will continue to promote pragmatic diplomacy, further enhance international prestige, and strive to achieve the strategic goal of a moderately powerful country in the next term, taking into account policy continuity and political reform.

Keywords: National Strategy; Internal Affairs; Diplomacy

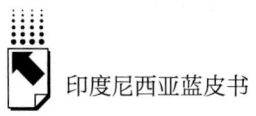

B.3 Report on Indonesia's Economic Development

Zuo Zhigang / 076

Abstract: This chapter analyzes Indonesia's economic performance and policy tendency in the first half of 2018 –2019 in terms of economic aggregate, foreign trade and investment, monetary and financial stability, industrial economy and government fiscal and tax policies. The report points out that in terms of foreign trade, due to the deterioration of trade environment and the negative growth of imports of major economies. Indonesia's exports are experiencing a weak period in 2019, which lowers the expectation of economic growth. In terms of balance of payments, the deficit of business projects has expanded, but it has been offset by the surplus of capital and financial projects. Because the financial projects are mainly short-term securities investment funds, it is necessary to pay attention to the inflow and outflow of hot money. The risk of rising debt balances. In terms of domestic economy, domestic demand is still stable, consumer confidence is growing, and the new economy has developed rapidly. In the long run, supported by the four major economic strategies of the government, the development prospect is still good.

Keywords: Macroeconomic; Industrial Economy; Development Dynamic; Government Policies

B.4 Report on Indonesia's Social Dynamics

He Guoping, Wang Pei / 112

Abstract: Indonesia's current government is committed to improving people's livelihood and improving the level of public services, so as to promote the development of social equity, and has achieved remarkable results. In the aspect of poverty reduction, the incidence of poverty and the unemployment rate have continued to decline in the past five years; in the aspect of public infrastructure, the government has increased the construction of power and water supply facilities, and the coverage rate of residents' electricity and water supply has significantly increased; in the aspect of culture and education, the government has increased the investment in education, and encouraged the investment of private capital in education, and the public health service has also improved; in the aspect of news media, the media It shows the trend of industrialization and deregulation. On the other hand, Indonesia still faces many challenges in terms of social and people's livelihood, including low quality of education, digital divide, news media chaos, etc. Media coverage of China is vulnerable to the influence of Western values, so it is necessary to strengthen the construction of cultural mutual trust between China and Indonesia.

Keywords: People's Wellbeing; Education; Media Industry

Ⅲ Special Reports

B. 5 An Analysis on Indonesia's Maritime Economy

Yuan Haiguang / 135

Abstract: This paper first reviews the development history and realistic background of Indonesia's maritime economy, then analyses the current situation of Indonesia's maritime economy, the challenges it faces and the measures government has taken from 4 representative areas of the maritime economy, namely fisheries, oil and gas, transportation and tourism. Finally, look forward to the prospect of cooperation between Indonesia and China's maritime economy. The conclusion of this paper is that the prospects of Indonesia's maritime economy are very broad, but it is still in the primary stage of development which is limited by factors such as capital and technology shortage. The cooperation between China and Indonesia in marine aquaculture, port construction, oil and gas exploration and other fields is complementary, and the prospects for cooperation are very promising.

Keywords: Marine Economy; Challenges and Measures; Cooperation Prospects

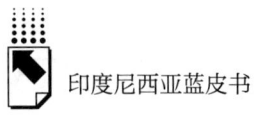
印度尼西亚蓝皮书

B.6　Indonesia Business Environment Evaluation

Tan Na, Zheng Yuzheng and Chang Liang / 164

Abstract: In view of the importance of institutional soft environment for economic development, this paper uses the data of Doing Business (2017 - 2019) issued by the World Bank to make a systematic analysis of business environment in Indonesia. It is found that in recent years, Indonesia has significantly improved its power supply, access to credit, protection of minority investors and other aspects, and the overall ranking of business environment has increased; however, there are still some problems in terms of contract execution, business start-up and cross-border trade, such as the complicated procedures and high costs. This paper argues that in the current business environment in Indonesia, when Chinese enterprises invest in Indonesia, investors need to further understand the policy differences, correctly identify investment opportunities, and do a good job in risk prevention.

Keywords: Business Environment; Improvement Measures; Existing Problems

B.7　Indonesia's Islamic Financial Development

Wang Yonghui, Liu Dejun / 181

Abstract: As the largest Muslim country in the world, Indonesia's socio-economic development is deeply influenced by Islamic Sharia law. With the development of International Islamic finance and the support of Indonesian government, Indonesian Islamic finance has developed rapidly in recent years, mainly including Islamic Bank, Islamic capital market, Islamic insurance and Zakat. It has become an important part of Indonesia's financial system, but compared with the scale of traditional financial industry, it still exists as a supplement. This paper introduces and analyzes the operation rules and development tendency of Islamic finance in Indonesia.

Keywords: Indonesia; Shariah; Islamic Finance; Rules and System

B. 8　Why Chinese Labor Issue Turns to "Securitization" in Indonesia　　　　　　　　　　　　　　　Pan Yue / 197

Abstract: Under the Belt and Road Initiative, China's investment in Indonesia has increased. Among them, the issue of Chinese labor in Indonesia has become the focal point of Indonesian social controversies, ascending from a simple public issue to a security issue that endangers national security. The path of Securitization includes three important segments. As some securitizing actors, Indonesia's authoritative class, based on the "Speech-Act Theory", launched a securitization motion by declaring that its national security has been threatened by the massive influx of Chinese workers into Indonesia. The media, as a disseminator of the securitization motion, is continuously expanding the influence of public opinion through the agenda setting and the framework building, in turn raising the public's approval of the securitization motion. The public have finally accepted this securitization motion and responded positively via "Speech-Act". The Chinese labor issue in Indonesia is a successful case of securitization. The basis of the securitization is the long-standing non-confidence of China in Indonesian society, and it is the product of "re-securitization". The Securitization of Chinese labor issue in Indonesia has exerted lots of impact on Indonesia's domestic governance. It has also hurt the investment confidence of Chinese enterprises to some degree, and even casts a shadow over the bilateral relations between China and Indonesia. It is necessary for Indonesia and China to start a motion on the "de-securitization" of this issue.

Keywords: The Belt and Road Initiative; Chinese Labor; Securitization; Indonesia

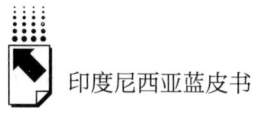
印度尼西亚蓝皮书

B.9　Indonesia's Digital Economy and China's Investment

Lin Mei, Zhou Shuyu / 209

Abstract: With the deepening and continuous implementation of the Belt and Road Initiative, Chinese outward investors start a new round of digital investment in ASEAN countries and digital "Belt and Road". Indonesia has become the first choice for investment. Indonesia's digital economy started late, but with demographic dividend and policy dividend, it has a rapid development momentum and the largest market in Southeast Asian countries. At present, Chinese enterprises' investment in Indonesia's digital economy is mainly concentrated in the fields of e-commerce and Internet finance. The main problems faced by the investment are the restrictions brought about by the lagging development of Indonesia's digital infrastructure, industrial ecology, public services and supporting scientific research, as well as the difficulties of disordered competition. This report points out that Chinese enterprises' investment in Indonesia's digital economy should focus on compliant operation, cooperative operation and localized development.

Keywords: Indonesia; Digital Economy; Chinese Investment

B.10　Situation of Sino-Indonesian Cultural Mutual Trust and the Role of Guangdong-Hong Kong-Macao in Promoting Mutual Trust　　*Chen Yonghua, Xiao Lixian* / 231

Abstract: This paper analyzes the current situation of cultural mutual trust between China and Indonesia, and points out that while the economic and trade cooperation between the two countries continues to expand, people to people and cultural exchanges continue to advance, but due to the differences in politics, economy, social culture and other aspects, there are still obvious deficiencies in cultural mutual trust between the two countries. Guangdong, Hong Kong and Macao are relatively close to Indonesia geographically and have many historical and cultural origins with Indonesia, so they can play a leading role in promoting cultural mutual trust between the two countries. This paper analyzes the geographical and cultural proximity advantages of Guangdong, Hong Kong and Macao and Indonesia, and puts forward specific measures and suggestions to give full play to the advantages of Guangdong, Hong Kong and Macao to promote mutual trust between the two countries in terms of non-governmental organizations cooperation and exchange, tourism industry cooperation, etc.

Keywords: China and Indonesia; Cultural Mutual Trust; Guangdong, Hong Kong and Macao

社会科学文献出版社

皮 书

智库报告的主要形式
同一主题智库报告的聚合

❖ 皮书定义 ❖

皮书是对中国与世界发展状况和热点问题进行年度监测,以专业的角度、专家的视野和实证研究方法,针对某一领域或区域现状与发展态势展开分析和预测,具备前沿性、原创性、实证性、连续性、时效性等特点的公开出版物,由一系列权威研究报告组成。

❖ 皮书作者 ❖

皮书系列报告作者以国内外一流研究机构、知名高校等重点智库的研究人员为主,多为相关领域一流专家学者,他们的观点代表了当下学界对中国与世界的现实和未来最高水平的解读与分析。截至2020年,皮书研创机构有近千家,报告作者累计超过7万人。

❖ 皮书荣誉 ❖

皮书系列已成为社会科学文献出版社的著名图书品牌和中国社会科学院的知名学术品牌。2016年皮书系列正式列入"十三五"国家重点出版规划项目;2013~2020年,重点皮书列入中国社会科学院承担的国家哲学社会科学创新工程项目。

中国皮书网

(网址:www.pishu.cn)

发布皮书研创资讯,传播皮书精彩内容
引领皮书出版潮流,打造皮书服务平台

栏目设置

◆ 关于皮书

何谓皮书、皮书分类、皮书大事记、
皮书荣誉、皮书出版第一人、皮书编辑部

◆ 最新资讯

通知公告、新闻动态、媒体聚焦、
网站专题、视频直播、下载专区

◆ 皮书研创

皮书规范、皮书选题、皮书出版、
皮书研究、研创团队

◆ 皮书评奖评价

指标体系、皮书评价、皮书评奖

◆ 互动专区

皮书说、社科数托邦、皮书微博、留言板

所获荣誉

◆ 2008年、2011年、2014年,中国皮书网均在全国新闻出版业网站荣誉评选中获得"最具商业价值网站"称号;
◆ 2012年,获得"出版业网站百强"称号。

网库合一

2014年,中国皮书网与皮书数据库端口合一,实现资源共享。

权威报告·一手数据·特色资源

皮书数据库
ANNUAL REPORT(YEARBOOK) DATABASE

分析解读当下中国发展变迁的高端智库平台

所获荣誉

- 2019年，入围国家新闻出版署数字出版精品遴选推荐计划项目
- 2016年，入选"'十三五'国家重点电子出版物出版规划骨干工程"
- 2015年，荣获"搜索中国正能量 点赞2015""创新中国科技创新奖"
- 2013年，荣获"中国出版政府奖·网络出版物奖"提名奖
- 连续多年荣获中国数字出版博览会"数字出版·优秀品牌"奖

成为会员

通过网址www.pishu.com.cn访问皮书数据库网站或下载皮书数据库APP，进行手机号码验证或邮箱验证即可成为皮书数据库会员。

会员福利

- 已注册用户购书后可免费获赠100元皮书数据库充值卡。刮开充值卡涂层获取充值密码，登录并进入"会员中心"—"在线充值"—"充值卡充值"，充值成功即可购买和查看数据库内容。
- 会员福利最终解释权归社会科学文献出版社所有。

卡号：228148298773
密码：

数据库服务热线：400-008-6695
数据库服务QQ：2475522410
数据库服务邮箱：database@ssap.cn
图书销售热线：010-59367070/7028
图书服务QQ：1265056568
图书服务邮箱：duzhe@ssap.cn

S 基本子库
SUB DATABASE

中国社会发展数据库（下设 12 个子库）

整合国内外中国社会发展研究成果，汇聚独家统计数据、深度分析报告，涉及社会、人口、政治、教育、法律等 12 个领域，为了解中国社会发展动态、跟踪社会核心热点、分析社会发展趋势提供一站式资源搜索和数据服务。

中国经济发展数据库（下设 12 个子库）

围绕国内外中国经济发展主题研究报告、学术资讯、基础数据等资料构建，内容涵盖宏观经济、农业经济、工业经济、产业经济等 12 个重点经济领域，为实时掌控经济运行态势、把握经济发展规律、洞察经济形势、进行经济决策提供参考和依据。

中国行业发展数据库（下设 17 个子库）

以中国国民经济行业分类为依据，覆盖金融业、旅游、医疗卫生、交通运输、能源矿产等 100 多个行业，跟踪分析国民经济相关行业市场运行状况和政策导向，汇集行业发展前沿资讯，为投资、从业及各种经济决策提供理论基础和实践指导。

中国区域发展数据库（下设 6 个子库）

对中国特定区域内的经济、社会、文化等领域现状与发展情况进行深度分析和预测，研究层级至县及县以下行政区，涉及地区、区域经济体、城市、农村等不同维度，为地方经济社会宏观态势研究、发展经验研究、案例分析提供数据服务。

中国文化传媒数据库（下设 18 个子库）

汇聚文化传媒领域专家观点、热点资讯，梳理国内外中国文化发展相关学术研究成果、一手统计数据，涵盖文化产业、新闻传播、电影娱乐、文学艺术、群众文化等 18 个重点研究领域。为文化传媒研究提供相关数据、研究报告和综合分析服务。

世界经济与国际关系数据库（下设 6 个子库）

立足"皮书系列"世界经济、国际关系相关学术资源，整合世界经济、国际政治、世界文化与科技、全球性问题、国际组织与国际法、区域研究 6 大领域研究成果，为世界经济与国际关系研究提供全方位数据分析，为决策和形势研判提供参考。

法律声明

"皮书系列"（含蓝皮书、绿皮书、黄皮书）之品牌由社会科学文献出版社最早使用并持续至今，现已被中国图书市场所熟知。"皮书系列"的相关商标已在中华人民共和国国家工商行政管理总局商标局注册，如LOGO（ ）、皮书、Pishu、经济蓝皮书、社会蓝皮书等。"皮书系列"图书的注册商标专用权及封面设计、版式设计的著作权均为社会科学文献出版社所有。未经社会科学文献出版社书面授权许可，任何使用与"皮书系列"图书注册商标、封面设计、版式设计相同或者近似的文字、图形或其组合的行为均系侵权行为。

经作者授权，本书的专有出版权及信息网络传播权等为社会科学文献出版社享有。未经社会科学文献出版社书面授权许可，任何就本书内容的复制、发行或以数字形式进行网络传播的行为均系侵权行为。

社会科学文献出版社将通过法律途径追究上述侵权行为的法律责任，维护自身合法权益。

欢迎社会各界人士对侵犯社会科学文献出版社上述权利的侵权行为进行举报。电话：010-59367121，电子邮箱：fawubu@ssap.cn。

社会科学文献出版社